Histórias de Vida

Casos extraordinários e verídicos sobre sincronia,
destino, significação e propósito.

Histórias de Vida

Louise L. Hay
e Amigos

Compilado e editado por Jill Kramer

Histórias de Vida

Casos extraordinários e verídicos sobre sincronia, destino, significação e propósito.

Tradução:
Claudia Coelho

Publicado originalmente em inglês sob o título *The Times of Our Lives*, por Hay House, Inc., California, USA.
© 2007, Hay Foundation.
Direitos de edição e tradução para o Brasil.
Tradução autorizada do inglês.
© 2012, Madras Editora Ltda.

Editor:
Wagner Veneziani Costa

Produção e Capa:
Equipe Técnica Madras

Tradução:
Claudia Coelho

Revisão da Tradução:
Marina Nobre

Revisão:
Silvia Massimini Felix
Neuza Rosa
Cristiane de Vasconcellos Schlecht

Dados Internacionais de Catalogação na Publicação (CIP)
(Câmara Brasileira do Livro, SP, Brasil)

História da vida: caso extraordinários e verídicos sobre sincronia, destino, significação e propósito/Louise L. Hay e amigos; tradução Claudia Coelho. – São Paulo: Madras, 2012.

ISBN 978-85-370-0800-3

Título original: The times of our lives.
1. Coincidência – Aspectos físicos 2. Destino e fatalismo 3. Significado (Psicologia) I. Hay, Louise L. .

12-08861   CDD-130

Índices para catálogo sistemático:
1. Destino: Significado: Histórias de vida
130

É proibida a reprodução total ou parcial desta obra, de qualquer forma ou por qualquer meio eletrônico, mecânico, inclusive por meio de processos xerográficos, incluindo ainda o uso da internet, sem a permissão expressa da Madras Editora, na pessoa de seu editor (Lei nº 9.610, de 19.2.98).

Todos os direitos desta edição, em língua portuguesa, reservados pela

MADRAS EDITORA LTDA.
Rua Paulo Gonçalves, 88 — Santana
CEP: 02403-020 — São Paulo/SP
Caixa Postal: 12183 — CEP: 02013-970
Tel.: (11) 2281-5555 — Fax: (11) 2959-3090
www.madras.com.br

A todos os contribuidores que partilharam suas histórias neste livro... e a todos os leitores, cujas vidas serão tocadas por estes relatos.

~~~

ÍNDICE

Introdução 9
Minha História 10
O Amor Vence Tudo 21
A Entrega 29
A Verdadeira Câmera de Vídeo 37
Erros são Cometidos em Prol do Amor 41
Meu Amigo Merlin 47
Adoro Baunilha! 53
O Céu é Aqui 57
A Pequena Pomba 67
Uma Prova de Sorte 71
Ninguém Roubará de Ti o Amor e a Sabedoria 79
O Milagre da Borboleta 85
O Carteiro Espiritual 89
O que Significa Ser Humano 97
Sempre Dê o Melhor de Si 103

Ela Fala com Espíritos!... 113

A Pequena Bailarina do Céu... 123

Perdoando os Vivos... 129

Nunca se Sabe... 135

Dakota, Meu Anjo da Guarda... 141

Adeus, Meu Pai... 149

Deus Me Fez Engraçada e Inteligente!... 155

Vivenciando a Vida Após a Morte... 161

O Sentimento Cura... 173

Nosso Bebê Voltou!... 179

Um Olhar Diferente... 185

E Eu Te Perdoo!... 193

Alguns Pequenos Deslizes... 197

A Casa que Meu Pai Construiu... 201

Quebrando Barreiras e Olhando Além das Aparências... 205

O Prazer de Viver... 215

Reencontrando Minha Chama Gêmea... 219

Uma Experiência Marcante... 231

A Caseira de Meu Jardim... 235

Um Centavo Aqui, Outro Ali... 245

Era Puro Amor...... 249

O Renascimento de um Sonho... 261

Epílogo... 265

Sobre a Editora... 268

Introdução

"Ao longo dos anos, enquanto lia as palavras dos autores que contribuíram para este livro, eu pensava: 'Que incríveis ideias, revelações e inspirações!'. Já há algum tempo, quero apresentar essas formidáveis histórias em um só lugar, para que você, leitor, pudesse ser entretido, iluminado e encantado como eu fui.

Então, nestas páginas, você encontrará alguns dos relatos verídicos mais fascinantes de sua vida. Os contribuintes vieram de muitos caminhos distintos e passaram por um leque diverso de experiências que evocarão encantamento, respeito, lágrimas, espanto... sim! Todas essas emoções e mais!

Por favor, desfrute deste livro, e talvez ele o inspire a ser mais consciente das ocorrências tocantes, maravilhosas e milagrosas que são parte de sua própria vida.

Mas, antes, eu gostaria de começar compartilhando algo muito pessoal com você..."

Louise

Minha História

"Fale-me um pouco sobre sua infância." Já fiz esse pedido a inúmeras pessoas que me procuraram em busca de ajuda. Não é necessário que me contem tudo, nos mínimos detalhes, mas gosto de ter uma ideia de suas experiências de vida, pois, se hoje se deparam com problemas, os padrões que os criaram têm origem no passado.

Meus pais se divorciaram quando eu tinha apenas 18 meses, o que não foi assim tão terrível. No entanto, quando minha mãe passou a trabalhar em uma casa de família e me deixou em um lar adotivo, fiquei traumatizada. Chorei sem parar durante três semanas, e aqueles que cuidavam de mim, sem saber mais o que fazer, mandaram-me de volta para casa. Minha mãe, obrigada a me aceitar de volta, teve de procurar outra maneira de lidar com a situação. Hoje, eu a admiro por ter conseguido me criar sozinha; no entanto, à época, tudo que sentia era a falta do afeto que antes tivera.

Nunca consegui precisar se minha mãe realmente amava meu padrasto, ou se apenas se casara com ele para nos dar um lar. Seja como for, essa não foi a melhor decisão. Ele crescera na Europa em uma rígida família alemã na qual a brutalidade imperava – e essa era a única forma que conhecia de gerir uma família. Quando eu tinha apenas 5 anos, além de minha mãe ter engravidado de minha irmã, fomos assolados pela Grande Depressão dos anos 1930 e nos vimos enclausuradas a um lar dominado pela violência. Para tornar a situação ainda um pouco pior fui, à época, estuprada por um bêbado, desgraçado, que vivia na vizinhança. Ainda me lembro do exame de corpo de delito, assim como da audiência judicial da qual fui a grande estrela. O homem foi condenado a 15 anos de prisão. Na ocasião, tantas pessoas me disseram: "A culpa foi sua", que passei anos de minha vida temendo que, por tê-lo colocado atrás das grades, viria a meu encalço assim que fosse solto.

Fui abusada física e sexualmente durante grande parte de minha infância. Minha autoestima foi se tornando cada vez mais baixa, poucas coisas em minha vida pareciam ter sentido e, como resultado, meu mundo exterior começou a expressar tal padrão.

Lembro-me de um incidente que ocorreu quando estava no quarto ano do ensino fundamental, um perfeito exemplo de minha autoimagem. Certo dia houve uma festa na escola, na qual havia uma mesa com vários bolos que seriam servidos para os alunos. A maioria das crianças vinha de classe média alta, exceto eu. Apresentei-me de modo muito simples: o cabelo cortado em forma de cuia; nos pés, um par de sapatos pretos de cano alto, estilo botinha; além disso, recendia à porção de alho cru que era obrigada a comer todos os dias para "não pegar vermes". Em casa, nunca tínhamos bolo; não podíamos nos dar a esse luxo. Entretanto, havia essa senhora, que morava perto de nós e me dava dez centavos todas as semanas e um dólar no meu aniversário e no Natal. Os dez centavos iam para o orçamento familiar, e os dólares eram reservados à compra, nas lojinhas de 1,99, de roupas íntimas, que deviam durar por todo o ano.

Bem, então, estávamos naquela festa na escola, com tantos bolos à vista que alguns dos alunos, que tinham o privilégio de poder saborear um bom pedaço todos os dias, pegavam dois, três bocados. Quando a professora finalmente se aproximou de mim (com certeza, a última da fila), nada sobrara, nem um mísero pedaço.

Hoje, percebo com clareza que, por acreditar ser indigna e nada *merecer,* me coloquei no fim da fila, sem conseguir degustar um mísero pedaço de bolo. Esse era *meu* padrão. *Aqueles ao meu redor* apenas refletiam minhas crenças.

Por não mais suportar ser abusada sexualmente, aos 15 anos fugi de casa e da escola. Consegui um emprego como garçonete em um café-restaurante, o que me pareceu muito mais fácil do que a árdua tarefa de ter de cuidar do jardim de casa.

Sedenta por amor e carinho e praticamente sem nenhuma autoestima, oferecia meu corpo, de bom grado, a qualquer um que fosse gentil comigo e, pouco depois de meu aniversário de 16 anos, dei à luz uma garotinha. Por achar que não teria condições de criá-la, procurei alguém que pudesse oferecer-lhe um lar bom e amoroso e encontrei um casal sem filhos que ansiava por um bebê. Fiquei durante os últimos quatro meses de gravidez na casa deles, sob seus cuidados, e, quando fui levada à maternidade, a criança foi registrada em seu nome.

Por conta das circunstâncias, não pude vivenciar o prazer da maternidade... apenas o sentimento de perda, culpa e vergonha. Parti quando ela tinha apenas cinco dias. A única coisa da qual me lembro é de que seus dedos do pé eram tão grandes quanto os meus... Com certeza, caso nos encontremos algum dia, irei reconhecê-la por essa característica.

Logo após o parto, voltei para casa e, ao encontrar com minha mãe, que continuava a se colocar no papel de vítima, disse: "O que é isso? Você não tem mais de aceitar isso. Vou tirá-la daqui". E, assim, ela foi embora comigo, deixando minha irmã de 10 anos, que sempre fora a "queridinha do papai", aos cuidados dele.

Após ajudar minha mãe a conseguir um emprego como camareira em um pequeno hotel e um apartamento onde ela estivesse bem instalada, senti que havia cumprido minha obrigação e parti para Chicago com uma amiga para uma viagem de um mês – a qual se estendeu por 30 anos.

No início, a violência que vivenciara quando criança, somada à minha falta de senso de valor próprio/autovalor, levou-me a atrair para minha vida homens que me destratavam e, com frequência, me batiam. É bem provável que, caso tivesse passado o restante de minha vida criticando os homens, teria continuado a atrair o mesmo padrão de relacionamento. No entanto, pouco a pouco, por conta de experiências profissionais positivas, minha autoestima se elevou e essa espécie de homens começou a desaparecer de minha vida – eles não mais se encaixavam na antiga crença subconsciente de que merecia ser abusada. Eu não os estou absolvendo, mas é claro que se sentiram atraídos por mim por se adequarem ao "meu padrão". Hoje, um homem que abuse de mulheres nem sabe que existo. Nossos padrões nada mais têm em comum.

Após alguns anos em Chicago trabalhando em funções subalternas, parti para Nova York. Lá, tive a sorte de me tornar uma modelo de alta-costura. Mesmo assim, o trabalho com estilistas de renome não elevou minha autoestima – ao contrário, serviu para que eu enxergasse ainda mais defeitos em mim; além disso, recusava-me a reconhecer minha própria beleza.

Por muitos anos trabalhei na indústria da moda, durante os quais conheci e me casei com um perfeito cavalheiro inglês: gentil e estudado. Juntos, viajamos pelo mundo, conhecemos a realeza e chegamos a participar de um jantar na Casa Branca – mas, a despeito de ter um marido maravilhoso e de ser uma modelo famosa, minha baixa autoestima em nada mudou até, tempos depois, começar a trabalhar meu interior.

Certo dia, após 14 anos de casada – quando começava a acreditar que coisas boas podiam durar para sempre –, meu marido revelou que desejava se casar com outra mulher. Fiquei arrasada, mas o tempo passou e sobrevivi. Sentia que minha vida estava mudando, e uma numeróloga confirmou o que eu intuía em um dia de primavera, dizendo que no outono um acontecimento, aparentemente sem importância, mudaria minha vida.

Foi um acontecimento tão insignificante que só me dei conta de sua importância meses depois. Por acaso, participei de um encontro da igreja *United Church of Religious Science* [Igreja da Ciência Religiosa], em Nova York. Era a primeira vez que ouvia o que pregavam e algo dentro de mim dizia: "Preste atenção". E foi o que fiz. A partir de então, passei a participar dos cultos aos domingos e das aulas semanais. À época meu interesse pelo mundo da moda e da beleza diminuía mais e mais. Quanto tempo mais suportaria ter de me preocupar com a medida de minha cintura ou o formato das sobrancelhas? Deixei de ser uma estudante que largara os estudos sem nada saber e me tornei uma aluna insaciável, devorando qualquer coisa que encontrasse no campo da metafísica e da cura.

A Igreja *Religious Science* tornou-se meu novo lar. Apesar de minha vida permanecer praticamente a mesma, esse novo campo de estudo começou a me absorver cada vez mais. Após três anos na igreja, estava apta a me candidatar a conselheira. Passei no teste e foi assim que iniciei minha carreira, muitos anos atrás.

Foi um pequeno começo. Naquela época também havia me tornado adepta da Meditação Transcendental e, como minha Igreja não ofereceria o Curso de Treinamento para Ministro da Igreja por pelo menos um ano, decidi fazer algo especial por conta própria: frequentei, por seis meses, a MIL, *Maharishi International University* [Universidade Internacional de Maharishi], entidade ligada ao guru Maharishi, localizada em Fairfield, no Estado de Iowa.

Era tudo de que precisava. Durante o estágio inicial, nas manhãs de segunda-feira, apresentavam-nos uma nova matéria, muitas das quais nunca ouvira falar, como biologia, química e até mesmo a teoria da relatividade. Nas manhãs de sábado havia uma avaliação do conteúdo da semana e os domingos eram livres. Retomávamos, então, os estudos nas manhãs de segunda-feira.

Na universidade não havia nenhum dos divertimentos típicos de Nova York. Após o jantar nos retirávamos para nossos quartos para estudar. Eu era a aluna mais velha do *campus* e desfrutei todos os momentos que lá passei. Cigarros, bebidas e drogas eram proibidos e meditávamos quatro vezes por dia. No dia em que fui embora, achei que fosse desmaiar quando, ao chegar ao aeroporto, senti o cheiro da fumaça de cigarro.

Ao voltar para Nova York, retomei minha vida. Pouco tempo depois comecei a participar do Curso de Treinamento para Ministro da Igreja e dela me tornei membro atuante, participando ativamente de suas atividades sociais. Fui promovida a oradora das reuniões realizadas ao meio-dia e passei a atuar como conselheira daqueles que iam à igreja em busca de ajuda. Em pouco tempo essa atividade transformou-se em um trabalho de tempo integral. Afora essas ocupações, fui inspirada a escrever um pequeno livro: *Cure Seu Corpo*, o qual inicialmente se resumia a uma pequena lista das causas metafísicas das doenças que se manifestavam fisicamente e, a partir de então, passei a dar palestras, viajar e dar aulas para pequenos grupos.

Então, certo dia, após exames clínicos, recebi o seguinte diagnóstico: câncer.

Com meu histórico – estuprada aos 5 anos e vítima de violência infantil –, não foi surpresa este ter se manifestado na região vaginal.

Como qualquer pessoa que tenha acabado de receber a notícia de que tem câncer, entrei em pânico. Todavia, em virtude do trabalho que realizava com os que me procuravam em busca de ajuda, sabia que a postura mental contribuía para o processo de cura, e agora tinha a oportunidade de provar esse fato por mim mesma. Afinal de contas, havia escrito um livro sobre padrões de pensamento, e sabia que o câncer era uma doença, um profundo ressentimento guardado há tanto que com o tempo passava a, literalmente, consumir o corpo. Eu havia me negado a abrir mão de todo o ressentimento e raiva que nutria por todos "eles" que, de uma forma ou de outra, me molestaram durante minha infância. E não tinha mais tempo a perder, havia muito trabalho pela frente.

A palavra *incurável*, a qual amedronta a tantos, significa para mim que uma determinada condição não pode ser tratada por meios externos; é necessário que mergulhemos em nosso interior para encontrar a cura. Caso tivesse de passar por uma cirurgia, sem antes me limpar dos padrões mentais que haviam criado a doença, os médicos continuariam a retirar pedaços de Louise até não sobrar mais nada – e tal ideia não me agradava.

Entretanto, sabia que, caso enfrentasse uma cirurgia para a remoção das células cancerosas, e ao mesmo tempo me livrasse dos padrões mentais que as originaram, elas não mais se manifestariam. Acredito que, quando o câncer ou qualquer outra doença reaparece, isso não se deve ao fato de os médicos não terem conseguido "se livrar dela", mas, sim, ao do paciente não ter conseguido modificar seu padrão mental, recriando, assim, a mesma enfermidade em outra parte do corpo.

Acreditava também que, caso me libertasse do padrão de pensamento que criara o câncer, não precisaria passar por uma cirurgia. Pedi, então, que esta fosse adiada e os médicos, de má vontade, me deram um prazo de três meses, quando mencionei que não tinha condições de pagar pela cirurgia.

A partir de então, assumi a responsabilidade pela minha cura. Pesquisei e li tudo que encontrei sobre métodos alternativos que pudessem me ajudar.

Passei por diversas lojas de produtos naturais, nas quais comprei todos os livros disponíveis sobre câncer. Fui à biblioteca em busca de mais livros sobre o assunto. Busquei informações sobre reflexologia e terapia do cólon e concluí que ambos os métodos podiam ser benéficos no meu caso. Sentia estar sendo levada a encontrar as pessoas certas. Após ler sobre os benefícios da reflexologia, passei a procurar alguém que aplicasse a técnica e, ao participar de uma palestra, em vez de me sentar nas primeiras fileiras, como de hábito fazia, fui compelida a sentar nos fundos. Em questão de minutos, um homem se sentou ao meu lado e – acredite se quiser – ele era um reflexologista que ia à residência de seus clientes. Durante os dois meses seguintes, ele me ajudou muito, atendendo-me em minha casa três vezes por semana.

Também tinha consciência de que era necessário me amar muito mais do que fora amada. Durante a infância, recebera muito pouco amor e ninguém contribuiu para que me sentisse bem por ser quem eu era. Eu adotara, em relação a mim mesma, a mesma atitude "deles", crítica e repressora – e essa se tornaria minha segunda natureza.

Durante meu trabalho na igreja, descobri que, além de não haver nenhum problema em me aceitar e me amar, isso era essencial. No entanto, eu vivia adiando esse processo – assim como a dieta que nós sempre deixamos para o dia seguinte. Entretanto, não podia mais esperar. A princípio, foi muito difícil fazer certas coisas, tal como ficar parada em frente a um espelho e dizer para mim mesma: "Louise, eu te amo. Eu realmente te amo". Não obstante, ao longo do processo, deparei-me com inúmeras situações nas quais, no passado, teria me criticado e censurado e, graças ao exercício do espelho, não mais o fazia. Eu estava progredindo.

Sabia que tinha de deixar para trás o ressentimento que carregava comigo desde a infância, além de ser imprescindível livrar-me da culpa que sentia.

Com certeza, tive uma infância difícil, durante a qual fui vítima de diferentes formas de abusos: mental, físico e sexual. Mas isso acontecera muitos anos atrás e não era mais desculpa para a forma como vinha me tratando nos últimos tempos. Estava, literalmente, deixando meu corpo se consumir pelo câncer, pois não aprendera a perdoar. Era chegada a hora de ir além desses acontecimentos e buscar *compreender* quais experiências teriam levado essas pessoas a tratar uma criança daquela forma.

Com a ajuda de um bom terapeuta, consegui expressar toda a antiga raiva represada, batendo em almofadas e gritando com fúria. Esse processo me fez sentir-me mais "limpa", após o qual comecei a juntar os pedaços das histórias que meus pais me contaram sobre sua infância e passei a ter uma perspectiva mais ampla de sua vida. Por ter à época uma visão mais madura e abrangente da vida, senti compaixão por sua dor, e a atitude crítica que tivera em relação a eles aos poucos se esvaiu.

Procurei, também, uma boa nutricionista para me ajudar a limpar e desintoxicar meu corpo de todas as porcarias que havia comido ao longo dos anos. Aprendi que alimentos industrializados acumulam toxinas, criando um corpo tóxico, e que pensamentos "industrializados" também acumulam toxinas, criando uma mente tóxica. Foi-me indicada uma dieta rígida, à base de verduras, e muito pouco além disso. No primeiro mês do tratamento tive crises de diarreia três vezes por semana.

Não passei por uma cirurgia e, como resultado do profundo processo de limpeza mental e física pelo qual me submetera por seis meses após ter sido diagnosticada com câncer, os médicos afirmaram o que eu já sabia – *não havia mais quaisquer células cancerígenas em meu corpo!* Podia agora afirmar com base em minha experiência pessoal que *enfermidades podiam ser curadas caso nos permitíssemos mudar nossos pensamentos, crenças e atitudes!*

Por vezes uma tragédia se transforma em bênção. Minha experiência foi um grande aprendizado e me levou a enxergar a vida sob nova perspectiva. Passei a ter consciência do que realmente importava e por fim decidi deixar a inóspita cidade de Nova York. Alguns dos meus pacientes afirmaram que "morreriam" caso os abandonasse, mas lhes garanti que voltaria duas vezes por ano para avaliar seu progresso... e que sempre poderiam falar comigo ao telefone onde quer que eu estivesse.

Portanto, larguei tudo para trás, fechei meu consultório e resolvi fazer uma viagem em um trem de passeio pela Califórnia cujo ponto de partida seria Los Angeles. Apesar de ser a cidade onde eu nascera, não conhecia ninguém na região além de minha mãe e minha irmã, que viviam no subúrbio, a cerca de uma hora do centro da cidade. A despeito de nunca termos sido próximas, fiquei preocupada ao saber que minha mãe havia ficado cega anos atrás e ninguém se dera ao trabalho de me contar. Minha irmã estava muito "ocupada" para se encontrar comigo e, então, deixei-a cuidando de seus afazeres e segui em frente.

Meu pequeno livro *Cure seu Corpo* me abriu muitas portas e comecei a participar de todos as reuniões *New Age* de que tinha conhecimento. Eu me apresentava e, sempre que julgasse conveniente, oferecia um exemplar do meu livro. Durante seis meses, frequentei as praias, em busca de momentos de tranquilidade, que não mais poderia desfrutar com a mesma frequência quando estivesse atarefada. As pessoas, aos poucos, começaram a me procurar. Por vezes era convidada a fazer uma palestra e pouco a pouco tudo começou a fluir. Los Angeles me dava boas-vindas e poucos anos após ter chegado lá consegui me instalar em uma casa aconchegante.

Minha vida em Los Angeles estava a anos-luz de distância do ambiente em que eu fora criada. Tudo acontecia com naturalidade. Como é possível nossa vida mudar tanto em tão pouco tempo?!

Então, certa noite, recebi um telefonema de minha irmã, o primeiro em dois anos, informando-me que nossa mãe, à época com 90 anos e praticamente surda, havia caído e fraturado a coluna. Em uma questão de segundos, minha mãe deixara de ser uma mulher forte e independente e se tornara uma criança desamparada que sofria.

Tal acidente teve seu lado positivo, serviu para romper a muralha que minha irmã criara em torno de si, e finalmente começamos a nos comunicar. Descobri que minha irmã também tinha problemas crônicos na coluna que dificultavam que se sentasse e caminhasse em virtude da dor que sentia. Ela sofria em silêncio, e, apesar da aparência de anoréxica, seu marido nunca percebera que ela estava doente.

Após passar um mês no hospital, minha mãe estava pronta para regressar ao lar. Mas, como não lhe era possível cuidar de si, passou a morar comigo.

Apesar de acreditar no fluir da vida, não sabia como poderia lidar com a situação e disse a Deus: "Tudo bem, posso cuidar dela, mas você tem de me ajudar e me dar o dinheiro de que preciso!".

Minha mãe e eu tivemos de passar por um processo de ajuste. Ela chegou em um sábado e na sexta-feira seguinte eu teria de ir a São Francisco, onde ficaria por quatro dias. Não podia deixar minha mãe sozinha, mas não podia deixar de cumprir com meu compromisso e, então, roguei a Deus mais uma vez: "Oh, Senhor! Você pode resolver esse problema. Tenho de encontrar a pessoa certa para nos ajudar antes de eu partir".

Na quinta-feira seguinte, a pessoa certa "apareceu", mudou-se para nossa casa e a organizou tanto para minha mãe quanto para mim. Isso foi mais uma confirmação de uma de minhas principais crenças: "Não importa o que precise saber, isso me será revelado; não importa o que precise conseguir, isso me será ofertado de acordo com a lei divina".

Percebi que me deparava com mais uma lição de vida – a oportunidade de me livrar de grande parte do "lixo" de minha infância. Minha mãe não conseguira me proteger quando eu era criança; apesar disso, era meu dever cuidar dela nesse momento. Além do mais, ainda me restava enfrentar outro grande desafio envolvendo minha irmã.

Após eu ter salvado minha mãe das garras de meu padrasto, este dirigiu sua raiva e rancor em direção à minha irmã, que passou a ser violentada. Eu tinha consciência de que o abuso e a agressão dos quais ela fora vítima fizeram com que, além do medo e da tensão, sentisse que ninguém teria condições de ajudá-la. Então, encontrei-me em uma encruzilhada: não queria ser sua salvadora, mas almejava ajudá-la a sentir-se bem nesse momento de sua vida.

Aos poucos, ela começou a se libertar do seu passado; processo que perdurou por toda a sua vida. Progredimos passo a passo, enquanto eu criava um ambiente no qual ela se sentisse segura para explorarmos diversos caminhos de cura.

Minha mãe, por outro lado, respondia muito bem ao seu tratamento. Exercitava-se quatro vezes ao dia e seu corpo se tornou mais forte e flexível. Eu a levei a uma instituição de apoio aos que tinham problemas auditivos, e ela passou a ter mais interesse pela vida ao redor. A despeito de sua crença nos princípios da igreja *Christian Science* [Ciência Cristã], consegui convencê-la a fazer uma cirurgia de catarata em um dos olhos. Qual não foi seu prazer em poder enxergar de novo, e o nosso, por podermos vislumbrar o mundo por meio de seu olhar. Ela ficou extremamente feliz por poder voltar a ler.

Minha mãe e eu conseguimos sentar e conversar de uma forma que nunca nos fora possível e passamos a compreender uma à outra por outro prisma. Ambas nos libertamos ao chorar, rir e nos abraçarmos. É óbvio que por vezes ela quase me tirou do sério, mas isso só deixou claro que ainda havia questões a serem resolvidas.

É 2007, e estou com 80 anos. Há muitos anos, minha mãe partiu deste planeta, em paz. Sinto saudades dela e a amo. Não deixamos nada para trás e, agora, ambas estamos livres.

(Extraído de *Você Pode Curar Sua Vida*, Editora Best Seller)

HISTÓRIAS
DA VIDA

Crystal Andrus

Korby Banner

Crystal Andrus, autora de *Simply... Woman!* e *Transcendent Beauty,* além de eloquente e apaixonada palestrante, é escritora e defensora da emancipação da mulher. A força de sua mensagem vem de seu compromisso com a espiritualidade e do desejo de ajudar as mulheres a transcender seus limites e alçar voo.

Crystal, uma das mais atuantes especialistas em saúde, boa forma e nutrição dos Estados Unidos, é formada pela American College of Sports Medicine [Faculdade de Medicina Esportiva do Estados Unidos] e pela Canadian School of Natural Nutrition [Escola de Nutrição Natural do Canadá], e no momento se dedica a seu Ph.D. em Naturopatia. Seu comprometimento em oferecer às mulheres meios para que se sintam cada vez mais realizadas e donas de si pode ser observado em todas as atividades que exerce – desde seu programa de rádio semanal e os *workshops* que promove até seu renomado trabalho como consultora individual e sua participação ativa no fórum de seu *website*: www.crystalandrus.com.

O Amor Vence Tudo

"Tinha sido convidada para ser oradora do jantar de minha antiga turma de faculdade e, ao chegar, fui abordada por uma bela loira. Ela tinha um sorriso contagiante e sua presença iluminava o salão. Ela tinha algo de especial e tinha certeza de que voltaríamos a nos encontrar, pois após poucos minutos de conversa já estávamos trocando nossos endereços de e-mail.

Quando meu discurso se aproximava do fim – durante o qual falei sobre nosso relacionamento com os pais e como as emoções se manifestam no corpo –, notei que ela estava atenta a tudo que eu dizia. Com delicadeza, abraçava o próprio corpo e lágrimas rolavam pelo rosto. Percebi, intuitivamente, que sua história de vida era contundente. Nossa, e como! Uma história que certamente teria de ser compartilhada, e aqui está ela, contada com suas próprias palavras."

Crystal

A História de Shere

Nasci um mês antes do esperado, no dia 22 de abril de 1953, e cheguei ao mundo pelos pés, chutando e gritando. Dizem que, ao nascer, eu mais parecia uma criança deformada, além de ter o corpo coberto por contusões – uma visão nada agradável. Meus pais resolveram me chamar Shirley (em homenagem a Shirley Temple), mas, assim que saí de casa, aos 15 anos, mudei meu nome para Shere.

Não tenho muitas recordações dos tempos de infância – na verdade, parecem ter passado em branco até eu completar 13 anos. Muito do que sei sobre mim foi-me contado pelos meus vizinhos e familiares. No entanto, nunca me esqueci de meus pais me chamando de "feia, burra e vagabunda". Lembro-me de ter apanhado muitas e muitas vezes e de acreditar que era uma criatura tão horrorosa que merecia apanhar. É claro que meus pais também viviam se digladiando – por dinheiro e por outros motivos.

Passei dos 13 aos 15 anos fugindo; não de casa... mas do ambiente de casa, e, quando tinha 15 anos, as autoridades escolares resolveram intervir e me mandaram para um lar adotivo. Lembro-me de ter ido embora com uma mala de roupas – sem brinquedos ou lembranças; sem lágrimas ou abraços de despedida... Eu apenas parti e tive muito pouco contato com minha família (duas irmãs e um irmão) até 1971, quando, aos 18 anos, me casei pela primeira vez.

Meu marido, além de beber, me batia... e mais uma vez me vi fugindo, procurando por amor nos lugares errados. Após dois anos, meu marido e eu nos separamos e lá estava eu, mais uma vez na rua, abandonada, com minhas roupas, um par de louças e alguns móveis em péssimas condições.

Dos 20 aos 25 anos me envolvi com vários homens em busca de amor e segurança – mas em vão. Deparei-me, *na realidade,* com homens cada vez mais controladores e violentos. Somente hoje consigo perceber o quanto estava desesperada.

Em 1976, conheci meu segundo marido, um homem muito generoso, dez anos mais velho que eu. Como ele tinha dois filhos pequenos, um com 4 e outro com 9 anos, achei que finalmente encontraria a família e o amor que nunca tivera. Meu novo marido me adorava e queria cuidar de mim, portanto nos mudamos para bem longe a fim construirmos uma nova vida.

Como eu não tinha filhos – nem certeza de que os queria (com medo de meu "sangue danificado") –, não foi fácil assumir o papel de madrasta. Tinha ciúmes dos filhos de meu marido e da atenção que recebiam dele. Por fim, voltei a me sentir insegura e comecei a procurar alguém que pudesse me dar "atenção total e irrestrita". Estávamos nos anos 1980 e as casas noturnas, repletas de almas sedentas... e, então, meu casamento logo chegou ao fim.

Pouco depois conheci Jeff. Ele era dez anos mais novo que eu e 50 anos mais sábio. Saímos juntos, esporadicamente, por sete anos – durante os quais ele sempre se mostrou paciente e dedicado. Entretanto, não conseguia assumir nosso compromisso e, assim, certo dia ele me disse que estava cansado daquilo e partiu. E, ao perceber o que perdera, me tornei adulta. Até então, achava, de fato, que estava me divertindo, compensando os anos perdidos, e não percebi quais poderiam ser as consequências de tal atitude.

Meses se passaram e a dor da separação continuava a me assolar. Meu amor por Jeff se tornava cada vez mais intenso. Por fim, nós nos reencontramos e resolvemos deixar o passado. Estamos casados há 15 anos, e o amor que nos une é digno de ser transformado em um romance.

Entretanto, houve um momento em minha trajetória de vida no qual meu ego começou a se desmantelar. Aos 15 anos, pesava 90 quilos – muitos deles ganhos graças ao meu primeiro emprego em uma padaria e ao conforto que encontrei nos pãezinhos recém-saídos do forno. Enquanto me preparava para meu primeiro casamento, perdi o excesso de peso, mas após o divórcio voltei a engordar, ganhando, de sobra, alguns quilos extras, chegando a pesar 100 quilos. Meu segundo marido, como "pai" amoroso e incentivador que era, me iniciou no *squash* e me matriculou em aulas a fim de ajudar a elevar minha autoconfiança. Perdi peso e passei a confiar em mim – bem... pelo menos aparentemente.

Ingressei em uma agência de talentos, na qual trabalhei como modelo publicitário e de comerciais de TV e, por fim, consegui um trabalho regular como apresentadora de TV. Meu objetivo era me tornar tão atraente a ponto de nem mesmo o entregador de pizza conseguir resistir aos meus encantos. Acreditava ser o patinho feio que se transformara em um belo cisne... com material suficiente para escrever um livro sobre todos os homens que seduzira ao longo de anos.

Então, em 1997, a vida me deu um "chacoalhão": fui demitida. Jeff e eu acabáramos de comprar um casarão e não tínhamos a mínima ideia de como conseguiríamos pagar por ele. Nesse mesmo ano meu pai morreu, trazendo à tona a dor de sentimentos há muito reprimidos. Todos os "deveria ter feito isso" e "poderia ter feito aquilo", além das lembranças de brigas e sofrimento, emergiram como ondas do mar em meio a uma tempestade. Como minha mãe falecera em 1986, eu acreditava que esse capítulo de minha vida já estivesse encerrado – mas não estava.

De uma hora para outra me vi sem trabalho, totalmente perdida e com medo. Acordar todas as manhãs sem ter aonde ir ou o que fazer levou-me a me sentir fracassada e reacendeu a dor de ser taxada como "idiota". Passei cerca de um ano sentindo pena de mim mesma, vagando por nossa nova casa, grande demais para nós. Meu estado de saúde não era dos melhores e marcava consultas com um quiroprático duas ou três vezes por semana para tratar dores em geral, síndrome pré-menstrual e enxaquecas. Visitas ao médico também eram frequentes, pois eu reclamava de dor no estômago, prisão de ventre e uma infinidade de problemas relacionados à digestão. Por fim, descobri que tinha síndrome do cólon irritável (SCI), úlcera, hérnia de hiato *e* endometriose!

Meu quiroprático e eu nos tornamos próximos – afinal, ele era a pessoa com quem eu mais tinha contato –, e certo dia ele me disse que eu deveria refletir sobre o que estava causando todos esses problemas de saúde e começar a pensar em termos de prevenção – além de assumir responsabilidade por meu bem-estar.

A princípio não o levei a sério, pois achava que sabia como me cuidar. Entretanto, com o passar do tempo, passei a lhe dar ouvidos e comecei a tomar alguns suplementos naturais para ajudar a equilibrar e fortalecer meu sistema hormonal. Após quatro meses não sentia mais os incômodos da síndrome pré-menstrual (dor, depressão, ansiedade e inchaço), minhas maiores queixas. Isso foi um marco em minha vida, pois a partir de então saí de meu pequeno mundo, passei a tomar minhas próprias decisões e a assumir o controle de minha vida.

Passei três anos vivendo e respirando a filosofia do "bem-estar do corpo, da mente e do espírito". Participava de todas as palestras, lia todos os livros e assinava todas as revistas relacionadas ao assunto, passei a trabalhar em uma loja de produtos naturais e comecei a me interessar por glicobiologia e gliconutrientes. Fui orientada a meditar e a praticar ioga. Busquei métodos alternativos de cura – iridologia, Reiki, acupuntura e musicoterapia. Marquei consultas com médicos abertos a terapias holísticas e me submeti a todos os modernos exames que propunham: o de saliva, o de acesso ao inconsciente, o de sangue; não importa o que viesse, estava sempre a postos. Acreditava que, por ter um casamento feliz, minha única obrigação era me tornar a "deusa da saúde".

E assim, em 2000, minha alma me tirou do estado de torpor.

Uma mamografia, um raio x e uma temida biópsia revelaram que eu tinha câncer na mama direita. Como isso poderia acontecer a uma pessoa que devotara os últimos três anos de sua vida a estar bem, permanecer bem e prevenir qualquer tipo de doença?

Os meses seguintes foram aterradores. O primeiro cirurgião que consultei, além de não demonstrar nenhuma compaixão para com meu estado, conversou comigo de uma forma que deixou muito a desejar. Em seguida, falei com o médico que atendia no mesmo consultório que ele – sua postura não poderia ter sido mais diferente. Ele era um jovem de origem asiática aberto a terapias alternativas. Apesar de indicar o mesmo tratamento do primeiro médico, ou seja, cirurgia, seguida de sessões de químio e radioterapia, explicou-me como seria feito o procedimento e seus possíveis efeitos colaterais. A diferença foi que, além disso, ele me incentivou a continuar com os tratamentos alternativos caso eu realmente acreditasse em sua eficácia.

Por fim, cheguei à conclusão de que a cirurgia e os efeitos colaterais seriam piores do que a doença em si, e, mesmo que o câncer fosse retirado do meu corpo, a probabilidade de ele voltar era alta, pois eu ainda não havia descoberto ou enfrentado os motivos que fizeram com que se manifestasse. Portanto, até saber o que dera origem ao câncer, qual a lógica de submeter meu corpo a esse trauma?

Minha visão de bem-estar se modificou. Apesar de saber que tinha de cuidar de meu corpo físico – parei de ingerir café, refrigerantes, bebidas alcoólicas; passei a alimentar-me com produtos orgânicos sempre que possível; não fazer uso da máquina de lavar louças nem do forno de micro-ondas; não usar perfume ou esmalte que pudessem ser tóxicos; adotar um estilo de vida holístico, ou seja, usar maquiagem e produtos de limpeza naturais, tomar água mineral, ingerir vários suplementos alimentares, comer verduras e consumir uma grande quantidade de gliconutrientes –, minha prioridade era compreender por que o câncer se manifestara em minha mama.

Tal busca me conduziu a uma jornada surpreendente. Certo dia, enquanto caminhava, deparei-me com um belo gramado onde me sentei e fechei os olhos. De repente, encontrei-me rodeada por brilhantes estantes repletas de livros. Podia ler o nome dos livros, tocá-los e tirá-los das prateleiras. A biblioteca, em meio a jardins e árvores, se harmonizava com a Natureza ao redor. Vi meus queridos gatos, que já haviam partido, felizes, caçando pássaros e borboletas em meio ao exuberante arvoredo.

Continuei a caminhar pela vastidão da biblioteca e me deparei com uma mulher. A princípio não a reconheci, e então percebi que era minha mãe. Ela me abraçou e disse: "Olá, minha querida. Temos pensado em você", e em seguida meu pai surgiu. Ambos estavam radiantes, translúcidos. Meu pai disse que sentia saudades de mim e que seu amor por mim era eterno... e naquele instante senti o quanto me amava. Comecei a chorar ao entender de modo implícito por que, na vida em que exercera o papel de meu pai, abusara de mim e me fizera partir. Compreendi que ele realmente me amava e que ambos havíamos concordado em reencarnar nesta vida como pai e filha para aprender as lições que nossas almas tão desesperadamente ansiavam aprender a fim de evoluir.

Naquele exato momento, perdoei a mim e a eles e me senti consumida por um amor que nunca vivenciara, sem conseguir conter as lágrimas. Ambos me abraçaram e disseram que chegara a hora de eu ir embora da biblioteca e voltar para casa. Antes de partir, perguntei a eles que livro deveria ler e responderam: *"Como conhecer Deus*, de Deepak Chopra".

E então se foram, e com eles os brilhantes livros e o jardim. Vi-me, então, de volta ao gramado, chorando, sozinha. Mas algo mudara em mim – sentia-me mais leve, livre... Sentia-me uma criança e tinha certeza de que era amada. Eu, Shere Donald, era amada!

Para mim estava claro por que tinha câncer de mama. Essa região é o centro do amor e do afeto que tão desesperadamente procurara durante toda a minha vida – não só de meus pais e de meus irmãos, mas do mundo. E, até então, não tinha ideia do quanto o Universo me amava... do quanto ama a todos nós. Agora que me sentia amada e protegida, meu seio poderia ser curado – meu *coração* poderia ser curado.

Pouco depois, passei por um exame de rotina e recebi a notícia de que não havia mais células cancerosas em minha mama. Eu estava curada – assim como todas as partes de meu ser.

Hoje, o câncer de mama ou qualquer outra doença não mais "fazem parte" de meu ser. Por meio do perdão e do amor, livrei-me desse mal e todos os exames seguintes confirmaram não haver nenhum sinal de metástase.

O mais importante aprendizado que essa experiência me trouxe é saber que o bem-estar é uma jornada a qual devo ter como meta para estar bem comigo. Além disso, é imprescindível que esteja consciente de minha própria humanidade enquanto caminho pela estrada da vida. Vez por outra, uma dor do passado virá à tona para me lembrar de que o amor vence tudo... se eu o permitir.

(Extraído de *Transcendent Beauty*, Hay House, 2006)

Colette Baron-Reid

Deborah Samuel

A famosa vidente **Colette Baron-Reid**, autora de *Remembering the Future,* promove seminários, tem seu próprio programa de rádio, ministra palestras motivacionais, além de integrar o catálogo de artistas da gravadora EMI (seu CD *Journey Through the Chakras* atingiu o topo das paradas). Já se apresentou ao lado de renomados escritores espiritualistas como Sylvia Browne, John Holland, Caroline Myss, entre outros. No momento, mora em Toronto, no Canadá, com o marido Marc e seus dois filhos endiabrados.

Website: www.colettebaronreid.com

A Entrega

O acontecimento que me levaria a resgatar meu dom foi uma situação que me mudaria para sempre. Aconteceu quando eu tinha 19 anos. Nessa época, minha dependência do álcool crescia par a par com meu egoísmo – não conseguia amadurecer. Em virtude de meu distúrbio alimentar, tomava remédios para emagrecer e bebia para minimizar os efeitos da medicação. Além disso, eu me drogava. Em meu íntimo, estava gritando por socorro, mas em vão.

Após sofrer uma *overdose* um dia antes de meu exame final no primeiro ano na faculdade de direito, fui obrigada a participar das aulas de recuperação durante o verão para compensar pelo ano inteiro de estudos que eu havia sabotado. Estava deprimida e sem saber o que fazer: minha intuição estava bloqueada, amortecida por todo o veneno que ingeria, e o caminho que tomara rumo à autodestruição tornava impossível ouvir os avisos de minha alma.

Meus amigos da faculdade me avisaram para ficar longe de um bar localizado nos subúrbios, ponto de encontro de uns tipos suspeitos. É óbvio que aquilo me deixou ainda mais intrigada e, assim, fui até lá com uma amiga e passamos a frequentar o lugar. Não é preciso dizer que, por ser uma garota rebelde, curiosa, autodestrutiva e sem muita experiência com os homens, me envolvi em problemas. O lugar era frequentado pela escória – o que incluía traficantes e motociclistas. Devia ter sido mais cuidadosa, mas nunca me deparara com esse tipo de gente a não ser em filmes e livros que os romantizavam.

Minha primeira experiência dos perigos inerentes àquela espécie de ambiente ocorreu certa noite, após ter insultado um dos "caras" em frente à sua gangue – essa foi a primeira vez em que fui espancada por um homem. Com um soco, ele atingiu meu rosto em cheio e, após bater em uma cadeira, vi-me no chão. Ouvi, então, um ruído surdo. Devo ter desmaiado por alguns segundos.

Lembro-me de ter levantado aos trancos... o salão girava ao meu redor e podia sentir o gosto de sangue em minha boca. Minha cabeça latejava. Nunca havia apanhado em minha vida – estava em estado de choque, humilhada e assustada. Ninguém me ajudou a levantar. Eu, aparentemente, tinha feito o que ninguém jamais ousara, apesar de não saber o peso disso. No entanto, o que aconteceria duas semanas depois mudaria minha vida para sempre.

Começava a me sentir enclausurada em meu dormitório da faculdade, de onde não saíra desde o incidente no bar. Apesar de ainda estar em estado de choque pelo ocorrido, e com um hematoma no rosto, deixei-me convencer por uma amiga a tomarmos uma cerveja em um bar no centro da cidade. Ao chegarmos, encontramos, por acaso, com um grupo de rapazes que já havíamos visto na redondeza. Eu queria ir para casa, mas minha amiga queria continuar por ali. Aceitei, então, a carona que os garotos me ofereceram. Eu não os conhecia bem, mas pareciam legais e nunca tinham me incomodado.

Após o que vivenciara duas semanas antes, estava em busca de proteção, portanto acreditei na boa intenção dos rapazes que se ofereceram para me levar para casa em segurança. No entanto, seus planos eram outros – uma experiência que me mostrou o que seria perder total controle sobre meu próprio corpo, além de me mostrar a verdadeira natureza da vergonha. Entretanto, tal situação também viria abrir as portas às habilidades que eu antes rejeitara.

O que mais me intriga é saber que, assim que aceitei a carona, percebi que algo terrível iria acontecer, mas não estava em condições de escutar o aviso. Minha intuição estava presente, mostrando-me o que fazer, mas eu estava bêbada e sem condições de dar-lhe ouvidos. Apesar de, em virtude da sensação de medo, meu coração bater cada vez mais rápido, ainda tinha a esperança de que o que previa fosse apenas fruto da imaginação... mas não era. Algo realmente importante estava prestes a acontecer: eu seria estuprada.

Enquanto os rapazes me violavam, tive uma experiência extraordinária e inesquecível, cuja lembrança se mantém vívida até hoje. Saí de meu corpo e fiquei suspensa em um dos cantos do quarto, observando o que acontecia abaixo com calma, curiosidade e desprendimento. Lembro-me de sentir que era muito velha, como se minha alma existisse desde os primórdios.

Nesse instante, passei a ver por meio da vidência episódios da vida daqueles que me estupravam e comecei a me sentir, por mais estranho que seja, com pena deles. Vi uma criança trancada em um porão sem água ou comida, abandonada por sua mãe, alcoólatra inveterada, gorda e desleixada. Testemunhei outro garotinho magrelo levado e tirado de vários lares adotivos. O terceiro era um menino ruivo, de pele clara, parte de uma numerosa família – ouvi gritos e berros vindos da cozinha e vi o pai batendo na mãe até esta cair no chão e o garotinho consumido pelo ódio. Vi, então, alguém, que com certeza não era eu, em uma mercearia roubando latas de sopa e as colocando em uma grande sacola de compras.

Essas imagens rodopiavam à minha volta, suspensas no quarto, e minha consciência se dividia: ao mesmo tempo em que tinha plena consciência do que acontecia comigo, "passeava" por outros territórios, indo e vindo como bem quisesse. Tempos depois, consegui identificar ser esse o mesmo "estado" que atinjo ao fazer as leituras para outras pessoas.

O que aconteceu comigo naquela noite me trouxe dois diferentes legados: o primeiro foi a dor e a vergonha de ter sido estuprada, do qual só conseguiria me livrar anos depois; o segundo e mais importante foi a experiência dual pela qual passei. A partir desse dia, passei a ter condições de acessar esse nível de consciência sempre que quisesse, o qual era a chave que tanto buscava para compreender e ter acesso à vastidão da consciência e percepção humanas. Mas essa mudança para um estágio mais elevado de consciência não foi imediata.

Durante os anos seguintes, deixei-me levar por situações que apenas me fizeram sofrer. Confusa, rezava, apesar de acreditar que Deus não ouviria minhas preces. Minha mãe me obrigou a prometer que nunca falaria com ninguém sobre o estupro, pois ela também tinha sido vítima de abuso (durante a Segunda Guerra Mundial ela fora violentada por um grupo de soldados russos, e seu pai adotivo, obrigado a assistir).

Eu não queria que ninguém soubesse do estupro que sofrera. Mantive-o em segredo até que um mês depois desmaiei, caí no chão, vítima de hemorragia e febre alta. Fui levada ao hospital. Durante minha estada contei a verdade a meus pais, que ficaram destroçados, e fiquei sabendo, aos 19 anos, que provavelmente nunca teria condições de ter um filho.

Foram necessários mais nove anos para eu chegar ao fundo do poço. O álcool e as drogas não mais impediam minha intuição de vir à tona, apesar de as mensagens e visões serem distorcidas e filtradas por meu ego depauperado. Via-me como uma vítima das circunstâncias, e esse sentimento era como um crachá que trazia ao peito, transformando minha dor e vergonha em desculpa para minha autodestruição.

Envolvi-me com homens que refletiam minha crença de que seria abusada e comecei a sair com um grupo de marginais que gostavam de uma farra. Minha vida se resumiu a ir a casas noturnas; passar a noite em claro; trabalhar em bares, agências de *telemarketing*, lojas de venda de roupa a varejo e tentar construir uma carreira como cantora e compositora. Entretanto, nada do que tentava dava certo. Continuava a ter inegáveis visões, claras e estranhas, mas as punha de lado, chamando-as de alucinações. E todos os dias pensava em me suicidar.

Cada vez se tornava mais difícil negar as visões que eu tinha, portanto parei de tentar. Ao olhar para trás, percebo, com clareza, que tinha um sexto sentido sobre as pessoas ao meu redor, percebia pelo que passavam e o que estava prestes a acontecer. Mas, por nunca estar sóbria, não conseguia usar esse dom para o bem.

∽

Certa noite, durante uma festa, ouvi dois homens comentando que haviam perdido seus passaportes. Um deles os colocara em um esconderijo, mas, ao lá voltar, não os encontrou. Em uma fração de segundo, vi exatamente quem os havia roubado e onde estavam escondidos.

Em minha mente vislumbrei um tapete persa e, ao olhar através dele, pude "ver" os passaportes – um dos quais com dinheiro guardado. Na noite seguinte, fui a outra festa com minha melhor amiga à época. Apesar de não conhecer a casa onde estávamos, soube, de imediato, que os passaportes estavam escondidos ali.

Ao ser apresentada ao anfitrião, eu o reconheci... apesar de nunca tê-lo visto antes. Na mesma noite, enquanto procurava por um banheiro, vi-me, de repente, em um aposento, onde, ao olhar para o chão, observei o mesmo tapete persa que vislumbrara. Sem pensar duas vezes, levantei-o, peguei os passaportes e corri para contar à minha amiga o que havia encontrado. Disse a ela que deveríamos devolvê-los a seus donos, mas ela me convenceu de que aquilo não era de nossa conta. Falou que devíamos ir embora da festa e nunca dizer uma palavra a ninguém sobre o que havíamos encontrado, pois ninguém acreditaria em nós – tudo aquilo era muito estranho para ser verdade.

Coloquei os passaportes onde estavam, e partimos. No entanto, logo depois, entrei em crise de consciência. Acreditava que tinha tido aquelas visões para ajudar alguém e me sentia culpada por não ter devolvido os passaportes. Minha amiga passou a me importunar me chamando de "411", um dos números para chamadas de emergência, dizendo: "Precisa de ajuda? Ligue para a fantasmagórica Colette".

Na mesma época, outra amiga estava muito interessada pela leitura de tarô e, apesar de não ser uma vidente, estava tomada pela ideia de tirar as cartas para si e para aqueles próximos a ela. Li alguns dos livros que ela possuía sobre como entrar em contato com a alma por meio de objetos, pressentimentos e rituais; e outros sobre a história da arte divinatória em diferentes culturas. Tais leituras tocaram-me de modo profundo, pois descreviam meu potencial.

Outra amiga, bem mais velha do que eu, também adepta do tarô, me deu de presente meu primeiro baralho. Nunca segui o significado das cartas ao pé da letra; de preferência buscava decifrar os símbolos por meio da intuição, para que confirmassem o que via em minha mente. (Ainda hoje uso, profissionalmente, em minhas sessões, as cartas do tarô, por serem um excelente instrumento divinatório.)

Uma das cartas, em especial, despertou meu interesse – a Lua. Hoje a considero como um arquétipo e símbolo das forças ocultas que atuam no mundo e nos seres humanos. A Lua é uma imagem que representa a desordem do inconsciente. Nas leituras tradicionais de tarô, em seu aspecto positivo, representa o despertar psíquico que pode trazer luz à nossa existência; em seu aspecto negativo, representa o vício e as consequências de uma mente perturbada. Portanto, por meio do tarô, a Lua e eu passamos a ter um relacionamento familiar e compulsivo.

Meu interesse pelo tarô transformou-se em uma fonte de divertimento para mim e para os outros ao meu redor, mas a música continuava a ser minha prioridade. Ela era a única forma que conhecia de me expressar plenamente. Durante esse período profícuo produzi várias canções. A angústia é uma poderosa fonte de inspiração de muitos poetas, e minha música ressoava aquilo que eu acreditava ser o motivo do sofrimento deste mundo. Estávamos no início dos anos 1980, havia muitas músicas ao meu redor que me serviram como fonte de inspiração.

Eu me via como a cantora ferida – uma participante secreta do concurso "Miss Vítima Mundial", o que me mostrou como me sentia em relação a mim. Buscava um falso reconhecimento do mundo; mesmo assim, havia algo em minhas canções que nem mesmo eu conseguiria destruir. Eu costumava brincar com a ideia de me tornar uma estrela do rock e "ser famosa", mas no fundo acreditava que a fama no meio musical me levaria a ser uma pessoa completa e que os elogios com os quais sonhava me livrariam de toda a negatividade ainda presente em mim.

Hoje sou grata por não ter me tornado o sucesso que almejava ser, pois teria me tornado, sem sombra de dúvida, um caso perdido. Não acredito que teria condições de lidar com a verdade: ou seja, que os aplausos e o dinheiro não poderiam mudar a forma como me sentia em relação a mim mesma. Isso só me levaria a sofrer uma *overdose* ou a me suicidar, por conta de meu egoísmo. Estou certa disso, pois, entre os meus 20 e 22 anos, tentei me matar mais de uma vez.

Tinha consciência de que o abuso de droga e de álcool me traria problemas antes de conseguir parar – antes mesmo que eu quisesse fazê-lo. Aos 22 anos, tinha medo de minhas experiências e de mim mesma. Movida pelo álcool e pela dor não resolvida do passado, continuei meu caminho rumo à autodestruição. Cheguei, então, à estrada mais rápida para o inferno e cheguei ao fundo do poço ao começar a usar cocaína (que ainda não era chamada de *crack*). Sei, por experiência própria, o que é estar fora de si e perder qualquer senso de respeito próprio, moralidade e decência em virtude das drogas. Eu poderia ter morrido – estive perto da morte tantas vezes –, mas Deus tinha outros planos para mim.

∽

Pouco depois das festividades de Halloween de 1985, minha família ficou inconsolável – tivéramos de sacrificar nosso amado cão, pois ele estava com câncer e não tínhamos condições de pagar a conta do veterinário. Meu pai perdeu tudo que tinha aos 75 anos, e presenciamos alguns milhões de dólares desaparecerem, virtualmente, de um dia para o outro, levando consigo nossa casa e – o pior de tudo – o orgulho e a dignidade de meu pai. Ele ficava sentado por horas, olhando para o nada, fumando e sofrendo as consequências de vários derrames e dos primeiros sintomas do mal de Alzheimer, enquanto minha mãe chorava aterrorizada, pois o pouco dinheiro que nos restava não era suficiente para cobrir as despesas.

Nunca vou me esquecer da noite em que entreguei minha vida a Deus. Tinha ido ao encontro de um traficante que me fornecia drogas "gratuitamente". Subi as escadas de sua casa, entrei no banheiro e me olhei no espelho. Pela primeira vez, vi quem eu me tornara: uma pessoa desmoralizada, falida em todos os sentidos e destituída de qualquer senso de humanidade. O branco de meus olhos estava amarelado em virtude da icterícia; minha pele franzida, por causa da desidratação; meus dentes estavam soltos e minha gengiva sangrava. Havia manchas por todo o meu corpo, as quais evitei notar, de alguma forma – além de hematomas que não sabia como conseguira.

Abrira mão de tudo por causa do vício e sabia que ia morrer. Nesse instante, disse a prece mais verdadeira que dissera em anos, a qual veio do fundo de meu coração e de minha alma. Trêmula, coloquei minhas mãos sujas sobre a pia e gritei: "Ajude-me!".

É possível que alguns digam que o que aconteceu a seguir seja fruto de alucinações causadas pelas drogas, mas eu sei que não. Vi um clarão ao meu redor no espelho... era como se estivesse em uma bolha e tudo ao meu redor se tornasse mais claro. Eu me sentia calma e soube, sem a menor sombra de dúvida, que meu pesadelo terminara. Tinha certeza de que nunca mais poria os pés na casa daquele traficante de drogas. Apesar de não compreender como, sabia que algo profundo falava comigo, dizendo-me que eu ficaria bem e que tinha de me entregar – então, ouvi esse chamado e nunca mais olhei para trás.

(Extraído de *Remembering the Future*, Hay House, 2006)

Frank H. Boehm, M.D.

O dr. **Frank H. Boehm**, M.D., autor de *Doctors Cry, Too*, é professor de obstetrícia e ginecologia e diretor do departamento de medicina fetal e maternal da Vanderbilt University School of Medicine, Tennessee [Universidade de Medicina de Vanderbilt], localizada na cidade de Nashville, no Tennesse, além de ser presidente do Comitê de Ética da Universidade de Medicina de Vanderbilt. Graduou-se pela Universidade de Medicina de Vanderbilt e fez sua residência no Hospital Yale-New Haven. É especialista em perinatologia – gravidez de alto risco.

O dr. Boehm é pai de Todd, Tommy e Catherine e avô de Riley Isabel. Vive com a mulher, Julie, em Nashville, no Tennessee, e em Boca Raton, na Flórida.

A Verdadeira Câmera de Vídeo

Onde quer que eu vá, sempre vejo pessoas com câmeras de vídeo filmando tudo ao redor, tentando, suponho, eternizar o momento.

Entretanto, eu não possuo uma filmadora. Não que tenha qualquer coisa contra tecnologia; no entanto, acredito que já tenha "em mãos" a melhor câmera de vídeo que existe: meus olhos e minha mente. Afinal de contas, quase sempre essa é a única câmera que temos à disposição quando vivemos momentos especiais.

Por exemplo, são os olhos que gravam a expressão de prazer de sua filha quando ela está feliz, dançando ao som de uma música. Ou, talvez, aquele último abraço que trocamos com alguém que amamos, o qual nos deixou à beira das lágrimas e nos fez querer guardar todos os mínimos detalhes com a maior clareza possível.

Eu, por exemplo, tenho em minha memória um maravilhoso "vídeo" de um momento muito especial que vivenciei. Não importa se esteja com os olhos abertos ou fechados, sempre consigo vê-lo em cores. Não preciso de nenhum equipamento para rememorá-lo ou de uma sala especial para assisti-lo.

Aquele seria o último inverno que meu pai passaria na Flórida, um lugar que amava mais do que qualquer outro. Nosso relacionamento era amoroso e singular, portanto víamos com prazer o período em que eu visitava Fort Lauderdale durante as férias de inverno. Como sempre, assim que cheguei à casa da família de minha esposa, que era próxima à dele, telefonei e combinamos de nos encontrar na praia. Como estávamos apenas três quilômetros um do outro, eu corria pela praia em direção sul, rumo à sua casa, enquanto ele caminhava em direção norte, e nos encontrávamos em algum ponto no meio do caminho.

Enquanto corria tranquilamente em meio a corpos bronzeados e a banhistas, ouvia as ondas, o vento, assim como a bela melodia que ressoava do pequeno rádio que trazia amarrado à cintura. Enquanto o sol irradiava seu calor, eu sentia o prazer da areia sob meus pés, mas, acima de tudo, ansiava encontrar meu pai. Sentia-me tomado pela alegria.

Eu o vi aproximar-se a distância. Seu andar, tão parecido com o meu, era inconfundível e não tive dúvidas de que era meu pai que caminhava em minha direção naquele dia ensolarado na praia de Lauderdale by the Sea.

E, então, algo maravilhoso aconteceu. Apesar de não poder correr, por conta da idade, ele abriu seus braços como se desejasse me abraçar, e, com passos mais rápidos do que o habitual, veio em minha direção com seu costumeiro sorriso tranquilizador. Assim como ele, abri meus braços e corri os cerca de 50 metros que nos separavam, com o vento batendo em minhas costas, o sol brilhando em meu rosto e a música ressoando em meus ouvidos.

Meu coração estava prestes a explodir de felicidade. Senti meus olhos marejarem quando o alcancei, e nos abraçamos, com força, sem querer largar um do outro. Nada foi dito – naquele momento a única coisa que pude sentir foi nosso coração batendo forte e a enorme satisfação de estarmos juntos.

De repente, ouvimos aplausos. Muitas pessoas que estavam na praia – muitas das quais tinham a mesma idade de meu pai – testemunharam o maravilhoso momento partilhado por pai e filho e se sentiram tão emocionadas quanto nós. Rimos e, abraçados, caminhamos juntos ao encontro de minha mãe, que, impaciente, nos esperava.

∽

Talvez, por ser médico, minha sensibilidade ao ambiente que me cerca e à linguagem corporal daqueles com que me relaciono seja mais aguçada. Entretanto, todos temos a capacidade de ligar nossa "câmera de vídeo" em momentos especiais. Só nos é preciso prática e disposição em fazê-lo. Todos os intensos detalhes daquele momento especial na praia, em um ensolarado dia de inverno, estão registrados em minha mente e nunca mais se apagarão até o dia em que eu – assim como aconteceu com meu querido pai no outono seguinte – morrer.

Agradeço a Deus por estar com minha câmera a postos naquele dia.

(Extraído de *Doctors Cry, Too*, Hay House, 2001)

Joan Z. Borysenko, Ph.D.

Joan Z. Borysenko, Ph.D., é uma das mais famosas especialistas em estresse, em espiritualidade e na conexão entre corpo e mente. Doutorada em ciências médicas pela Faculdade de Medicina de Harvard, atua como psicóloga clínica. Uma das fundadoras e antiga diretora dos programas clínicos voltados à saúde do corpo e da mente do Centro Médico Beth Israel, da Faculdade de Medicina de Harvard, atualmente é presidente e diretora da empresa de serviços de saúde Mind/Body Health Sciences, Inc. [Ciências da Saúde da Mente e do Corpo]. Palestrante de renome internacional, também atua como consultora em assuntos relacionados à saúde e à espiritualidade das mulheres. É autora de inúmeros livros, entre os quais os *best-sellers*: *Minding the Body, Minding the Mind*; *Inner Peace for Busy People* e *Inner Peace for Busy Women*.

Consulte seu *website*: www.joanborysenko.com

Erros São Cometidos em Prol do Amor

Minha mãe foi uma mulher formidável. A história a seguir é seu legado e uma lição sobre a incrível arte do perdão. Todas as vezes que a conto, surpreendo-me pela profunda gratidão que sinto pela dádiva que ela me deixou – pois sempre sinto estar tocando sua alma pela primeira vez. Não importa quantas vezes já tenha relatado sua história, sempre tenho a sensação de o estar fazendo pela primeira vez. E isso é parte da magia do perdão que compartilhamos – e o que faz com que aqueles que a leiam ou escutem sejam abençoados.

Na manhã em que morreu, no fim dos anos 1980, minha mãe havia sido transportada para o porão do hospital onde eu trabalhava. Ela estava com hemorragia interna e fora encaminhada ao departamento de radiologia para que descobrissem a causa. E lá ficou por várias horas. Minha família, apreensiva, reunida no quarto de hospital para se despedir dela, por fim pediu que eu a procurasse. Eu a encontrei sozinha, havia horas, abandonada em uma maca no corredor do hospital esperando por sua vez para tirar o raio x – tendo como companhia apenas as paredes nuas.

Encontrei o médico responsável e perguntei se poderia levá-la de volta ao quarto. Ele fez que não e disse, circunspecto: "Desculpe, mas ela está com uma hemorragia, precisamos de um diagnóstico".

Minha mãe, tão pálida quanto o lençol em que estava deitada, corou de leve, ergueu as sobrancelhas e falou: "Um diagnóstico? É tudo que querem? Você quer dizer que eu fiquei deitada aqui o dia inteiro porque vocês precisam de um diagnóstico? Por que não me perguntaram?".

O médico, que parecia ter acabado de ver um fantasma, ficou sem palavras, mas conseguiu por fim perguntar gaguejando: "O que – que – que você quer dizer?".

"Estou morrendo, esse é o diagnóstico", minha mãe respondeu com seu habitual senso de humor. Ele compreendeu o que ela quis dizer e então consegui convencê-lo a encaminhá-la de volta ao quarto. Devíamos esperar por um assistente para conduzi-la, mas ela implorou que desconsiderássemos os procedimentos, e que eu a levasse de volta para a família o mais rapidamente possível – antes que alguém aparecesse e quisesse segurá-la naquele lugar. Por fim, lá estávamos apenas nós duas, juntas no elevador, tomando o caminho de volta para seu quarto.

Deitada na maca, ela olhou para mim, assim como as criancinhas e os idosos fazem: sem artifícios, sem ardis, sem disfarces. Então, segurou minha mão, olhou no fundo dos meus olhos e disse, simplesmente, que havia cometido muitos erros como mãe e perguntou se eu a perdoaria. E assim, naquela breve jornada, a dor de toda uma vida se esvaiu.

Beijei sua mão e seu rosto molhado de suor: "Claro que te perdoo", e, com o choro preso na garganta, sussurrei: "Você pode me perdoar por todas as vezes que te julguei, por todas as vezes que precisou de mim e não estive ao seu lado? Eu também cometi muitos erros como filha". Ela sorriu e fez que sim enquanto lágrimas brotavam de seus olhos turvos, que antes emanavam um surpreendente azul cobalto mais belo que o céu. O amor apagara a culpa, a dor e a vergonha de toda uma vida.

Ao voltarmos ao quarto, cada um dos familiares ficou alguns momentos a sós com ela para se despedir. E, então, enquanto a luz do dia se dissipava e a noite de início de primavera nos envolvia, todos partiram, exceto meu irmão Alan, meu filho Justin e eu, que lá ficamos em vigília.

Justin, um jovem de 20 anos, que venerava a avó que sempre o apoiara, parecia saber, de modo intuitivo, o que dizer a uma pessoa à beira da morte: que sua vida tivera sentido e que sua presença transformara o mundo em um lugar um pouco melhor.

Ele falou sobre os bons tempos que passaram juntos e sobre como o amor que ela nutrira por ele o amparara. Justin, além de segurar a avó, moribunda, em seus braços, passou a maior parte de nossa última noite rezando, cantando e lendo para ela. Fiquei tão orgulhosa do meu filho.

Situações inusitadas por vezes acontecem durante nascimentos e mortes, pois, nesses momentos, o véu entre esta dimensão e a seguinte se torna mais tênue, quando as almas chegam e se vão. Perto da meia-noite, minha mãe tomou sua última dose de morfina. Justin e eu estávamos sozinhos no quarto, pois meu irmão havia saído para tomar um pouco de ar.

Meditávamos um de cada lado da cama. Mas eu estava acordada, perfeitamente lúcida; nem dormindo nem sonhando. Então, o mundo pareceu mudar de eixo e tive uma visão que me pareceu ser mais real do que a realidade que nos cerca – caso você já tenha vivenciado isso, sabe exatamente do que estou falando. Tive a impressão de que esta vida não era mais do que um sonho e de que a visão que tivera fora um vislumbre de uma realidade maior.

Em minha visão, eu era ao mesmo tempo uma mãe que estava dando à luz e o bebê que nascia. A experiência de ser uma mesma consciência presente em dois corpos foi inusitada, mas ao mesmo tempo extremamente familiar. Tudo então se tornou claro, e compreendi que há apenas uma consciência em todo o Universo. A despeito da ilusão de sermos entes separados, somos todos um – e esse Um é o Divino.

Conforme o bebê descia pelo canal de parto, minha consciência passou para seu minúsculo corpo. Senti que passava por um túnel sombrio. Abandonar o silêncio e a tranquilidade do útero para entrar em um território desconhecido foi uma experiência aterradora, uma espécie de morte. De repente, ressurgi em um lugar onde reinava a paz, o conforto e a inebriante Luz descrita por pessoas que vivenciaram a morte de perto, que passaram por "experiências de quase morte (EQM)".

É impossível descrever tal Luz. Não há palavras que consigam definir o amor irrestrito, o perdão absoluto, a misericórdia terna, a bênção divina, o respeito pleno, a santidade maior e a paz eterna representados pela Luz. E, naquele instante, tive a sensação de que a Luz Divina inundava minha alma.

Tive a impressão de a Luz ter conhecimento de todos os meus pensamentos, ações, emoções e de tudo que me motivara até então. A despeito de meus deslizes e dos terríveis erros que cometera, ela me abarcava com a mesma suavidade, perdão e amor incondicional que ofereceria a um bebê. Soube, sem sombra de dúvida, ao ser embalada pela Luz, que somos amor e nos tornamos amor.

A partir de então, passei a ver cenas de momentos partilhados com minha mãe. Muitos deles mostravam situações conflituosas, em que nossos corações estavam fechados e não conseguíamos aceitar uma à outra. Além disso, cada uma de nós passava por momentos difíceis de sua vida. Mesmo assim, do ponto de vista da Luz, cada um desses encontros fora perfeito, planejado para nos ensinar como amar mais e melhor.

Enquanto as cenas passavam como um filme por minha mente, o misterioso círculo da vida se tornou claro. Minha mãe me trouxera a este mundo, e eu levaria sua alma para o lugar de onde viera. Éramos uma mesma alma. Sua morte foi meu renascimento – ressurgi plena de amor, perdão e gratidão. Lembrei-me, então, das palavras de São Paulo: "Vemos por um espelho, confusamente". Eu, por um instante, tive a bênção de ver face a face.

Quando abri meus olhos, o quarto estava repleto de luz. A paz que permeava o ambiente era palpável – um silêncio acolhedor, a essência do ser. Tudo parecia estar interligado, sem fronteiras. Lembrei-me minha professora de química do ensino médio nos explicando que tudo era feito de energia, de luz. Naquela noite, pude perceber isso. Tudo é parte de um todo, pulsando com a Luz da Criação.

Olhei além do corpo de minha mãe que jazia morta e vi meu filho à minha frente. Seu rosto estava iluminado e ele parecia ter uma auréola ao seu redor. Chorava de mansinho e suas lágrimas pareciam diamantes brilhando à luz. Levantei-me, rodeei a cama, puxei uma cadeira e sentei-me ao seu lado.

Ele olhou no fundo de meus olhos e perguntou, calmamente, se eu conseguia ver que o quarto estava repleto de luz. Assenti e, em silêncio, ficamos de mãos dadas. Após alguns instantes, ele sussurrou, com reverência, que a luz era o último presente deixado pela avó: "Ela está segurando a porta da eternidade aberta para que possamos ter um vislumbre do que nos espera", disse.

Continuando a olhar no fundo de meus olhos, Justin afirmou com palavras muito mais sábias do que as que se esperaria de um rapaz em seus 20 anos: "Você deve ser tão grata à sua mãe". Sabia o que ele queria dizer com aquilo. Eu tinha sido uma filha ingrata, guardara durante anos rancor em relação à minha mãe – ela não era uma pessoa fácil de lidar. Agora, meu coração estava repleto de gratidão, um sentimento que nunca nutrira em relação a ela.

Naquela noite, Justin também teve uma visão, mas, até hoje, a mantém em segredo. No entanto, naquele quarto de hospital em que o corpo, o receptáculo da alma de sua amada avó, então com 81 anos, por fim descansava, afirmou que minha mãe era uma alma grandiosa, uma pessoa sábia, cujo papel que assumira nesta vida não lhe permitira expressar toda a sua sabedoria.

Ele assegurou-me que minha mãe tinha se colocado em uma posição muito inferior à que realmente poderia ter assumido para que eu tivesse alguém com quem entrar em conflito e assumir quem eu (verdadeiramente) era. Meu filho me explicou que meu propósito na vida – no qual minha mãe tinha tido participação fundamental – era compartilhar a bênção do que aprendera sobre saúde, cura, compaixão, Deus e autoconhecimento.

Olhei para o chão a fim de me recompor e, em seguida, para os olhos verdes e gentis do meu filho: "Você me perdoa, Justin? Sei que falhei como mãe. Você tem ideia do quanto te amo?". Em seguida, ele segurou minha mão e sussurou: "Erros são cometidos em prol do amor".

E, então, a energia do quarto mudou, a Luz se esvaiu e ficamos abraçados por um longo tempo. Por fim, soltando-se de meus braços, ele sorriu e disse: "Ei, mãe, você me puniu quando eu realmente precisava ser castigado".

Nós nos levantamos e fizemos a dancinha boba de *Ren e Stimpy*, personagens de desenho animado, que vimos certo dia na televisão.

Cantamos "Alegria, alegria!" enquanto dançávamos, algo absurdo de se fazer no quarto de uma mãe e avó que acabara de morrer e cujo amor tínhamos compartilhado e vivenciado de modo bem diferente.

"Meu querido, por favor, lembre-se de que me perdoa", disse a Justin pouco depois. "Pois tenho certeza de que minha cota de erros ainda não terminou."

Durante os 20 e poucos anos após termos partilhado a morte de minha mãe, tanto Justin quanto eu cometemos erros, mas assumimos a responsabilidade por eles e buscamos nos corrigir da melhor maneira possível. No entanto, a bênção do perdão entre mãe e filho e a consciência de estarmos aqui, juntos, para aprender a amar, tornou esse processo bem mais tranquilo. E sou grata por isso.

(Extraído de *Inner Peace for Busy Women*, Hay House, 2003)

Gregg Braden

Melissa Sherman

Renomado autor de *best-sellers*, sempre presente na lista dos mais vendidos do *New York Times*, **Gregg Braden** tem sido apresentado como convidado especial em conferências internacionais e em documentários produzidos pela mídia em geral, nos quais explora o papel da espiritualidade no mundo tecnológico. Desde o lançamento de seu primeiro livro de sucesso, *Awakening to Zero Point*, até o revolucionário *Walking Between the Worlds*, e os controversos *O Efeito Isaías*, *O Código de Deus* e *A Matriz Divina*, Gregg transcende os tradicionais limites entre ciência e espiritualidade, oferecendo-nos soluções simples e significativas para os desafios com os quais nos deparamos atualmente.

Visite seu *website*: www.greggbraden.com

Meu Amigo Merlin

Alguns dos meus relacionamentos mais apaixonantes foram com animais. No início dos anos 1990, à frente de um *workshop*, que contava com vários palestrantes, hospedei-me em um pequeno hotel em Mount Shasta, na Califórnia. Qual não foi minha surpresa quando um pequenino filhote de gato de cor preta, que passeava pelos corredores do hotel, invadiu meu quarto, meu coração, e nunca mais foi embora.

Meu mais novo amigo havia nascido cinco semanas antes e sua mãe, que nunca havia dado à luz, não tinha condições de amamentar sua ninhada.

Quando os funcionários do hotel descobriram o que havia acontecido, pensaram que todos os filhotes haviam morrido. No entanto, poucos dias depois, aconteceu um pequeno milagre. A mãe gato saiu de seu esconderijo carregando um pequeno amontoado de ossos e pelos que sobrevivera mesmo sem ter recebido nenhum alimento!

Sem pestanejar, todos os funcionários passaram a cuidar do pequeno filhote e, em virtude da indescritível força e vontade de sobreviver do bichano, que mais pareciam mágicas, passaram a chamá-lo de Merlin.

Naquela noite, Merlin ficou à porta de meu quarto, ronronando, miando, até que cedi à minha compulsão de cuidar de todos os animais do planeta e deixei-o entrar. Durante a semana do *workshop*, ele dormiu comigo e me fez companhia todas as manhãs, enquanto eu degustava meu café da manhã no quarto do hotel.

Ele ficava me observando enquanto eu fazia a barba e preparava os *slides* de 35 milímetros (tempos antes do advento do Power Point) para as apresentações do dia. Todas as manhãs ele ficava em pé na beira da banheira, enquanto eu tomava uma chuveirada e colocava gotículas da água que batia em meu corpo em sua boca. Após uma semana, Merlin e eu havíamos nos tornado amigos e me vi extremamente apegado a esse pequeno milagre que tanto lutava por sobreviver.

Em virtude de uma série de "coincidências", Merlin e eu nos vimos trilhando juntos a difícil jornada pelo deserto do norte do Novo México rumo à minha casa. Merlin logo se tornou "minha família" e, nos três anos seguintes, me faria companhia todas as noites, observando-me enquanto eu preparava o jantar e dormitando ao lado de meu antigo computador Apple, enquanto escrevia meu primeiro livro.

Certo dia, Merlin, como de costume, saiu de casa no fim da tarde, e nunca mais o vi. Estávamos na primavera de 1994, na mesma semana em que um maciço cometa atingiria a atmosfera de Júpiter. A princípio pensei que ele estava apenas explorando a redondeza e que logo voltaria. É possível que Merlin tenha viajado pelo deserto usando como referência as linhas magnéticas da Terra, assim como fazem as baleias e os pássaros – a Terra havia sido assolada pelo estranho efeito que Júpiter exercera sobre os campos magnéticos, o que poderia tê-lo levado a outro lugar. Ou talvez tenha sido uma conjunção de outros fatores. A verdade é que Merlin havia partido.

Após dois dias sem ter ideia de seu paradeiro, comecei a procurá-lo. Por cerca de uma semana, não atendia nenhum chamado telefônico e não tratei de assuntos profissionais, vasculhando os campos ao norte da cidade de Taos, no Novo México. Teria sido preso em uma das armadilhas que os fazendeiros preparavam para os coiotes que perseguiam suas ovelhas? Teria ficado preso em uma velha construção ou moinho e não conseguira sair?

Por dias o procurei em ninhos de coruja e vasculhei todas as tocas de texugos e de coiotes que encontrei. Por fim, parei de procurá-lo e comecei a buscar vestígios dele: seu pelo ou sua coleira, mas todos os meus esforços foram em vão.

Certo dia, pouco antes do nascer do sol, enquanto ainda estava deitado em minha cama, meio dormindo, meio acordado, pedi que me fosse dado um sinal. Precisava saber o que acontecera com meu amigo e, antes de terminar de fazer minha pergunta, vivenciei algo inédito.

No andar superior de minha residência, ouvi um som que vinha do exterior, repetidas vezes. Segundos depois, circundando minha residência, vindo de todas as direções, ouvi o som indistinto do uivo de coiotes – como nunca ouvira em todos os anos em que vivera nessa propriedade.

Pelo que me pareceram alguns minutos, eles uivaram e ganiram até que, tão inesperadamente como começaram, pararam. Eu tinha os olhos marejados quando disse alto e bom som: "Não acredito que Merlin esteja mais comigo", e nesse instante soube o que acontecera a meu amigo. Os coiotes o haviam pego e eu nunca mais o veria.

Mais tarde, naquele mesmo dia, comecei a ver coiotes por toda a propriedade – em plena luz do dia! Eu já os havia visto, apesar de normalmente eles aparecerem ao pôr do sol, ou pouco antes do nascer do dia. Nesse dia apareceram no meio da tarde, em todos os lugares – sozinhos, em duplas, em trios, filhotes com seus pais, todos passeando tranquilamente pelos campos.

Este é o motivo de contar-lhes essa história. Perder Merlin me machucou e, por conta de minha dor, poderia ter perseguido cada coiote com que me deparasse, dizendo "foi este" que tirou a vida de meu amigo. Eu poderia ter ficado no topo de uma casa de fazenda com um rifle vingando-me da morte de Merlin até não haver mais nenhum coiote em toda a região. Eu poderia ter feito isso... mas nada mudaria. Merlin se fora.

Eu não tinha ódio dos coiotes; apenas sentia falta de meu amigo. Sentia falta de seu jeito de ser e dos sons que fazia ao espreitar suas "grandes presas", como as mariposas que ficavam nas portas de tela à noite. Sentia falta do modo como ele me olhava dos pés à cabeça, enquanto se refrescava nos ladrilhos do chão durante o verão.

Naquela tarde, dirigi pela estradinha de cascalho que levava à estrada principal e foi ao longo desse caminho que vivenciei pela minha primeira vez a graça da bênção. Enquanto fechava as janelas do carro, para que ninguém pudesse me ouvir (apesar de não haver ninguém a quilômetros de distância), expressei meu desejo de que Merlin fosse abençoado durante sua passagem desta vida para outra, agradecendo-o por todos os bons momentos e prazer que me propiciara.

Essa foi a parte mais fácil. Em seguida, pedi que os coiotes fossem abençoados, em especial os que tiraram a vida de Merlin. Pouco depois, eu, de fato, comecei a sentir certa empatia para com eles, pois sabia que aquilo que fizeram não tinha como intuito me machucar. Eles simplesmente fizeram o que coiotes fazem! E me senti abençoado por buscar entender por que a natureza algumas vezes parece ser tão cruel.

A princípio nada mudou. Estava tão machucado que não me permitia ser atingido pela bênção do que acontecera. Entretanto, aos poucos, a mudança aconteceu. A sensação começou como um calor em meu estômago que se tornou cada vez mais forte e se expandiu pelo meu corpo. Meus olhos foram tomados pelas lágrimas e não consegui parar mais de soluçar. Parei no acostamento e fiz todo o possível para abençoar todos os que pude, até não ter mais energia para abençoar nada ou ninguém. Sabia que não havia nada mais a fazer.

A bênção não muda o mundo que nos rodeia; apenas nós podemos mudar! Quando reconhecemos o que nos magoa e conseguimos nos desapegar da dor, passamos a ver o mundo que nos circunda de modo diferente e nos tornamos mais fortes e saudáveis.

É importante citar que, após o pacto de paz que fiz com os coiotes, mesmo que ainda ouça seus uivos durante a noite, nunca mais os vi entrar em minha propriedade. No entanto, no ano passado, eu vi um felino de uma raça diferente: a primeira leoa da montanha, que passou por baixo de minha cerca e entrou em meu quintal!

(Extraído de *Secrets of The Lost Mode of Prayer*, Hay House, 2006)

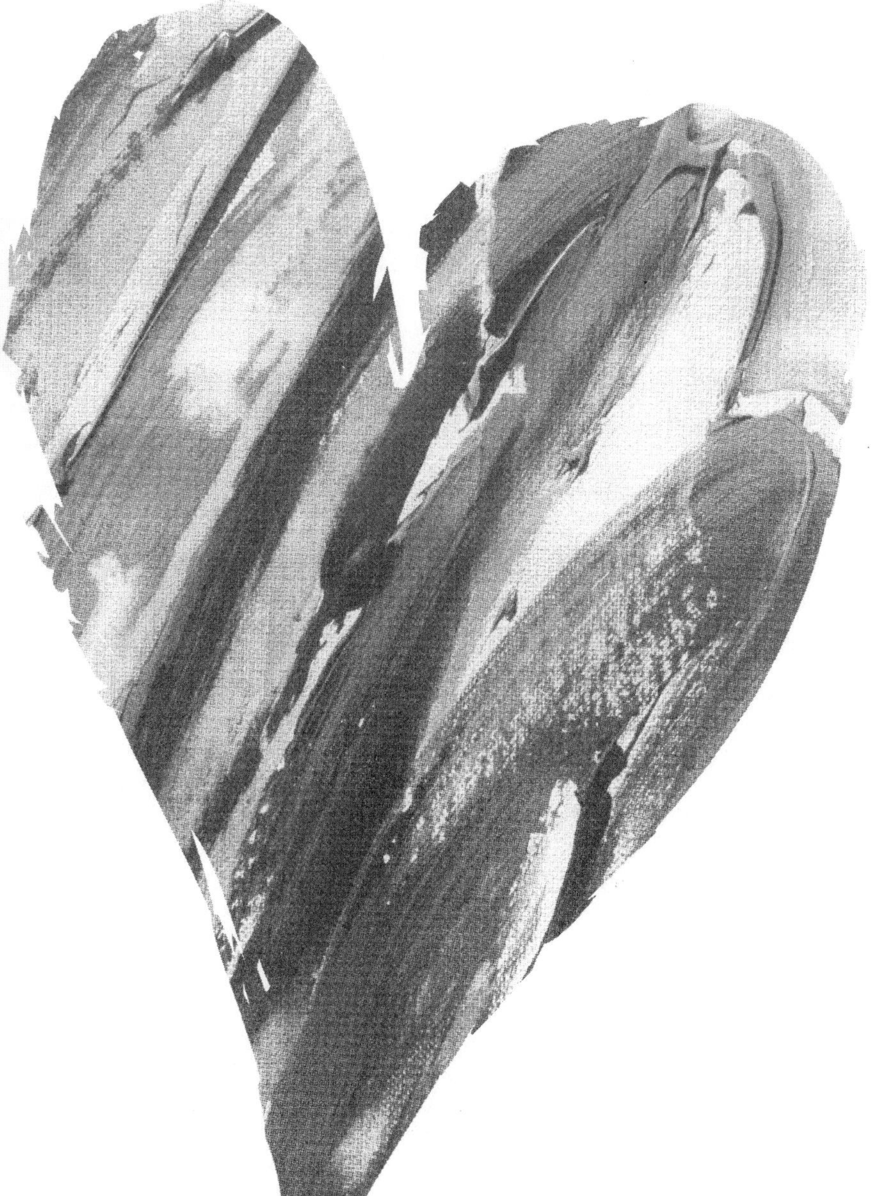

Jim Brickman

Kevin Merril

Duas vezes indicado ao Grammy, **Jim Brickman**, com sua brilhante performance ao piano e talento ímpar como compositor, já atingiu a marca de mais de 6 milhões de álbuns vendidos, recebeu vários discos de ouro e platina e é presença constante nas paradas de sucesso. Não bastassem todas essas conquistas, já gravou até o momento três especiais para a renomada rede de TV americana PBS e possui seu próprio programa de rádio, levado ao ar por diversas estações dos Estados Unidos. Durante suas apresentações ao vivo, transforma um simples show em um momento intimista, durante o qual dá asas à imaginação, usando as notas musicais para criar momentos repletos de emoção, brilho e magia. É autor, em parceria com Cindy Pearlman, de *Simple Things* e *Love Notes*.

ADORO BAUNILHA!

Quando trabalhava em publicidade, estive envolvido no projeto da criação de um comercial de TV para uma grande rede de hambúrgueres – cujo nome não vou citar, pois não quero receber nenhum telefonema de seus advogados.

Bem, certo dia, ao entrar em uma das sessões de edição do comercial, deparei-me com todos aqueles publicitários gritando uns com os outros. Alguns achavam que os picles eram menores do que o esperado; outros, que o hambúrguer parecia pequeno em relação às fatias de tomate e, caso ninguém fosse genial o suficiente para dar um jeito na imagem, as cebolas dariam a impressão de ser gigantescas. Mordi os lábios para não rir, mas minha alegria durou pouco, pois, então, ouvi vindas de um tipo pernóstico algumas palavras das quais nunca me esquecerei: "E a música?! Parece ter sido escrita por Hortelino Troca-Letras em seus momentos de lazer!".

Você, com certeza, consegue imaginar a dor que senti. Lembro-me dela ainda hoje. O estômago parece pesar uma tonelada, o coração dá a impressão de ter parado e a cabeça lateja, mesmo que você nunca tenha tido propensão a sofrer de enxaqueca.

Mas as críticas não pararam aí. O idiota continuou: "A música é melosa demais. Este comercial não é um desenho animado!".

Publicitários são impiedosos. Minha teoria é a seguinte: eles se colocam como "seres superiores", pois, na realidade, gostariam de estar compondo músicas ou escrevendo livros. Mas os escritórios luxuosos e as gravatas desenhadas por estilistas parecem lhes dar permissão de disfarçar sua frustração se fazendo de superpoderosos – são a criptonita que pode destruir o Super-Homem em você. Peço desculpas aos executivos do meio publicitário que estejam lendo este livro. É claro que não estou me dirigindo diretamente a *vocês*, mas a seus colegas de profissão.

Quando comecei a compor *jingles*, com frequência alguém me dizia: "Jim, isso está péssimo!", o que, na realidade, me ajudou muito, pois, sempre que era rejeitado, criava ao meu redor mais uma camada de proteção. É verdade o que dizem sobre construirmos uma couraça à nossa volta. Hoje, todas as vezes que entro no estúdio de minha gravadora, olho para os "mandachuvas" da indústria musical que lá estão e digo: "Olá, todos. Eu realmente quero que me digam sua opinião sobre esta música".

Portanto, gostaria de dizer a você, leitor, do fundo do coração, algumas palavras de incentivo.

Primeiramente, caso seja rejeitado, nunca desista de seus sonhos. Uma amiga, muito talentosa, estudava fotografia em uma grande universidade. No entanto, certo professor "de renome" não gostava de mulheres e a espezinhou durante todo o semestre, até ela desistir do curso e resolver fazer administração. Minha amiga simplesmente permitiu que uma única pessoa destruísse o sonho que acalentara por toda a sua vida.

É bem provável que, caso eu tivesse aberto mão do que almejava por ter escutado inúmeras vezes que nunca seria um profissional competente, estivesse hoje sentado no escritório de algum publicitário, ouvindo-o dizer: "Sua canção faz com que a salsicha do cachorro-quente pareça menos importante que a mostarda".

Antes de lançar seu primeiro disco, o qual viria a ser um sucesso internacional, o cantor Richard Marx foi rejeitado por mais de 12 gravadoras. Ao procurar alguém interessado em produzir seu filme, Sylvester Stallone ouviu dos grandes estúdios que *Rocky*, vencedor do Oscar de melhor filme em 1976, era uma história sem graça e que não atrairia a atenção do público.

O que gostaria de destacar é que não há certo ou errado – tudo depende do ponto de vista. Pode ser que você goste de alcaçuz; mas eu odeio. Pode ser que goste de Madonna; mas não sou um grande fã dela. Eu gosto de doces; talvez você goste de salgados. Bombons com sabor de frutas, nem pensar – mas há algumas pessoas que adoram chocolates com recheio de maçã verde. Prefiro os confeitos M&M.

Mas não deixa de ser interessante a variedade de alimentos à disposição que podem entupir nossas artérias e acabar com nossos dentes. É óbvio que cada um de nós tem gostos diferentes. Portanto, caso alguém o rejeite – seja em nível profissional, pessoal ou alimentar –, não se preocupe. Vocês, simplesmente, têm gostos diferentes. E ponto final.

Algumas das pessoas que trabalham em minha gravadora sempre pegam no meu pé, dizendo: "Jim, achamos que você precisa passar uma imagem mais moderna. Realmente, não gostamos de escutá-lo contar no palco que aprendeu a tocar piano em um pedaço de feltro antes de sua mãe conseguir comprar um instrumento de verdade".

Passei, então, a conduzir minhas apresentações de forma diferente, sem contar a história do feltro. Mas, após os shows, enquanto conversava com as fãs no camarim, ouvi repetidas vezes a mesma pergunta: "O show foi fantástico, mas por que você não contou a história do feltro? Falei para meu marido esperar até a parte em que você conta como aprendeu a tocar".

Durante toda a sua vida você ouvirá pessoas dizendo: "Bem, não gostamos disso e daquilo". Minha sugestão é a seguinte: encare esses incrédulos de frente simplesmente perguntando: "Bem, e o que você sugere?". Aposto que responderão: "Bem, não sei". Então diga: "Até você saber uma forma melhor, continuarei a fazer as coisas do meu jeito".

Você pode ser rejeitado por inúmeros motivos: desde ser um péssimo cozinheiro até por beijar mal. Por isso, os comentários dos críticos ao meu trabalho foram deixados para o fim desta narrativa. Imagine como me senti ao ler: "A música de Jim é tão doce quanto groselha". Mas a melhor de todas foi uma crítica contundente que recebi há pouco tempo de um jornalista (a qual minha mãe não deixaria de recortar e enviar para mim) que afirmava, sem nenhuma gentileza: "A música de Jim Brickman é como baunilha – nunca ouvi nada tão insípido".

Bem, *adoro baunilha*! É um "tempero" que acrescento a tudo, até ao meu *shake* de proteína. Tenho velas com aroma de baunilha e conheço outras pessoas que também adoram baunilha.

Encarei tal afirmação não como uma crítica pessoal – mas, sim, como uma defesa a todos que, como eu, adoram baunilha.

(Extraído de *Simple Things*, Hay House, 2001)

Sylvia Browne

E. Chris Wisner

Sylvia Browne, presença constante no topo da lista de *best-sellers* do jornal *New York Times*, é uma médium de prestígio internacional. Convidada sempre presente nos *talk shows* de *Larry King Live* e de *Montel Williams Show*, Sylvia também participa de inúmeros eventos públicos promovidos pela mídia. Com sua sensatez e grande senso de humor, entusiasma o público que comparece às palestras que promove. Não bastassem todas essas atividades, Sylvia também encontra tempo para escrever – e vários de seus livros, incluindo *Segredos e Mistérios da Humanidade*, *If You Could See What I See* e *Exploring the Levels of Creation*, alcançaram projeção entre o público. No momento, vive no norte da Califórnia e pretende continuar escrevendo pelo restante da vida.

Website: www.sylvia.org

O Céu É Aqui

Tudo que aprendo sobre a vida não tem como base apenas minhas próprias experiências, mas também a de outros. Portanto, gostaria de partilhar com você a história da Irmã Francis, assim como a de outras pessoas.

Há cerca de 40 anos, trabalhei como professora dos alunos do segundo ano da escola St. Albert the Great, na qual a Irmã Francis também lecionava. Buscávamos, sempre que possível, passar os intervalos entre as aulas e o horário do almoço juntas. Ficávamos ao ar livre, pois a Irmã Francis adorava estar em contato com a natureza. Normalmente saíamos da escola e, não importa se estivesse chovendo ou fazendo sol, ela, sem exceção, sempre exclamava: "Que dia maravilhoso! Olhe o esplendor que Deus nos preparou!".

A princípio achei tudo aquilo um exagero, mas aos poucos comecei a me dar conta do que ela queria dizer: a mudança da temperatura, as nuvens que se formavam, o suave compasso dos pingos da chuva que caía e o frio que fazia com que estivéssemos com a face corada e enrubescida ao voltarmos para dentro da escola. O céu estava sempre presente na mente da Irmã Francis.

Agora gostaria de contar-lhe a história de meu avô, Marcus Coil, que ficou milionário ao abrir uma das primeiras lavanderias e lojas de departamento da cidade de Springfield, no Estado do Missouri. Entretanto, tempos depois, quando se mudou com a família para Kansas City, não tinha mais nada – havia perdido, no mercado de ações, cada centavo ganho.

Era, então, a época da Grande Depressão nos Estados Unidos. Mesmo assim, todas as manhãs, meu avô, invariavelmente, passava seu melhor terno e camisa (que minha avó Ada não se cansava de remendar) e ficava sentado na recepção da empresa Pacific Gas and Electric à procura de emprego. E, todos os dias, ouvia do diretor a mesma resposta: "Desculpe, Marcus, não há nenhuma vaga para você".

Durante um ano, meu avô seguiu a mesma rotina. Por fim, certo dia, o presidente da empresa lhe disse que estava cansado de vê-lo ali, dia após dia, e que qualquer um que demonstrasse tal perseverança era digno de emprego. A princípio, meu avô teve de se contentar com uma função subalterna, mas, após seis meses, já tinha sido promovido a chefe do escritório local e não se cansava de dizer à minha avó Ada: "Eu consegui uma vez e sei que posso conseguir de novo". Seu objetivo era ter dinheiro? Por Deus, não – era conseguir prover o necessário para a família e não se deixar abater. Meu avô transformara o inferno em céu.

No outro extremo, temos minha mãe. É difícil entender como alguém como ela possa ter vindo da família de meus admiráveis avós e seus dois irmãos – Marcus (que tinha paralisia cerebral, um verdadeiro anjo na Terra, a quem todos chamavam de "Brother"), e Paul, médium que costumava conversar diariamente com Deus até morrer de câncer aos 21 anos.

Costumava me punir por não gostar dela, até que Francine, minha guia espiritual, me disse, muitos anos depois: "Só é possível honrar os pais caso estes sejam dignos de honra".

Minha mãe, além de abusar fisicamente da família, tinha o dom de tentar nos destruir psicologicamente. Dizia que eu era alta demais, obstinada demais e nem um pouco atraente. Mas *eu* me considerava inteligente, apesar de ela dizer o contrário – o que despertou em mim a vontade de provar que ela estava errada. Além disso, ser o xodó de meu pai só serviu para ela me espezinhar ainda mais.

Eu poderia ter sucumbido ao abuso de minha mãe e ter tido o mesmo destino que ela; no entanto, busquei a proteção de minha avó e o amor e a aprovação de meu pai. Minha irmã, Sharon, infelizmente não teve a mesma sorte: minha mãe pousou as garras sobre ela e a controlou tanto que Sharon quase se tornou inválida – desprovida de vida, ânimo ou vontade. Até hoje, a influência de minha mãe ainda afeta a vida de minha irmã – e de modo nada positivo. (Você talvez pense que eu era mais forte, quem sabe, mas também escolhi meu caminho).

Ser médium não mudou a opinião de minha mãe a meu respeito, a despeito de ela ter crescido em uma família em que a mãe, o irmão, a avó e o tio tinham poderes mediúnicos. Com todo respeito, talvez ela estivesse cheia de tudo isso, mas, em vez de me incentivar, assim como fez minha avó Ada, quando eu tinha 10 anos, ela me disse: "Se continuar fazendo bruxarias, vou te mandar para a prisão". Lembro-me de ter ficado tão amedrontada naquela noite que conseguia ouvir as batidas de meu coração ressoando na cama e, então, rezei, com todas as minhas forças, pedindo para que meus dons desaparecessem.

Quando, receosa, contei à minha avó sobre o ocorrido, lembro-me de ter percebido que ela me ouvia com atenção e de ter visto a tristeza estampada em seu rosto. Em seguida, sem dizer uma palavra, vestiu seu casaco, segurou minha mão e, juntas, fomos ao encontro de minha mãe.

Nos 18 anos em que passei em sua companhia, esta foi uma das duas únicas vezes em que vi minha avó realmente enraivecida. Tomada pelo ódio, aproximou-se de minha mãe, olhou-a bem de perto e disse: "Celeste, se você alguma vez disser aquilo de novo para Sylvia, eu mesma me encarregarei de colocar *você* na prisão". Bem, e isso colocou um ponto final na questão – exceto pelos costumeiros suspiros e bufos de reprovação que ouvi ao longo de anos, sempre que atendia alguma amiga para uma breve sessão mediúnica ou comentava algum *insight* espiritual que tivera.

Meus dons psíquicos eram aceitos até pelos meus amigos de infância (que darão testemunhos sobre isso). Recentemente participei do encontro de 50 anos de formatura do ensino médio e todos os meus colegas me falaram do orgulho que sentiam de mim. E, acredite se quiser, nos tempos de escola, mesmo as freiras e os padres me aceitavam e nunca me censuraram, mesmo sem entender como eu sabia o que sabia.

Na realidade, durante todo o tempo em que frequentei escolas e faculdades católicas, e mesmo durante os 18 anos em que lecionei em instituições católicas, nunca fizeram com que me sentisse uma pessoa má ou bizarra. Na escola Presentation High Schools, na cidade de San Jose, Califórnia, cheguei a dar aula de estudos religiosos, em cuja grade curricular o gnosticismo estava mais presente do que a Bíblia, o Bhagavad Gita, o Corão ou o Talmude. É óbvio que cobri todos esses escritos, mas meu foco era mostrar que havia um Deus que era Amor e que nossa vida é reflexo do que criamos na alma... pois, afinal de contas, é na alma que nosso céu e inferno habitam.

De volta ao meu período de formação, nos últimos anos de minha adolescência, meu pai ganhava três mil dólares por mês, uma fortuna à época. Tínhamos uma vida confortável, mas eu, com certeza, teria aberto mão disso por algo que se assemelhasse a uma família feliz. No entanto, posso dizer que, de modo geral, eu era realmente feliz, pois tinha outros familiares e amigos. Optei por respeitar minha mãe e não gastar minha energia com ela

Nessa mesma época, minha avó se viu em maus lençóis. Meu avô falecera e ela cuidava de Brother. Esse não é um período de minha vida que goste de relembrar, pois minha mãe os colocou, literalmente, em um albergue. Você pode estar se perguntando por que meu pai não interveio, mas a situação era mais complicada do que parece.

Como passava a maior parte do tempo viajando, meu pai deixara todas as responsabilidades a cargo de minha mãe, e, portanto, não tinha a mínima ideia do que estava acontecendo na família dela. Eu estava presente quando ela mentiu para ele, dizendo que ninguém acolheria Brother por causa da paralisia cerebral. Bem, além de não ter procurado alguém disposto a cuidar dele, não queria gastar nenhum centavo de sua vultosa pensão com a família.

Ainda me lembro do dia em que a avó Ada e Brother se mudaram para o prédio de três andares, sem elevador, onde minha mãe os colocara. Brother estava com medo de subir as escadas, pois, em consequência de sua condição, não conseguia se equilibrar e, então, um bêbado apareceu empunhando uma faca. Acredito que a dor que sentia era tamanha que me virei para o homem e gritei: "Volte para seu quarto antes que eu te apunhale com a faca!". Ele ficou perplexo, confuso. Acho que sim... ao ver uma garota de 13 anos agir como se estivesse em um surto psicótico.

Enquanto via minha querida avó e tio restritos a viver em um apartamento sujo com um cômodo e um banheiro comunitário no fim do corredor, não parava de pensar: "*Deus, por favor, permita que eu cresça logo para poder cuidar deles*". O aposento tinha uma cama, uma cadeira, dois fogareiros, algumas janelas grandes sem cortinas, uma pequena pia e uma cômoda – e isso era tudo. (Ah, além de dois pratos, dois copos, dois conjuntos de talheres, um jogo de roupa de cama, um cobertor puído, dois travesseiros e duas toalhas de banho que minha "pródiga" mãe tinha oferecido com tanto "carinho"). Isso foi tudo que minha avó – que viera de uma família nobre alemã, fugira da guerra, contribuíra para instituições de caridade, acudira os doentes e ajudara todos que pôde – recebera de sua própria filha.

A avó Ada sentou-se na cadeira e, por um instante, vi uma nuvem cobrir seus olhos azul porcelana. Mas, no momento seguinte, jogou seu chapéu sobre a cama e deu um suspiro profundo. Então, assim como Angelia, minha neta, ainda faz comigo, joguei-me em seu colo – com o peso dos meus 13 anos. Ela, com certeza, percebeu minha dor, pois disse: "Olhe aquelas janelas! Brother vai poder vislumbrar a paisagem todos os dias, e teremos claridade durante o dia inteiro". Ela me afagou e disse: "Não se preocupe, meu amor. Vou transformar este cômodo em um lugar fantástico em um piscar de olhos".

Gostaria, agora, de reservar um espaço para falar um pouco sobre Brother, que viveu com minha avó até ela falecer, aos 88 anos. Ele era uma das pessoas mais brilhantes que já conheci. Lia a respeito de tudo – história, religião, política, qualquer assunto – e ainda conseguia conversar a respeito. Tinha uma aparência frágil, cabelo ruivo, olhos azuis e media apenas cerca de 1,60 metro. Por causa da paralisia, a cabeça pendia para o lado e, se estivesse nervoso ou agitado, sacudia o pescoço com força. Quando eu caminhava com ele pelas ruas e as pessoas (como de costume) olhavam para nós, espantadas, eu as encarava, como se dissesse em silêncio: "Você que se atreva a dizer uma palavra!".

Quando perguntavam à minha avó se era difícil cuidar dele, ela, sem pestanejar, respondia: "Você está brincando? Imagine o prazer de poder desfrutar da companhia dele agora na velhice – nós nos divertimos, lemos, conversamos e rimos; sem ele, eu estaria sozinha. Como essa bênção poderia ser um fardo?". Mais uma vez, como você pode ver, aquilo que por vezes parece ser o inferno traz oculto o céu.

Minha avó nunca me atendeu em uma sessão mediúnica, no sentido estrito da palavra – não nos era permitido ser consulentes uma da outra, mas ela afirmou que eu teria dois filhos, que me mudaria para a Califórnia e seria famosa. "Eu? Uma garota do Missouri? Não acredito! E como vou ficar conhecida?", perguntei, colocando-a contra a parede.

E ela respondeu: "Você carregará a chama que brilha há 300 anos". *"Nossa, que poético"*, pensei, mas, em seguida, meu lado racional falou mais alto me dizendo que a visão de minha avó fora obstruída por conta do imenso amor que nutria por mim. Certa vez, enquanto preparávamos a comida, perguntei em tom de brincadeira: "Vó, o quanto você me ama?".

Ela parou o que estava fazendo, olhou para mim e disse: "Meu coração a ouviria e voltaria a bater mesmo que já estivesse morto há um século". O que mais você pode querer?!

Minha avó também era escritora e algum dia publicarei suas cartas. Todas estão repletas de citações de um otimismo ímpar. Ela tinha o dom de *sempre* transformar um verdadeiro inferno em céu. Naquele quarto em que ela e Brother viviam, por exemplo, conseguiu fazer, com tecidos que foram doados, uma cobertura para a cômoda, uma cortina para a pia, a fim de esconder as louças, talheres e panelas e outro lençol para a cama... mesmo assim, continuavam vivendo em um pardieiro.

Quando meu pai voltou de viagem duas semanas depois, eu, imediatamente, tentei lhe explicar como o lugar era horrível. Como estava preocupado com os negócios, percebi que não me ouvia, e minha mãe se intrometeu, dizendo: "Bill, não dê ouvidos a ela – ela é sempre tão dramática. Você pode ir lá e ver com os próprios olhos que lugar aconchegante", sabendo que ele não iria. Nunca saberei se ele achava que ela estava dizendo a verdade ou se tinha medo de que não estivesse, mas o fato é que, depois disso, ele passou a me dar dinheiro às escondidas para levar para minha avó.

Lembro-me de mais de uma vez cabular aulas com dinheiro no bolso, pegar o bonde sob a neve que caía até a esquina da Rua 18 com a Baltimore e caminhar até aquele maldito prédio em ruínas.

Ao chegar, olhava para cima e via uma figura à janela, com o típico coque em forma de tufo no topo da cabeça, sorrindo e acenando, pois intuía que eu estava chegando (afinal de contas, ela não tinha telefone). Eu subia as escadas e, quando lhe entregava o dinheiro, ela, de imediato, batia palmas, elogiava meu pai e dizia que faríamos um banquete – o que significava refrigerante, queijo, leite e ensopado de carne e legumes.

A despeito da dor, minha avó conseguia preencher um aposento minúsculo com amor e alegria e sempre dizia: "Não é aconchegante?" ou "Não somos pessoas de sorte?" ou "Não somos felizes por termos um ao outro?". E decidi acreditar nela. Não tardou para que descobrissem onde ela estava. Filas daqueles que queriam vê-la se formavam – padres, pessoas do povo, idosos, doentes... não importa quem fosse, ela falava com todos.

Eu costuma orar: "Deus, permita que eu tenha um décimo de sua força, sua coragem e seu otimismo ao longo da *minha* vida".

Bem, não estou mentindo nem tentando parecer humilde, mas, honestamente, não me é possível afirmar que atingi o mesmo nível de meus avós e da Irmã Francis, mas estou determinada a alcançá-lo. O que *posso* declarar é que, quando me divorciei de meu primeiro marido, um tipo violento chamado Gary, e fui relegada a um prédio que mais parecia um cortiço, disse a meus filhos que as algas na piscina dos fundos eram lótus.

Entretanto, após duas infecções de ouvido, decidi dar um basta. Além de Paul e Chris, tinha em minha guarda uma filha adotiva, Mary, cuja mãe simplesmente a deixara comigo quando ela tinha 6 anos. (Mary partiu quando tinha 22 anos e agora está casada e mora com seu marido e duas filhas perto de Boston).

À época estava muito confusa, apavorada pelas ameaças de meu ex-marido de que iria nos matar. A polícia chegou a me dizer que, na realidade, Gary podia ficar parado na calçada de modo ameaçador e não havia nada que eu pudesse fazer em relação a isso. Um policial declarou que a única forma de fazê-lo parar seria trazê-lo para dentro do apartamento e matá-lo. Visto que eu nunca conseguiria atacar nada nem ninguém dessa forma, essa não era uma opção viável.

No entanto, apesar de estarmos passando por um período terrível, as crianças e eu conseguimos nos virar. Quando Chris, por exemplo, teve uma forte infecção de ouvido (causada pelo "lótus"), minha vizinha nos trouxe o que acredito se tratava de algum remédio em gotas feito com ervas curativas – e, a partir de então, ele nunca mais teve problemas. Mary, minha filha adotiva, era adorável, mesmo sendo tão jovem; juntas ríamos a valer pensando em toda a carne de porco e feijão que comíamos.

Nessa mesma época, minha mãe procurou um advogado para assumir a guarda de meus filhos. Meu advogado ficou pasmo: como ela e meu ex-marido pretendiam conseguir a guarda de meus filhos, sendo eu uma professora de uma escola católica e boa mãe? O motivo, ela viria a explicar depois, era que não queria nos perder. *"Como?"*

Na passagem para os 30 anos, vi-me criando meus filhos sozinha, lecionando, fazendo consultas mediúnicas *e* participando de aulas e seminários. Percebi, então, que minha vida não estava caminhando como eu gostaria. Sentia que vivia em uma roda-viva que incluía consultas mediúnicas, aulas, cuidado com as crianças, estudo e nada além disso e, então, comecei a me perguntar: "O que *você* quer, Sylvia?".

Eu realmente queria ensinar e ajudar as pessoas, mas também precisava dar a meus filhos um bom lar. Portanto, abandonei meu trabalho como professora e criei minha fundação. O local tinha duas salas, eu dava aulas no período noturno e levava meus filhos comigo. Eles se sentavam no fundo da sala de aula e faziam sua lição de casa. Depois, íamos à lanchonete Denny's, jantávamos e ficávamos conversando sobre o que quer que fosse. É óbvio que, a princípio, não foi fácil lidar com as finanças, mas o sacrifício valeu a pena. Tive de estabelecer prioridades: minha família agora estava ao meu lado, pois, enquanto as crianças estavam na escola, eu podia atender meus consulentes em casa, e três noites por semana meus filhos me acompanhavam às aulas e palestras.

E a vida continuou. Ela pode até se parecer um romance shakespeariano (ou mesmo a *Comédia dos Erros*), mas você tem de se deixar levar. A vida lhe oferece grandes doses de dor e sofrimento, mas também lhe propicia alegria, enlevo, satisfação, amigos queridos, animais de estimação e uma família – tudo é parte da combinação que faz com que sua vida seja um grande prazer.

Quando Larry, meu terceiro marido, partiu vários anos atrás, passei por um momento difícil. Nesse momento de minha vida, aprecio ter um companheiro, mas também acho que as pessoas com minha idade, ou mesmo mais jovens, deveriam buscar se realizar fazendo aquilo que acham ser certo para elas e não o que dita a sociedade. Bem, durante meu processo de divórcio, Dal Brown (meu segundo marido, cujo sobrenome ainda uso apesar de ter acrescentado um *"e"* a ele) apareceu em meu escritório e me contou que estava se divorciando amigavelmente após ter ficado casado por dois anos.

Ele trabalhava como gerente de uma loja em Auburn, na Califórnia, e tinha vindo à Bay Area de São Francisco a trabalho e resolvera, de repente, fazer uma visita. Seus filhos haviam saído de casa e conversamos sobre os bons velhos tempos. Mesmo após o divórcio, nós nos falávamos de tempos em tempos e então uma coisa levou à outra...

Apesar de Dal ter tido vários problemas de saúde (incluindo problemas cardíacos e várias operações que o deixaram inválido por um período), pouco após a consumação de nossos divórcios, decidimos nos unir. Afinal de contas, eu o conhecia há quase 40 anos e tínhamos sido casados por 18 anos.

Todas as antigas mágoas foram esquecidas – o que tínhamos feito com nossas finanças fora fruto da estupidez, não houvera qualquer intenção de magoar um ao outro. Portanto, somos amigos... e, a despeito de ele não ter qualquer participação em meu trabalho, é bom saber que posso contar com alguém que me conheça. Ele tem sua vida, e eu a minha, mas buscamos estar juntos sempre que possível.

Como você pode ver, quando uma porta se fecha, abre-se outra. Apesar da dor que senti com meu último divórcio, encontrei conforto em todas as coisas boas que existiam em minha vida. Hoje, o que mais quero é poder chegar em casa após uma longa viagem e sentar-me perto da lareira com Angelia, minha neta, bordando e conversando, enquanto meu neto, Willy, diverte-se com seus caminhões de brinquedo, com um ensopado no fogo nos esperando.

E, então, sinto a presença de todos os meus entes queridos que já partiram – meu pai, a avó Ada, o tio Brother; meu querido amigo dr. Small, que sempre me assistiu quando não tinha condições de pagar os honorários médicos pelo tratamento de meus filhos; Bob Williams, meu mentor, amigo e professor que eu tanto amava; Joe, um dos primeiros rapazes por quem me apaixonei; Abass, meu amigo e guia durante minha viagem ao Egito (que durante meu último processo de divórcio me telefonava todos os dias e perguntava: "Como vai, princesinha?", o apelido carinhoso que me dera) e milhares de outras almas que se foram. O recinto está repleto de amor. Sei que todos eles estão com Francine e os anjos.

E, então, digo a mim mesma: "Sylvia, o céu está aqui".

(Extraído de *If You Could See What I See*, Hay House, 2006)

Peter Calhoun

Toby Esoter

O autor de *Soul on Fire*, **Peter Calhoun**, era um pastor da Igreja Episcopal que há mais de quatro décadas se dedica ao xamanismo moderno. Atualmente, além de viajar pelos Estados Unidos divulgando seus livros, ministra palestras e *workshops* sobre xamanismo, cura e fortalecimento interior e oferece cursos especiais para os interessados em aprofundar seu conhecimento sobre xamanismo moderno.

Peter e sua companheira, Astrid, são os fundadores da entidade internacional *Alliance for Spiritual Ecology* e, durante os meses de calor, conduzem grupos de adultos por áreas selvagens com o objetivo de levá-los a vivenciar o despertar espiritual.

Website: www.petercalhoum.com

A Pequena Pomba

Apesar de Astrid e eu nos conhecermos há muitos anos, tínhamos nos casado há pouco tempo e ainda estávamos tomados pela euforia de desfrutar, juntos, momentos na natureza que tanto amávamos e reverenciávamos. Certo dia, nas primeiras horas da manhã, partimos para as Montanhas Smoky, próximas à nossa casa. Levamos conosco cerca de 20 garrafões de aproximadamente quatro litros cada para enchê-los com a água vinda de uma fonte natural usada pela população local.

O clima ao pé das montanhas era agradável, típico dos dias de fim de verão que anunciam o outono. A tranquilidade do local contribuía para a sensação de paz e abandono que sentíamos e evocou lembranças de uma experiência extraordinária que eu tivera com uma pomba dez anos antes.

Certo dia, enquanto dirigia por uma estradinha do interior, uma pombinha chocou-se contra meu para-brisa. Tomado pela culpa, parei no acostamento e orei por sua alma. Pedi que seu espírito se libertasse da morte traumática e fosse guiado de volta à fonte. Em seguida, abençoei-a, ofertando meu amor a esse ser cuja vida eu tirara sem intenção.

Então, algo inesperado aconteceu. De repente, senti-me cercado por um oceano de amor – não tinha a menor ideia de onde vinha essa energia, mas ela me deu certeza de que o amor que oferecera era recíproco. Ao longo daquele dia, senti uma energia intensa. A pomba de que eu acreditara ter tirado a vida tornou-se mais viva do que nunca; podia senti-la presente no oceano de amor incondicional que naturalmente emanava do Espírito das Pombas.

Essa foi a primeira vez, em anos, que me lembrei do que tinha acontecido, mas não consegui perceber, à época, ser aquilo um presságio de que outro encontro extraordinário com uma pomba estava prestes a acontecer. Após termos enchido os garrafões de água, Astrid e eu caminhamos até o meio do rio de águas cristalinas e pouco profundas que nasce na cordilheira das Montanhas Great Smoky, localizadas a menos de 15 quilômetros.

Caminhar por um riacho gelado que nasce nas montanhas é uma ferramenta eficaz para silenciarmos nosso interior. Quando nossa mente racional se aquieta, conseguimos ouvir nossa mente espiritual, à qual prestamos pouca atenção. Uma das características de nossa mente espiritual é a capacidade de, conscientemente, transcender o mundano. Tive a oportunidade de observar que mesmo animais selvagens deixam de ter o medo instintivo que nutrem em relação a nós, humanos, quando atingimos esse estado de transcendência.

Enquanto estávamos nas refrescantes águas do rio, deparamo-nos com um cardume de carpas que, sob o reflexo da luz do sol, mais pareciam diamantes submersos. Tal imagem deixou claro quão sagrado e especial era aquele lugar.

Por fim, refeitos e em silêncio, saímos do riacho e nos encontramos em uma clareira. Caminhei em direção a alguns arbustos para me aliviar, enquanto Astrid caminhava em direção ao carro.

Após ela ter dado poucos passos, uma pomba selvagem alçou voo de uma árvore próxima e pousou perto de seus pés. Apesar de a ave voar com presteza, Astrid percebeu que era um filhote e achou que talvez não a tivesse visto, apesar de isso parecer impossível. Entusiasmada, ela me chamou para observar o inusitado acontecimento.

Mal nos movíamos, com medo de assustá-la. Destemida, a pomba caminhou ao redor e começou a dar bicadas no chão a poucos metros de nós. E qual não foi nossa surpresa quando ela pousou sobre meu tênis e começou a puxar os cordões. Ficamos extasiados.

Curiosos por saber o que aconteceria, demos alguns passos para trás – e a pequena ave nos seguiu. Continuamos andando para trás e ela continuou a nos seguir. A intrépida pombinha acreditava que fazia parte da família.

Querendo saber onde isso iria dar, demos 20 passos para trás, esperando por sua reação. A princípio a pombinha pareceu não saber onde estávamos, mas, assim que ouviu nossas vozes, voou em nossa direção. E, como se dissesse: "Este é meu território!", pousou sobre o tênis de Astrid e, incrédulos, continuamos a observá-la.

Aquilo era maravilhoso! Estávamos extasiados com a pequenina pomba que nos seguia como um cachorrinho de estimação. Por fim, com todo cuidado, abaixei-me, segurei-a em minhas mãos e a coloquei no topo da cabeça de Astrid, certo de que ela alçaria voo. A pequena ave, no entanto, começou a puxar os fios de cabelo de Astrid com o bico, e, então, feliz com seu novo ninho, instalou-se em sua cabeça.

Infelizmente, chegara a hora de partirmos. O que não foi nada fácil. A pombinha não se moveu, mesmo quando abrimos a porta do carro. Dava a impressão de estar decidida a ficar em seu novo lar. A pequena ave havia nos conquistado pela forma inusitada com que se apegara a nós e construíra um ninho na cabeça de Astrid.

Titubeamos antes de entrar, de fato, no carro – queríamos observar como a pombinha reagiria. Por alguns instantes, ela não fez nada, a não ser observar-nos. Seu instinto, entretanto, deve ter falado mais alto do que o apego que sentira por nós, pois bateu as asas e, com suavidade, partiu.

Ficamos extasiados com a magia do momento. Entretanto, ao refletir sobre o que acontecera, senti que algo havia me escapado. No passado, Astrid cuidara, por inúmeras vezes, de pássaros doentes ou feridos até recobrarem a saúde. Na realidade, seis meses antes, ela tentara salvar um pombo à beira da morte. De repente, percebi que todos esses acontecimentos estavam, de algum modo, interligados. Seria possível que, de certa forma, sua compaixão criara uma conexão entre ela e a alma dos pombos e pombas e talvez eu também tivesse me tornado ligado a elas?

Juntos, testemunhamos como nossa compaixão por animais completara seu ciclo e agora nos recompensava por todo o amor e cuidado que havíamos ofertado. Aprendi, por meio dessas experiências, que há fios invisíveis, que rompem a barreira do tempo e do espaço, e nos conectam de modo misterioso à vida em suas infinitas manifestações.

Essa surpreendente experiência com a pequena pomba nos mostrou que há inúmeras formas de nos relacionarmos com a Criação. O que havia acontecido nos deixara extasiados. Nosso esforço para aquietar a mente e harmonizar-nos com a Natureza fora recompensado pela visita extraordinária da pombinha.

Percebemos que, ao criarmos certos rituais, conseguimos transpor o antigo abismo entre o mundo animal e o humano; e, também, conscientizamo-nos de quão plena a vida pode ser quando abandonamos a ideia de separação e sentimos o sublime estado de unidade com tudo que nos cerca!

(Extraído de *Soul on Fire*, Hay House, 2007)

Sonia Choquette

John Realy

Escritora, narradora e curadora de prestígio internacional, **Sonia Choquette** ensina como desenvolver a alta percepção sensorial e atrai milhares de pessoas de todo o mundo em busca de sua orientação, sabedoria e habilidade de curar a alma. Além de ser a autora de oito *best-sellers*, incluindo *Diary of a Psychic* e *Trust Your Vibes*, já criou inúmeros baralhos divinatórios e vários materiais em áudio. Sonia estudou na Universidade de Denver, no Colorado, na Sorbonne de Paris e concluiu seu Ph.D. em metafísica pelo Instituto Americano de Teologia Holística. Atualmente, mora com a família em Chicago.

Website: www.soniachoquette.com

UMA PROVA DE SORTE

Quando ainda estava no terceiro ano escolar, aconteceu uma grande mudança em minha percepção extrassensorial. Mais do que *sentir* o pensamento dos outros, passei a ouvi-los. A princípio, aquilo me deixou desconcertada, mas, também, eufórica.

Certo dia, estava na sala de aula, sentada à minha carteira, sonhando acordada, quando ouvi minha professora, a Irmã Mary Margaret, dizer: "Amanhã vou dar uma prova surpresa de ortografia para esses garotos. Isso vai fazer com que fiquem alertas".

Surpresa por tê-la ouvido com tanta clareza, dei um pulo da cadeira e me perguntei se ela não teria falado aquilo em voz alta e eu apenas não prestara atenção. A Irmã percebeu meu sobressalto e minha expressão de espanto – então, observou-me por um instante, com o cenho franzido, o olhar inquisidor e perguntou: "Sonia, o que você está aprontando?".

"Nada", respondi, sentindo-me culpada por estar bisbilhotando seus pensamentos e com medo de que ela descobrisse – a Irmã Mary Margaret era uma freira irascível que não hesitava em dar uns bons cascudos na cabeça dos alunos caso lhe apetecesse, o que acontecia com frequência.

Ela ficou a me observar com ar de suspeita, enquanto eu não tirava os olhos da carteira, e então disse, (visivelmente) irritada: "Pare de sonhar e volte ao trabalho".

Seu tom ríspido me fez tremer de medo – os alunos, surpresos, me encararam, curiosos por saber o que estava acontecendo – afinal, eu tinha fama de ser "a queridinha" que nunca levava bronca. Entretanto, apesar do pavor, estava empolgada por ter ouvido a voz da minha professora na minha cabeça e mais empolgada ainda pelo que havia escutado. Precisava contar aquilo a alguém, não ia aguentar guardar esse segredo comigo e, então, durante o recreio, falei com minha amiga, Diane, sobre o que tinha acontecido.

"Adivinhe só, Diane!", disse. "Amanhã vamos ter uma prova surpresa de ortografia."

"Imagine. Nem pensar!", ela respondeu. "Amanhã é quarta e nós só temos prova de ortografia na sexta."

"Sim, mas eu ouvi a Irmã Mary Margaret falar isso, então vai ter."

"Falar para quem?"

"Deixa para lá", respondi, sabendo que minha amiga nunca acreditaria em mim.

Naquela época, eu já era esperta o suficiente para saber que não devia dizer a Diane que tinha "ouvido" o pensamento da Irmã Margaret. A garotada da escola não me tinha em alta conta: consideravam-me "a boazinha", portanto, contar a eles que eu conseguia ouvir os pensamentos dos outros, definitivamente, não era uma boa ideia; além disso, não melhoraria em nada a imagem que tinham de mim, a qual já não era das melhores.

"Mas não conte para mais ninguém, viu?", pedi. "É segredo."

"Claro que não", prometeu Diane.

E, quando o recreio chegou ao fim, todos os meus colegas já sabiam que haveria uma prova surpresa no dia seguinte.

Como esperado, na manhã seguinte, a Irmã Mary Margaret soprou o apito que trazia ao redor do pescoço e anunciou: "Muito bem, caros alunos. Vamos ver quem fez a lição de ortografia ontem à noite. Todos na parede, em fila. Vamos ter uma prova de ortografia".

Meus colegas de classe e eu nos entreolhamos com os olhos arregalados. Alguns alunos deram um sorriso travesso; outros começaram a rir – pobre Irmã, não tinha a mínima ideia de que todos já sabiam.

Para mim, no entanto, o que acabara de acontecer teve muita importância. Pois essa foi, provavelmente, a primeira vez que consegui provar aos outros que podiam acreditar em minhas vibrações. Em vez de apavorados, como normalmente se sentiam quando a Irmã nos preparava uma de suas armadilhas – o que não era raro –, meus colegas animados corriam até o quadro negro para escrever as palavras que a Irmã ditava. Graças ao que eu contara a Diane no dia anterior, todos estavam preparados.

Um após o outro, todos os alunos escreveram as palavras sem cometer nenhum deslize, à exceção de Robert Barcelona – que, de qualquer forma, sempre deixava a desejar –, que errou uma palavra após três rodadas. Afora ele, ninguém mais – nem mesmo Teddy Alvarez, que era horrível em ortografia; nem mesmo Bobby Castillo, que nunca acertava nem uma palavra; nem mesmo Darlene Glaubitz, que sempre errava alguma palavra de propósito só para fazer os garotos rirem. Naquele dia, todos parecíamos ser campeões de ortografia.

Pasma e ao mesmo tempo satisfeita, a Irmã colocou em frente aos olhos os óculos que costumava usar na ponta do nariz e fechou, lentamente, o livro de ortografia. Em seguida, encarando com vagar cada um dos alunos, disse: "Bem... parece que hoje aconteceu um pequeno milagre. Todos vocês foram muito bem".

Enquanto ela falava, meu coração batia tão forte que parecia querer sair pela boca. Fiquei perplexa, pois o que ouvira no dia anterior realmente acontecera. Emocionada, quase chorei. Meus colegas tinham acreditado em mim quando o boato se espalhou pelo pátio da escola, quase chorei. Não era difícil eu ficar à beira das lágrimas, por causa de minha sensibilidade exacerbada, mas tentei, com todas as forças, controlar minhas emoções, porque não queria passar vergonha. Sempre que chorava sem motivo aparente, todos riam de mim e eu odiava quando isso acontecia. Naquele momento, eu era o centro das atenções, todos olhavam para mim; fiquei tão extasiada que queria poder guardar aquela sensação para sempre.

No entanto, quando estávamos prestes a ser dispensados, uma garota chamada Debbie pôs tudo a perder: "A Sonia falou que hoje a gente ia ter uma prova de ortografia".

Ela era tão idiota. Nunca gostei dela. "Como?", replicou a Irmã Mary Margaret. "O que você disse?" "A Sonia falou para nós, Irmã. Ontem no pátio, durante o recreio", respondeu Debbie, satisfeita e cheia de si por estar me delatando.

"É, sim", confirmaram os outros alunos, não querendo ficar por baixo. Mesmo Vickie, minha melhor amiga, se juntou a eles. Fiquei tão magoada ao ouvi-los e pensei: "Esses desgraçados. Que *mal-agradecidos*".

Todos os meus colegas começaram a gritar em uníssono, felizes/satisfeitos/exultantes por contar o segredo para a Irmã: "A Sônia falou que a gente ia ter uma prova de ortografia. A gente já sabia". Fiquei sentada sem conseguir me mover – as lágrimas queimavam meus olhos, estava tomada pelo medo e me sentia abandonada. Pensei em Jesus e como Ele deve ter se sentido ao ser levado para Pôncio Pilatos – simplesmente traído.

Furiosa e confusa, a Irmã me encarou de modo ameaçador, os olhos fixos em meu peito: "É verdade, Sonia? Você falou para seus colegas sobre a prova surpresa?".

Apavorada, não conseguia dizer uma palavra sequer, apenas fiz que sim e as lágrimas começaram a rolar pela minha face.

O sinal do almoço tocou. A Irmã bateu na mesa e ordenou: "Todos para fora. Em fila, marchando!". Enquanto eu me encaminhava para a fila, toda a classe virou-se para mim, havia em seu olhar uma mistura de escárnio e pena.

"Você, não, Sonia!", bradou a Irmã. "Venha até minha mesa, quero falar com você."

Todos começaram a gargalhar.

"Silêncio!", a Irmã falou em alto e bom som. "A não ser que queiram se juntar a ela."

No mesmo instante, todos se calaram. Era possível ouvir o inspirar e expirar de cada um de nós. Tremendo e chorando de medo, aproximei-me da mesa da Irmã enquanto meus colegas, felizes, saíam para o intervalo de almoço. Mesmo Vickie (que se dizia minha melhor amiga), nessa hora não olhou para mim. Várias vezes eu já havia me visto sendo abandonada à própria sorte ou traída – assim como acabara de acontecer.

A Irmã, nem um pouco feliz, pois os alunos haviam levado a melhor, me encarou de modo ameaçador e disse: "Você me deve uma explicação, garotinha, e espero que seja boa".

Abri minha boca, mas não consegui dizer uma palavra. Minha voz havia sumido. Afinal, nem sabia como começar.

A Irmã perguntou de novo: "Você disse a seus colegas que hoje teríamos uma prova de ortografia?".

Enchi-me, então, de coragem e respondi, com a voz que parecia um chiado que mal se podia ouvir: "Sim".

"Quando?", ela retrucou.

"Ontem."

"Ontem?!"

"Sim", respondi sem conseguir enfrentar seu olhar ameaçador. Ela olhou para mim de modo penetrante e perguntou entre dentes: "Como você sabia?".

"Não sei", respondi. "Eu, simplesmente, ouvi a senhora dizer."

"O que você quer dizer com me ouviu dizer? Eu *não* lhe contei nada."

"Eu não ouvi a senhora dizer isso para mim. Apenas ouvi na minha cabeça."

A Irmã se calou, furiosa com minha resposta. "O que você quer dizer com ouvi na minha cabeça?"

"Não sei", respondi. "Eu estava apenas sentada à minha carteira ontem e ouvi a senhora dizer isso. É só isso. Eu escutei quando disse: 'Amanhã vou dar uma prova surpresa de ortografia para esses garotos', a senhora estava pensando isso e eu ouvi."

Sem saber como lidar com a situação, a Irmã serviu-se de sua costumeira tática de controle: "Nunca mais minta para mim. Se o fizer, receberá 50 palmadas com meu bastão de madeira". Ela estava se referindo ao seu velho e conhecido bastão de madeira guardado em sua mesa, que media cerca de meio metro por dez centímetros, no qual havia uma inscrição em vermelho que dizia *"Heat for the Seat"* [Esquenta-Nádegas]. Ela levantou o bastão sobre minha cabeça e me bateu com força uma, duas vezes.

Colocando as mãos sobre minha cabeça, eu me encolhi, tremendo de medo. Meus ouvidos ressoavam a dor que eu sentia –até pensei em falar que estava mentindo, mas, nesse mesmo instante, escutei uma voz me dizer: *"Não"*.

"Minha filha, tomara que isso seja mentira", rosnou, entre dentes, enquanto me batia de novo, "porque, se o que você diz é verdade – que ouviu meus pensamentos –, que Deus tenha piedade de sua alma, pois isso é obra do mal."

"Nunca ninguém me falou nada parecido", pensei, enquanto me encolhia para me proteger de mais insultos e agressões.

"Nunca, nunca, nunca mais fale nada disso de novo", ela disse. "E, como você *está* mentindo, após o término das aulas, ficará na escola de castigo por uma hora e depois irá confessar-se. Só me resta dizer uma coisa: 'Que vergonha, Sonia!'. Estou realmente desapontada, nunca imaginaria que *você* pudesse chegar a esse ponto. Agora vá almoçar e espero que isso nunca mais se repita."

Saí da sala tão rápido que dei de cara com a parede do corredor – as lágrimas rolavam pelo meu rosto, meu coração batia descompassado e estava tão confusa que não conseguia ver o que estava à minha frente.

Fiquei completamente chocada com o que acontecera. Sempre soube que a Irmã Mary Margaret era rabugenta e nos subestimava, mas conseguira me proteger de seu mau humor agindo exatamente do modo que ela esperava. Chegava a ser chamada, com desdém, pelos meus colegas de classe, de "a queridinha da professora", um título nada invejável, mas que me fazia sentir segura, dadas as circunstâncias.

Naquele momento, por motivos que desconheço, estava sendo tratada como se tivesse agido errado, e não tinha. O pior de tudo é que todos tinham conhecimento disso.

Até aquele momento, minhas experiências extrassensoriais haviam sido um segredo de família que tanto minha mãe quanto eu exaltávamos. Em nossa opinião, era inconcebível um vislumbre mediúnico, quer ele fosse expresso ou não, se tornar alvo de escárnio e dúvida.

O que a Irmã Mary Margaret quis dizer com "Que vergonha, Sonia"? Acredito que, em vez disso, ela deveria ter dito: "Bom trabalho. Você ajudou todos os alunos a irem bem na prova". Ela não foi nem um pouco justa.

Após ter me libertado do medo que, a princípio, sentira, em vez de ficar envergonhada e com remorso, fiquei com raiva – na verdade, furiosa – e resolvi desafiá-la. Eu não permitiria que ela tirasse de mim meu mais importante dom, que nutria há tempos e do qual, mesmo ainda jovem, tinha tanto orgulho. A Irmã Mary não se mostrou nada inteligente ao me dizer aquelas palavras.

Sentei-me no refeitório, sozinha. Os outros alunos já haviam terminado a refeição e estavam no pátio. Desesperada, buscando entender o que acontecera antes de voltar à sala de aula com as marcas da surra que levara da Irmã Mary Margaret, perguntei a Deus com fervor: "Por que isso aconteceu comigo?".

Enquanto mastigava meu último bocado de sanduíche frio de carne enlatada com queijo, ouvi com clareza uma voz, assim como no dia anterior. A única diferença é que dessa vez era a de uma bela mulher que abrandou minha dor como um bálsamo: *"Sonia, perdoe-a. Ela não tem condições de entender o que você diz. Fique em silêncio por enquanto. Nós a amamos"*.

Era Rose, minha guia espiritual – com quem eu conversava desde que tinha 5 anos... que falava comigo todas as noites antes de dormir. Tive a certeza de que era ela que se comunicava comigo, assim que senti minha aura, então em farrapos, se fortalecer. Era amor absoluto.

Fiquei tão feliz por escutar sua voz tão clara como a de qualquer outra pessoa que parei de pensar sobre a Irmã Mary Margaret. Sabia, no fundo de meu coração, que Rose, minha poderosa guia, me protegeria.

Essa foi a primeira vez que ouvi Rose, de fato, comunicar-se comigo com palavras, e não por meio do meu coração. Fiquei tão maravilhada quanto no dia anterior, quando ouvira a Irmã Mary Margaret falando consigo mesma. Comecei a chorar, mas dessa vez de satisfação.

Logo em seguida, o sinal tocou e era hora de voltar à sala de aula. Então me recompus, pois não queria mostrar a ninguém que tinha chorado.

"Obrigada, Rose", disse, sabendo que não tinha mais com que me preocupar.

Durante a aula, a Irmã me tratou com calma e imparcialidade e não me senti mais ameaçada. Não sabia, à época, que seu intervalo de almoço tinha sido tão inquietante quanto o meu. Ela não conseguira deixar de pensar no que eu havia dito e também começara a se questionar.

Na época, eu não tinha consciência de que nas últimas 24 horas tinha descoberto minha *clariaudiência,* o que viria a ser meu principal dom mediúnico. Abrira, sem saber, meu canal telepático, o que me daria a capacidade de escutar meus guias e me sintonizar de forma mediúnica com outras pessoas de modo muito mais profundo do que antes.

Por fim, viria a usar esse canal em meu trabalho tanto como professora de desenvolvimento extrassensorial como curadora. A clariaudiência viria a se tornar minha ferramenta para, ao mesmo tempo, entrar em contato com as pessoas, acessar meus guias e, por fim, penetrar a matriz da alma. Naquela época, no entanto, tudo que podia dizer à minha guia era: *"Graças a Deus posso ouvi-la, não me importa quem seja, pois preciso de sua ajuda aqui".*

Naquela manhã, minha realidade e visão de mundo mudaram sobremaneira. Nunca havia sido confrontada sobre meu dom de conseguir ouvir minha voz interior, nunca ninguém havia sugerido que isso fosse *obra do mal.* Resisti ao desafio e me aferrei ainda mais à crença de que deveria acreditar em minhas vibrações, consciente de que meu conhecimento era valioso... e que deveria defendê-lo sempre que colocada à prova.

(Extraído de *Diary of a Psychic,* Hay House, 2003)

Dr. John F. Demartini

O dr. **John F. Demartini**, autor de *The Breakthrough Experience* e *Count Your Blessings,* entre outros trabalhos, é palestrante, escritor e consultor – cujos clientes abrangem desde especialistas em finanças de Wall Street e executivos de grandes corporações até profissionais da área da saúde, atores e atletas de renome. Fundador da 'The Concourse of Wisdom School', instituição cujo objetivo é ajudar aqueles que a procuram a compreender seus padrões de comportamento e a desenvolver seu potencial ao máximo, John começou sua carreira como especialista em quiropraxia e estudou diferentes disciplinas em busca do que chama Princípios Universais da Vida e da Saúde. Em suas apresentações internacionais, proporciona alento ao público que o assiste com comentários bem-humorados sobre a natureza humana, esclarecedores pontos de vista e orientação prática.

Website: www.drdemartini.com

Ninguém Roubará de Ti o Amor e a Sabedoria

Uma das maiores bênçãos de minha vida me foi concedida quando ainda cursava o primeiro ano escolar. Ela não aconteceu de modo claro, mas velado. Eu era canhoto, sofria de dislexia, não tinha condições de ler e compreender o significado de um texto, e minha professora tinha pouco conhecimento sobre distúrbios de aprendizagem. Comecei meus estudos em uma turma regular, depois passei a ter aulas de reforço de leitura e, por fim, fui encaminhado para a "turma dos idiotas". Por vezes era obrigado a vestir o "chapéu do bobo" e ficar sentado em um dos cantos da sala. Sentia-me envergonhado, rejeitado e diferente de meus colegas.

Certo dia, minha professora pediu a meus pais que participassem de uma de nossas aulas e disse, na minha frente: "Senhor e senhora Demartini, seu filho tem um distúrbio de aprendizagem. Sinto informar-lhes ser pouco provável que ele consiga ler, escrever ou comunicar-se de modo normal. É praticamente impossível que chegue a realizar grandes feitos e não acredito que consiga evoluir muito mais do que isso. Em seu lugar, eu o encaminharia para os esportes". Apesar de não conseguir entender por completo o significado de suas palavras, eu podia sentir a incerteza e a preocupação de meus pais.

Desde então, passei a me dedicar aos esportes e por fim me apaixonei pelo surfe. Quando tinha 14 anos, disse a meu pai: "Vou para a Califórnia surfar".

Ele me olhou nos olhos e percebeu que era o que eu realmente queria fazer e, não importava o que dissesse, eu seguiria esse caminho, pois acreditava ser esse meu destino. Ele, então, me perguntou: "Você tem condições de lidar com as dificuldades que irá enfrentar? Está disposto a assumir as responsabilidades de sua decisão?".

"Sim", respondi.

E, em seguida, replicou: "Não vou discutir com você, meu filho. Você tem minha bênção".

Logo depois, escreveu uma carta registrada em cartório dizendo: "Meu filho não está fugindo de casa, não é um pedinte, apenas um garoto em busca de seus sonhos".

Anos depois, descobri que, quando meu pai voltou da Segunda Guerra Mundial, queria ir para a Califórnia, mas não o fez. Acredito que, quando me ouviu dizer que estava indo para lá, lembrou-se de seu antigo sonho e pensou: *"Eu não fui para lá, mas não vou te impedir de fazê-lo"*.

Assim, quando tinha 14 anos, larguei a escola, meus pais me deram uma carona até a estrada e despediram-se de mim com amor, dizendo: "Vá em busca de seus sonhos".

Peguei uma carona em direção à Califórnia e logo cheguei à cidade de El Paso, no Texas. Enquanto caminhava por uma calçada da cidade, rumo à costa oeste, sem ter aonde ir a não ser em frente, deparei-me com três caubóis.

Nos anos 1960, havia certo conflito entre caubóis e surfistas, apesar de este não ser explícito. Enquanto caminhava pela calçada com minha mochila, prancha de surfe, cabelo comprido e bandana na cabeça, tinha certeza de que estava prestes a ter problemas. Enquanto eu andava, os três se colocaram um ao lado do outro, fechando a passagem, e lá ficaram segurando seus cintos com os polegares. Com certeza não me deixariam passar.

Eu pensava: "Meu Deus, que vou fazer?", quando, de repente, minha voz interior falou comigo pela primeira vez e me disse... "Ladre!". Bem, pode ser que essa não tenha sido uma voz interior repleta de preceitos espirituais, mas era a que única que eu tinha. Ela dissera para eu ladrar, então a escutei e comecei a vociferar: "Auuu! Auuu! Auuuuuuu!". E, acredite se quiser, os caubóis saíram do meu caminho.

Foi a primeira mostra que tive de que coisas incríveis podem acontecer quando se segue a intuição.

Abri caminho vociferando: "Auuu! Auuu! Auuuuuuu!". Os três homens provavelmente pensaram: *"Esse garoto é louco!"*. Após passar pela barreira dos caubóis, senti como se tivesse saído de um transe. Aos poucos, distanciei-me deles e caminhei até uma esquina, onde, apoiado em um poste de luz, estava um velho mendigo calvo, em torno de seus 60 anos, com a barba malfeita. Ele gargalhava tanto, a ponto de ter de se segurar ao poste para ficar em pé.

"Meu filho", disse, "essa foi a cena mais hilária que já presenciei. Você deu cabo desses velhos caubóis como um verdadeiro profissional!" O velho mendigo, então, me segurou pelo ombro e me conduziu pelo restante do caminho.

Enquanto caminhávamos, perguntou: "Posso te oferecer uma xícara de café?".

Eu respondi: "Obrigado, mas não tomo café".

"Bem, que tal uma Coca-Cola?"

"Com certeza!"

Caminhamos até uma pequena lanchonete com banquetas giratórias ao longo do balcão. Ao entrarmos, sentamo-nos e ele perguntou: "Para onde você está indo, meu filho?".

"Para a Califórnia."

"Você está fugindo de casa?"

"Não, meus pais me levaram até a estrada."

"Você largou a escola?"

"Sim. Disseram-me que eu nunca conseguiria ler, escrever ou me comunicar, então me dediquei aos esportes. Estou indo para a Califórnia para ser surfista."

Ele, então, perguntou: "Já acabou sua Coca?".

"Já."

"Venha comigo, garoto."

Segui esse homem mal-ajambrado por vários quarteirões até entrarmos na biblioteca central de El Paso, onde ele apontou para o chão e disse: "Pode deixar suas coisas aqui, não há com que se preocupar". Em seguida, caminhamos pela biblioteca até chegarmos a uma mesa.

"Sente-se, garoto, eu já volto", e começou a passear pelas prateleiras.

Após poucos minutos, voltou carregando alguns livros e se sentou ao meu lado. "Garoto, há duas coisas que quero te ensinar. Duas coisas de que você não deve se esquecer. Promete?"

"Claro, senhor."

Meu novo mentor disse: "Número um, nunca julgue um livro pela capa".

"Sim, senhor."

"Você provavelmente pensa que sou um mendigo, mas deixe eu te falar uma coisa. Sou um dos homens mais ricos dos Estados

Unidos. Venho do nordeste do país e tenho todas as coisas que o dinheiro pode comprar – carros, aviões, casas... Um ano atrás, alguém que eu amava muito morreu, e quando ela se foi passei a pensar sobre minha vida e disse para mim mesmo: '*Eu tenho tudo o que o dinheiro pode comprar, mas não sei o que é viver sem nada e ter de morar nas ruas*'. Portanto, decidi viajar pelos Estados Unidos, passando por várias cidades, sem nada, apenas para saber como seria viver sem nada antes de morrer. Portanto, meu filho, nunca julgue um livro pela capa, porque você pode se enganar."

Em seguida, ele segurou minha mão direita e a colocou em cima dos dois livros que depositara sobre a escrivaninha. Eram os escritos de Aristóteles e Platão e me disse com tamanha força e conhecimento de causa, de um modo que nunca esquecerei: "Aprenda a ler, meu rapaz. Aprenda a ler porque há apenas duas coisas que o mundo não pode tirar de você: o amor e a sabedoria. Podem tirar de você seus entes amados, podem levar seu dinheiro, podem levar quase tudo que tenha conquistado, mas não podem arrancar-lhe o amor e a sabedoria. Nunca se esqueça disso, meu filho".

Eu respondi: "Nunca, nunca me esquecerei disso, senhor".

Então, ele andou comigo por mais algumas quadras e me mostrou qual caminho seguir para a Califórnia. Nunca mais esqueci de sua mensagem, que se tornou o cerne de minha crença: *Amor e sabedoria são a essência da vida.*

(Extraído de *The Breakthrough Experience*, Hay House, 2002)

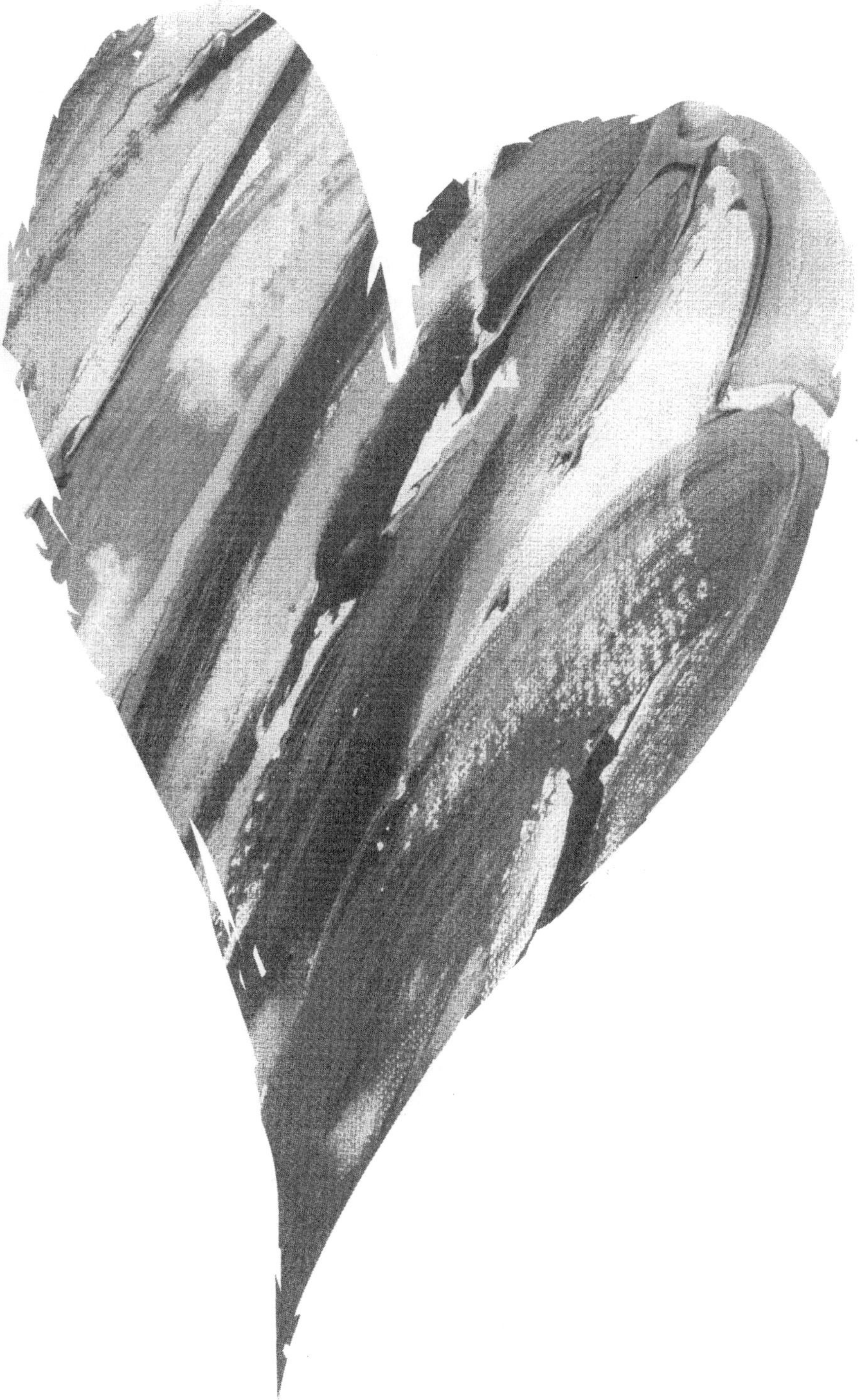

Dr. Wayne W. Dyer

O dr. **Wayne W. Dyer**, escritor e palestrante de renome internacional na área do autodesenvolvimento, escreveu mais de 30 livros, produziu vários áudios e vídeos e participou de milhares de programas de rádio e TV. Seus livros *Realize Seu Destino*, *Pensamentos de Sabedoria*, *Para Todo Problema Há uma Solução*, e os best-sellers *Os 10 Segredos para o Sucesso e a Paz Interior*, *A Força da Intenção* e *Inspiração* – que figuraram na lista dos mais vendidos do jornal *New York Times* – foram apresentados em especiais transmitidos pela rede de TV National Public Television.

Wayne possui doutorado em aconselhamento educacional pela Universidade Estadual de Wayne e trabalhou como professor associado na Universidade St. John de NovaYork.

Website: www.drwaynedyer.com

O Milagre da Borboleta

No dia em que finalizei o 17º capítulo de meu livro *Inspiração* e o li pelo telefone para Joanna, minha editora, que se encontrava em Binbridge Island, no Estado de Washington, tive a experiência mais marcante e mística dos meus 65 anos de vida. (A fotografia da página anterior é uma recriação do que vivenciei.)

Após falar com Joanna, fui dar minha caminhada diária pela praia... mas, por algum motivo inexplicável, resolvi tomar uma caminho diferente, escolhendo a trilha gramada *paralela* à praia. Lembrava-me do meu amigo Jack Boland, pastor da Igreja da Unidade de Detroit, que morrera cerca de dez anos antes. Jack amava as borboletas monarcas e não se cansava de nos contar como ficava maravilhado ao ver essas criaturas tão frágeis migrarem milhares de quilômetros, enfrentando ventos fortes, retornarem ao mesmo galho, à mesma árvore onde haviam saído de seus casulos.

Antes de Jack morrer, eu o presenteei com um peso de papel que tinha uma borboleta monarca em perfeito estado de conservação. Quando ele faleceu, sua mulher o devolveu a mim, dizendo o quanto Jack adorara aquele presente e quanto ele admirava essas incríveis e inteligentes criaturas, cujo cérebro tinha o tamanho da cabeça de um alfinete.

Jack não se cansava de me dizer para "sempre expressar minha gratidão". E terminava todos os seus sermões dizendo a Deus: "Obrigado, obrigado, obrigado". Desde sua morte, em três ocasiões, uma borboleta monarca pousara em meu corpo. Visto que essas criaturinhas buscam evitar qualquer contato com humanos, sempre que isso acontecia, pensava em Jack e dizia para mim mesmo: *"Obrigado, meu Deus, obrigado, obrigado"*.

Bem, nesse dia, enquanto caminhava satisfeito por ter concluído o penúltimo capítulo de meu livro, uma borboleta monarca pousou no solo, à minha frente, a menos de um metro de distância. Repeti, então, as mágicas palavras de Jack: "*Obrigado, meu Deus, obrigado, obrigado*", grato por minha vida e pela beleza do dia. A borboleta não se moveu, mas, quando busquei me aproximar, ela começou a bater as asas sem parar e partiu. Pensando em Jack, extasiado e imensamente grato pelo que vivenciara, fiquei a observar a borboleta que voava a cerca de 50 metros de onde eu estava.

Deus é testemunha de que a borboleta, além de dar meia-volta, voou em minha direção e pousou exatamente em cima de meu dedo! Não é preciso dizer que fiquei maravilhado – mas não surpreso –, pois acredito que, quanto mais forte minha conexão com o Espírito, mais fácil vivenciar momentos de perfeita sincronicidade como esse. Mas o que aconteceu a seguir chegou às raias do inacreditável, mesmo para mim.

Esse pequeno ser me acompanhou pelas próximas duas horas e meia – primeiro se aconchegou em uma das minhas mãos, depois na outra, sem mostrar qualquer desejo de partir. Parecia querer se comunicar comigo movendo suas asas para a frente e para trás, abrindo e fechando sua boquinha como se quisesse falar... e, por mais incrível que pareça, senti uma forte afeição por esse precioso ser. Sentei-me no chão e simplesmente usufruí a companhia de meu novo e frágil amigo durante cerca de meia hora. Em seguida, telefonei para Joanna de meu celular, que também ficou maravilhada com a sincronicidade do momento e insistiu que eu buscasse uma forma de registrá-lo.

Decidi, então, voltar para casa, a cerca de 1,5 quilômetro de onde estava, com minha nova companheira. Caminhei pelo passeio à beira-mar, onde o vento soprava com força – as asas da borboleta moviam-se, impulsionadas pelas rajadas de vento, mas ela agarrou-se a meu dedo e voou até minha outra mão, sem qualquer menção de querer partir. Enquanto caminhava, deparei-me com uma garotinha de 4 anos com a mãe. A menina estava aos soluços por algo que, em sua tenra idade, considerava ser uma tragédia. Quando lhe mostrei minha borboleta "de estimação", sua expressão, em um segundo, passou da dor à alegria. Abriu, então, um largo sorriso e me perguntou tudo que podia sobre a criaturinha alada, pousada em meu dedo.

Ao chegar em casa, subi as escadas, falando ao celular com meu amigo Reid Tracy (presidente da editora Hay House). Rimos enquanto eu lhe contava sobre a inusitada coincidência que se passava naquele exato momento. Disse: "Reid, já se passaram 90 minutos e essa pequena criatura parece ter me adotado". Reid também me incentivou a tirar uma fotografia, visto que esse acontecimento estava obviamente ligado ao que eu estava escrevendo.

Deixei minha amiga borboleta – a quem dera o nome de "Jack" – sentada na varanda sobre o manuscrito do capítulo 17 do livro que estava escrevendo e desci as escadas. Ao encontrar Cindy, uma garota que trabalhava nas redondezas, pedi que fosse correndo até a loja mais próxima e comprasse uma câmera descartável. Assim que ela voltou com o aparato, subi até a varanda e coloquei minha mão próxima a Jack, que pulou sobre meu dedo! Tive a impressão de que minha amiga borboleta tinha decidido viver comigo para sempre.

Após passar, aproximadamente, mais de uma hora em comunhão com essa pequena filha de Deus e refletir sobre o que acontecera – o mais singular e extraordinário encontro espiritual que já vivenciara –, com delicadeza coloquei Jack de volta sobre o manuscrito e fui tomar um longo banho. Quando voltei à varanda, coloquei meu dedo perto de minha amiga alada, da mesma forma que tinha feito nas últimas duas horas, mas ela reagiu de modo totalmente diferente – tremulou as asas, pousou sobre a mesa e, então, alçou voo e partiu em direção aos céus. Os momentos que partilhamos fazem parte do passado, mas ainda tenho comigo as fotos de nossos momentos juntos, as quais guardo como um tesouro.

Na manhã seguinte, resolvi assistir a um dos meus filmes favoritos, *Irmão Sol, Irmã Lua,* o qual não via há mais de uma década. E, como já sabia – nas primeiras cenas em que Franco Zeffireli retrata a vida de São Francisco, ele aparece... com uma borboleta pousando em sua mão.

(Extraído de *Inspiration*, Hay House, 2006)

John Edward

Devon Cass

Médium de renome internacional, **John Edward** é autor de vários livros, entre eles os *best-sellers Uma Última Vez, Crossing Over* e *Final Beginnings* – os quais figuraram na lista dos mais vendidos do jornal *New York Times*. Além de estrelar seu próprio programa de TV, *Crossing Over with John Edward*, exibido por várias emissoras de todo o país, John tem sido presença constante em vários *talk shows*, entre eles *Larry King Live,* e participou do especial *Vida após a Vida*, produzido pela HBO. John ministra *workshops* e seminários por todos os Estados Unidos e possuiu seu próprio boletim informativo, o qual divulga em seu *website*, com dicas sobre os inúmeros eventos que promove. Atualmente, vive com a família em Nova York.

Website: www.johnedward.net

O CARTEIRO ESPIRITUAL

Em fevereiro de 2003, eu estava em Houston ministrando um seminário que começou como de hábito – com uma palestra sobre o processo de conexão com o Outro Lado, ou seja, o lado espiritual, seguida de perguntas do público. Enquanto algumas pessoas faziam as perguntas de praxe sobre minhas experiências, outras pegavam o microfone para me agradecer por meu trabalho. Uma mulher, em especial, me levou às lágrimas ao contar que acabara de perder um bebê e que meu programa *Crossing Over* fora para ela uma espécie de terapia, ajudando-a a lidar com a perda irreparável.

Assim que a palestra e a sessão de perguntas terminaram, senti algo no meio do auditório atrair minha atenção. Lembro-me de estar no meio do palco, com o braço estendido, apontando diretamente à minha frente, desenhando uma linha reta que chegava até o centro da plateia. Em seguida, recebi uma forte imagem... era o ônibus espacial *Columbia*. Então, eu tive certeza... *certeza* de que a mensagem que recebia estava relacionada com a explosão que acontecera três semanas antes e que alguém bem à minha frente estava de alguma forma ligado ao episódio.

Soube que havia algo de errado com a nave antes mesmo de o desastre acontecer. Minha mulher e eu, Sandra, estávamos em casa assistindo ao lançamento da nave pela televisão. Recordo que tive uma sensação muito ruim assim que o ônibus espacial começou a cruzar o céu. Não conseguia definir com exatidão o que estava sentindo – era apenas um pressentimento "ruim". Esse é o modo como minhas premonições em geral se manifestam – meus guias não me mostram detalhes. Portanto, quando as pessoas me perguntam por que não faço nada para evitar que tragédias aconteçam, respondo: "Eu mesmo não sei o que vai acontecer".

Cinco dias depois, a caminho da Austrália, dava uma entrevista para uma revista e a repórter me perguntou se eu tinha premonições e se podia contar sobre a última que tivera. Disse a ela que assistira ao lançamento do *Columbia* e ficara preocupado com os astronautas. Ela imediatamente aproveitou a deixa e perguntou: "A nave vai bater? Explodir?", fiquei um algo receoso, achando que talvez tivesse dito mais do que devia, e tentei amenizar a situação, dizendo: "Não, não... É apenas uma sensação estranha".

Essa foi a última vez em que pensei no *Columbia* até a noite de 29 de janeiro de 2003, enquanto jantava em Melbourne, na Austrália, com o pessoal que ajudara a organizar minhas apresentações naquele país. Minha amiga Natasha Stoynoff, correspondente da revista *People*, e eu estávamos tranquilos, degustando nossos filés, conversando descontraídos sobre o vinho local quando congelei no meio do que estava dizendo com o garfo balançando entre os dedos.

"John, o que está acontecendo, está tudo bem?", perguntou Natasha, que já sabia o que significa aquela *expressão* em meu rosto.

"Sinto que alguma coisa está explodindo", falei, colocando o garfo sobre a mesa, "e está de alguma forma... ligado a Israel".

"O quê? Quando? Onde?" Ela fez uma dúzia de perguntas típicas de jornalistas enquanto pegava uma caneta e seu bloco de notas, mas eu não conseguia respondê-las, pois eu mesmo não tinha as respostas. Pedi a ela para que não se preocupasse com isso, pois eu mesmo não queria me preocupar: *"Tudo bem... Israel... sempre acontecem explosões lá – intuir que isso iria acontecer não era assim tão sobrenatural"*. No entanto, naquela noite, ambos fomos para a cama apreensivos.

No dia seguinte, pegamos o avião para a longa viagem de volta e, enquanto esperávamos por nossa conexão em Los Angeles, vimos a notícia na CNN: o *Columbia* havia explodido naquela manhã. Todos os sete membros da tripulação estavam mortos – entre eles o primeiro israelense a participar dessa espécie de expedição. Sentado no aeroporto, fui tomado pela profunda tristeza que sempre sinto quando uma premonição como essa se realiza e rezei, em silêncio, por todos os membros da tripulação e suas famílias.

"Sinto-me realmente desconfortável ao fazer esta pergunta", disse à plateia em Houston, "mas há alguém aqui presente que tenha alguma ligação com algum dos astronautas mortos no recente acidente do *Columbia*?"

No mesmo instante, a plateia ficou em silêncio. Sentia-me mal por ter feito tal pergunta, afinal, a tragédia havia acontecido há tão pouco tempo e tinha certeza de que qualquer um que tivesse alguma ligação com o acidente estaria com a ferida aberta, em carne viva. Sempre digo que a mediunidade não é uma cura para a dor e só será útil se usada no momento certo *durante* a jornada pela dor – o que raramente acontece logo após os entes queridos terem partido.

Estava com receio de mencionar o desastre do *Columbia*, temendo que a perda fosse recente demais, mas a regra número um de meu trabalho é: *"Se eles [meus guias] me revelam algo, eu também tenho de fazê-lo"*. E nesse processo é importante manter a integridade das mensagens que recebo.

"Alguém nesta exata direção", disse, apontando para a frente, "tem alguma relação com um dos astronautas que morreu no acidente do ônibus espacial *Columbia* três semanas atrás". Logo em seguida, uma mulher, sentada no fundo do auditório, diretamente à minha frente, levantou-se e disse: "Meu marido é primo de Rick Husband".

Eu não tinha a menor ideia sobre quem ela estava falando, visto que não sabia o nome dos astronautas. A mulher, então, explicou-me que Rick Husband era o comandante do *Columbia* e primo de seu marido. Logo após tal confirmação, comecei a receber informações passadas por Rick. Ele disse que as famílias dos astronautas ainda receberiam mais informações sobre o acidente – talvez um vídeo, o qual poderia vir ou não a conhecimento do público. Também havia "conversas" da tripulação gravadas em uma fita, que a população ainda desconhecia, mas às quais logo teria acesso. Foi-me mostrado, também, que a morte dos astronautas foi rápida e os pegou de surpresa e que estavam inconscientes quando seu corpo físico foi atingido.

"É como se estivessem dormindo", disse ao público, deixando minha cabeça pender para o lado como se estivesse adormecido, a fim de demonstrar o que estava sentindo e vendo. Todos aplaudiram, aliviados, quanto aos astronautas e suas famílias.

"Rick vem de uma família religiosa..." foi a próxima informação que recebi. Todos no auditório fizeram que sim, ao mesmo tempo. Tive a impressão de que eu era o único que não sabia disso.

"Há alguém cujo nome tem as letras L e N... como Lynne... ligado a Rick. É você?"

Ela fez que não. E então senti uma força me puxando em sentidos opostos – como uma folha de papel rasgada ao meio, com as metades separadas em direções contrárias.

"Há alguém neste auditório que também conheça Rick? Ou há alguma outra pessoa presente que tenha qualquer ligação com algum *outro* membro da tripulação?"

Uma mulher *mignon*, sentada aproximadamente dez fileiras à minha frente, levantou a mão e disse: "Sim. Eu conhecia o astronauta israelense que estava naquela nave. Seu nome era Ilan".

Bem, isso explicava as letras L e N. Quando ouço nomes que começam com uma vogal, eu não a escuto. Ouço o som da consoante que vem após a vogal por ser mais forte e predominante. Portanto, nesse caso, "Ilan" soou em minha mente como "Lan" ou "Lin", pois não ouvi o som do "I". E, então, comecei a receber mensagens vindas desse outro astronauta.

"Ele quer que eu agradeça a seus filhos e tem alguma coisa sobre uma música. Alguém cantava para ele aqui da Terra ou ele do espaço cantava para alguém aqui na Terra?"

"A música predileta dele e de sua esposa falava sobre estar distante", a mulher respondeu com um sussurro emocionado, "e ela a cantava para ele enquanto ele estava no espaço". Nesse momento, eu também estava tocado.

"E sua filha, sua pequenina", a mulher continuou, "assistiu ao pai ser lançado naquela nave em direção ao espaço. E, ao vê-lo partir, ela disse em voz alta: 'Acabei de perder meu pai'".

Bem, a esse ponto eu estava no palco fazendo todo o possível para não me deixar tomar pela emoção. Normalmente, quando atendo meus consulentes e recebo mensagens, consigo me manter à parte dos sentimentos que emanam deles – dessa forma consigo transmitir detalhes pungentes, dia após dia, sem ficar exaurido. Mas a imagem da garotinha dizendo adeus para seu pai me comoveu. Desde o nascimento de meu filho, Justin, as visões relacionadas a pais e filhos passaram a ter um peso diferente para mim.

Após a palestra, minha assistente, Carol, me contou que fora publicado em inúmeros jornais que a filha do astronauta dissera: "Acabei de perder meu pai", durante o lançamento do *Columbia*. Será que a garotinha sentiu o que estava prestes a acontecer? Acredito, de fato, que, ao perceber que já aprendeu aquilo de que precisava no mundo físico, nossa alma se permite partir. Alguns acontecimentos, que chamamos de "acidentes", podem não ser na realidade acidentes quando considerarmos o plano do Outro Lado.

Os dois astronautas também transmitiram às duas mulheres mensagens de seus pais, já no plano espiritual, o que espero lhes tenha trazido conforto. Também espero que elas tenham se sentido satisfeitas ao servir de canal para os tripulantes do *Columbia*, a fim de que eles conseguissem se comunicar com seus entes queridos e assegurá-los de que estavam bem.

Em 1º de março, duas semanas após o seminário, alguns artigos de jornal confirmaram as mensagens transmitidas pelo plano espiritual. O jornal *Daily News* de Nova York revelou que um vídeo havia sido encontrado no Texas mostrando os últimos momentos da tripulação do *Columbia* – todos (estavam) rindo, conversando; sem ter a menor ideia de que algo estava errado. A reportagem relatava que "de modo extraordinário, um fragmento de vídeo se mantivera intacto após o fogo ter consumido o *Columbia,* mostrando que não havia qualquer sinal de preocupação, ansiedade – nada... entre os membros da tripulação. Especialistas em trauma emocional disseram que aquelas imagens trariam conforto aos familiares, que haviam assistido ao vídeo e dado autorização para que fosse divulgado".

Um mês após o seminário em Houston, Nancy Marlowe Sheppard, a parente de Rick Husband para quem eu transmitira as mensagens do plano espiritual, me procurou. Sheppard, professora aposentada, estava ansiosa por me contar o que acontecera com ela antes do seminário. Desde a explosão do ônibus espacial, sentia que precisava participar de uma das gravações do meu programa *Crossing Over* – pois, se o fizesse, algo importante poderia acontecer. Ao saber que eu daria um seminário, telefonou para o ponto de vendas e foi informada de que as entradas estavam esgotadas há meses.

Nancy lembra-se de ter dito à mulher que a atendeu: "Escute, eu *realmente* preciso participar. Você não pode tentar mais uma vez conseguir uma entrada?".

Acredito que o Outro Lado ajuda as pessoas a estarem onde devem estar. Presenciei, várias vezes, pessoas que tentaram participar do programa *Crossing Over,* de um seminário ou de leitura mediúnica particular, consegui-lo por casualidade ou "mera coincidência" – e, por fim, serem beneficiadas com incríveis mensagens mediúnicas.

Mas, na realidade, não acredito em "meras coincidências" – a vendedora do ponto de vendas de repente "encontrou" duas entradas para o lotado seminário, e Nancy se preparou para sair de casa cheia de esperança de que seus entes queridos se manifestariam durante o evento. No entanto, pouco antes de sair, Nancy teve o que só pode ser chamado de premonição – sentiu a energia de Rick passar por ela. "Percebi a presença de Rick", ela relatou, "e sabia que ele iria se manifestar". Também sentiu que "ele e o restante da tripulação não haviam sofrido e estavam agradecidos pelo amor demonstrado pelo povo americano".

Essa mensagem deixou Nancy surpresa – mas não chocada. "Sempre fui intuitiva", relata Nancy, "desde criança. Mas nunca dei ouvidos aos pressentimentos, às sensações, às visões, ao conhecimento que tinha".

Para muitas pessoas, não é raro se sentirem conectadas ao plano espiritual – seja por um pensamento, por uma voz ou pela essência do perfume que a mãe costumava usar. A maior parte de nós já vivenciou em algum momento de sua vida uma experiência psíquica. Tal capacidade é inerente a todos, mas alguns preferem ignorá-la. Nancy tentara não dar ouvidos à sua "intuição" durante toda a vida, mas, ao receber a mensagem dos espíritos, não lhe foi mais possível deixá-la de lado.

"Estava sentada na penúltima fileira, na última cadeira. Sabia que você não conseguiria me ver do palco", relembra Nancy. "E, quando perguntou se havia alguém que tinha alguma ligação com a tripulação do *Columbia,* fui a única a levantar, meu coração batia acelerado. Disse que conhecia Rick, e você então falou: 'Rick Husband está *aqui*'. Uma das mensagens que você recebeu é que Rick era um homem religioso – o que é verdade. Ele ia à igreja, ajudava nas aulas de religião ministradas aos domingos e participava de todas as atividades religiosas", Nancy disse: "E então você viu meus pais."

Nancy ficou exultante, pois sua mãe e seu pai haviam se manifestado, mesmo que como "coadjuvantes", relatando com precisão datas de aniversários, festas familiares e doenças que acometeram a família de modo que ela tivesse certeza de que eram eles que estavam se manifestando. Mas o que a tocou de modo singular foi algo que eu disse a todos no fim do evento.

Nancy relata: "Após uma pausa, você perguntou: 'Algum dos presentes neste seminário sabia de antemão o que aconteceria?'. Isso foi o que mais me deixou surpresa e, ainda de pé, respondi: 'Eu sabia!'".

Um mês após o seminário, Nancy enviou uma carta para a mãe e a esposa de Rick contando-lhes o que acontecera na esperança de que suas palavras lhes trouxessem paz. Naquele dia, no seminário em Houston, Nancy se transformara em "carteiro espiritual", uma tarefa que começara com a premonição que tivera no início do dia e terminaria com a entrega da mensagem vinda do Outro Lado quando enviara a carta à família de Rick.

Ser um carteiro espiritual é uma tarefa que muitos de nós assumimos mesmo sem ter consciência disso. A garotinha que observava o pai partir no *Columbia* também enviara uma mensagem. Não é preciso ser um médium para estar a serviço do Outro Lado; só é necessário estar aberto às vibrações e disposto a ouvir.

"Realmente acho que tinha de estar lá", relata Nancy. "Por isso consegui a entrada na última hora. Acredito que Rick Husband sabia que eu estaria lá e me escolheu para transmitir sua mensagem."

(Extraído de *After Life*, Princess Books/Hay House, 2003)

Lesley Garner

Lesley Garner, autora de *Everything I've Done That Worked*, carrega seu caderninho de anotações aonde quer que vá. Seus pensamentos e suas percepções já foram publicados em revistas, perfis biográficos e colunas de jornais de prestígio do Reino Unido, tais como o *London Daily Telegraph*, o *Daily Mail* e o *Evening Standard*. Já trabalhou como crítica de arte, de cinema e de literatura. Quando não está escrevendo, adora passear e cantar em corais. Viajou por inúmeros países e chegou a morar na Etiópia e no Afeganistão. No momento, reside em Londres.

O QUE SIGNIFICA SER HUMANO

Por vezes, as pessoas perdem tudo. A crise que as abate não é afetiva, não envolve o saldo bancário ou o ego – não perderam o parceiro, o emprego, um braço ou uma perna; mas, sim, qualquer expectativa que tivessem quanto ao futuro. Essas ruíram não como um castelo de areia construído com sonhos e que, ao sofrer um abalo, se desmancha; mas, sim, como um prédio que desaba e se transforma em pó bem à sua frente. Talvez um lugar que consideravam seguro escondesse um assassino; seu lar tenha sido tomado pelas chamas; o homem que os amparava tenha sido morto ou desaparecido sem mais explicações e a mulher que amavam e respeitavam tenha sido violentada. Talvez crianças estejam passando fome ou o país entrando em colapso. O que fazer em casos extremos?

Certo dia quente de maio de 1999 fiz uma excursão a pé pela encosta de uma das colinas da Macedônia. As pessoas que me acompanhavam viviam à margem da dignidade humana. Observei a vegetação das colinas, completamente destruída, onde nem mesmo a grama restara, contrastando com as verdes colinas dos Bálcãs que circundavam a região. No entanto, estas estavam protegidas por cercas de arame farpado, separadas dos vários quilômetros quadrados de solo árido de Cigrane – o mais recente campo de refugiados criado na Macedônia para os milhares de refugiados que cruzavam a fronteira vindos do Kosovo. Era um campo para albaneses que fugiram do

Kosovo, abandonando seus lares para a milícia sérvia, e passaram dias e semanas caminhando pelas montanhas em busca de abrigo.

Cigrane era um local nada agradável: um vilarejo recém-criado, sem nenhuma infraestrutura, onde tendas ainda estavam sendo erguidas para abrigar as famílias que dormiam ao relento nas encostas das montanhas. Do lado de fora dos portões do campo, havia ônibus vermelhos lotados de pessoas exaustas que haviam esperado em fila para cruzar a fronteira da Macedônia. Eu já havia visto esses mesmos ônibus no posto da fronteira – a expressão sombria de choque, abatimento e cansaço que vi no rosto dos que lá estavam foi para mim algo inédito. Era a expressão de homens e mulheres que haviam se rendido, não tinham para onde ir e estavam no limite de suas forças. Ao vê-los, lembrei-me dos judeus sendo levados em trens aos campos de concentração.

Por dia, chegavam a Cigrane 5 mil pessoas. Enquanto o grupo mais novo de refugiados esperava resignado nos ônibus, andei pelo campo e conversei com algumas pessoas que já haviam passado pelo menos uma noite no local. Elas estavam começando a se organizar por si sós e, nos locais onde já havia tendas construídas e cobertores tinham sido distribuídos, podia-se perceber o desejo natural do ser humano de ter um lar se manifestando.

Os refugiados haviam partido com a roupa do corpo e, para vestir roupas limpas, eles as lavavam e esperavam que secassem nos varais que haviam erguido em suas tendas, nus, sob os cobertores. Mães com bebês aguardavam em fila, sob o forte sol de maio, sua cota de três fraldas descartáveis por dia. Mais ao longe, perto da encosta da colina, um caminhão trazia a única porção de alimento do dia – um pãozinho. Havia outra fila em frente a uma mesa que servia como posto da Cruz Vermelha que organizava uma lista daqueles que estavam à procura de parentes dos quais não tinham notícias.

Por onde quer que eu passasse, a perplexidade, o cansaço e a frustração eram palpáveis: emoções geradas pelo caos do campo de refugiados. No entanto, subjacente à ansiedade de tentar se adaptar à vida nesse ambiente novo e hostil, havia os sentimentos de perda, dor e pavor quanto ao futuro que cada um trazia dentro de si.

Mesmo assim, a despeito das circunstâncias, o espírito humano sempre se manifesta. As crianças brincavam e riam perto dos canos d'água. Já se viam pequenas vassouras feitas com galhos secos do lado de fora da entrada das tendas, sinalizando a vontade de criar um senso de ordem dentro da terrível desordem.

Nunca me esquecerei do momento em que eu, em pé na área mais desolada do campo – a encosta de um monte com pedras pontiagudas onde se viam espalhados os pertences de pequenos grupos que lá haviam passado a noite –, conversava com um casal de meia-idade, exausto por ter passado a noite em claro, quando vi um pequeno grupo, ensandecido, correndo em nossa direção. Begishe, uma mãe voluntariosa de 32 anos que, com incrível bom humor, apesar da roupa e do corpo sujos, liderava colina acima seus cinco filhos maltrapilhos, cujos rostos estavam empoeirados e os braços carregados de sacolas, cobertores e brinquedos. Todos haviam dormido ao relento durante cinco noites sobre as rochas de Cigrane. Quando a milícia sérvia atacou a vila onde moravam, Begishe fugiu com os filhos, conduzindo-os pelas montanhas, onde ficaram em abrigos improvisados nos vilarejos pelo caminho. Apesar de o pai das crianças estar na Alemanha, a pequena família, mesmo com o pouco que lhes restara, irradiava um forte espírito de sobrevivência e capacidade de adaptação.

Enquanto o grupo conversava com o casal mais velho, mencionei o quanto me solidarizava com a situação de todos eles, o que não devia ter feito, pois foram minhas palavras, nada adequadas ao momento, que os levou à beira das lágrimas. Queria saber o que lhes dera a força e a coragem para seguir em frente, sob circunstâncias tão terríveis. E, então, foi a mulher mais velha quem respondeu: "Fazemos tudo juntos. Damos apoio moral uns aos outros. Compartilhamos nossa humanidade uns com os outros".

Foi uma surpreendente lição de humildade. Quando tudo que é intangível se esvai – o *status*, o senso de identidade, o otimismo quanto ao futuro, as ambições –, ainda nos é possível partilhar nossa humanidade. Quando tudo que é tangível se esvai – a casa, as propriedades, a família, as roupas e tudo o mais que possuímos –, ainda nos é possível partilhar nossa humanidade. Ser humano é tudo que nos resta.

O que essa mulher, dormindo ao relento, na encosta de uma montanha, quis dizer com sermos humanos? Afinal de contas, os guerrilheiros que haviam tirado essas pessoas de suas casas também estavam sendo humanos. Pensei várias vezes sobre o que ela havia dito e cheguei à conclusão de que ser humano significa ser vulnerável. Significa sentir empatia pelos outros e ter consciência de que somos iguais. Significa ser parte do todo e não um ser à parte. Significa abandonar papéis preestabelecidos e expectativas – parar de julgar os outros e lutar contra eles. Significa ser responsável por seu ambiente e sentir-se parte dele – e não tentado a explorá-lo e destruí-lo. Significa ir em busca em vez de se fechar. E, com certeza, *não* significa discriminar, oprimir, excluir e, até mesmo, matar.

Tanto a boa sorte quanto a má sorte podem nos levar a ter a perspectiva do que é ser humano. A boa sorte por nos levar a sentir relaxados, confiantes e destemidos; a má sorte por nos fazer reconhecer nossa irredutível natureza humana e a interdependência entre nós, seres humanos. No entanto, a boa sorte traz consigo o perigo da complacência e do distanciamento. Os ricos não ficam famosos por seu sentido de humanidade, não importa quantos cheques destinem aos pobres. Não deixa de ser irônico o fato de sentimentos nobres como generosidade, abertura e gentileza somente virem à tona sob circunstâncias extremas – como o grande ataque aéreo a Londres durante a Segunda Guerra e o 11 de Setembro nos Estados Unidos. Quando nos sentimos ameaçados e tudo que nos é familiar se esvai, ser humano é tudo que nos resta.

Certa vez ouvi Ram Dass dizer que o grande desafio da vida é manter o coração aberto quando estamos no Inferno. Tais palavras me tocaram de modo profundo, mas, ao lembrar dos refugiados do Kosovo, relegados a montanhas de pedra e poeira, pergunto se não é mais fácil nos mantermos abertos quando se está no Inferno e o coração é tudo que nos resta. O grande desafio é permanecermos humanos quando voltamos a viver nosso complexo dia a dia, que carrega consigo a pressão de termos bens e uma posição privilegiada.

Mas tenho uma certeza: assim como o sol há de nascer, a vida terá momentos difíceis e esse é o motivo de eu estar escrevendo este relato. Espero, do fundo do coração, que ele o ajude na magnífica, mas, por vezes, difícil tarefa de *ser humano*.

(Extraído de *Everything I've Ever Done That Worked*, Hay House, 2005)

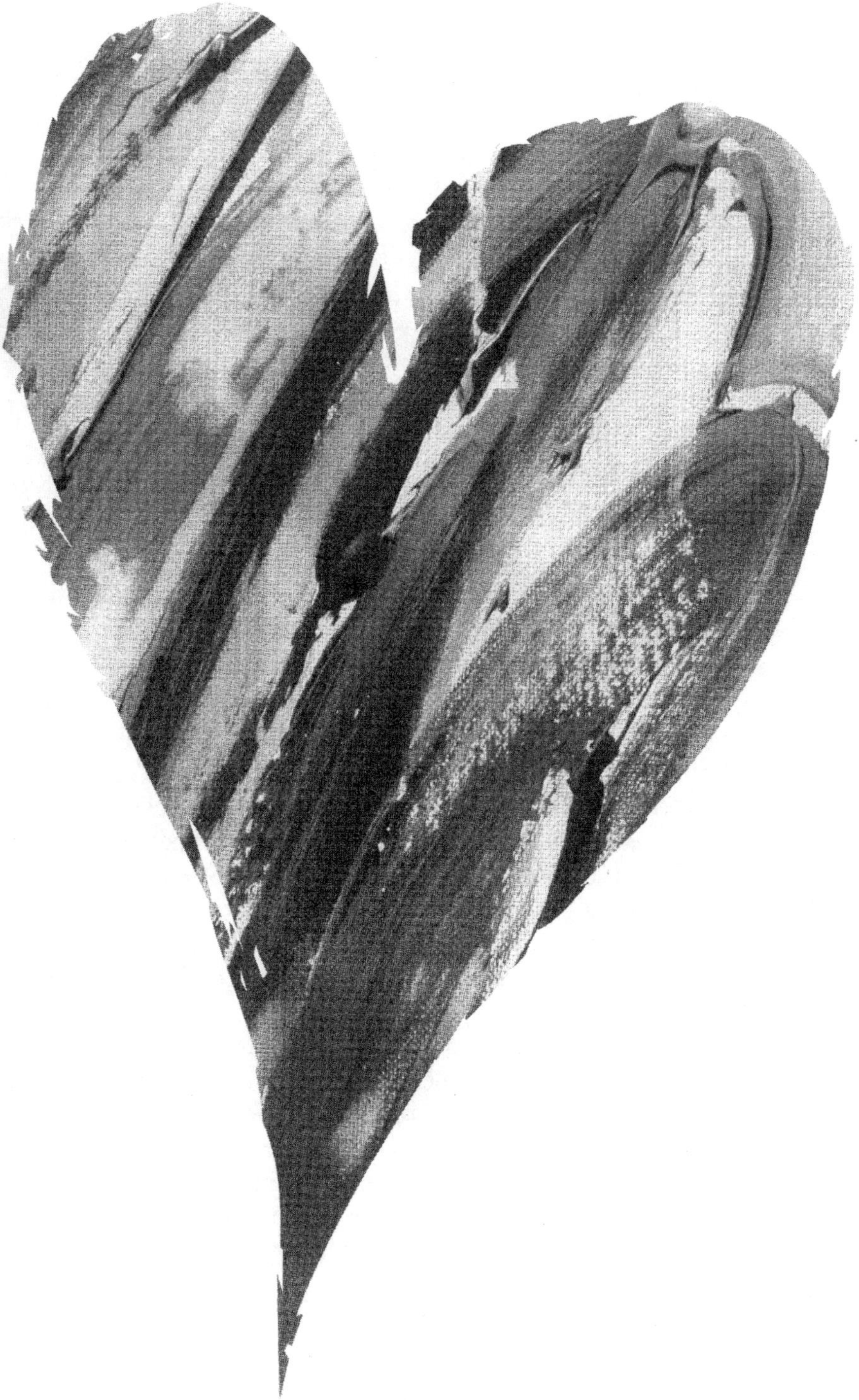

Keith D. Harrell

Rick Diamond

Além de ser dinâmico consultor em autodesenvolvimento e ministrar palestras sobre motivação, **Keith D. Harrell** é o autor de *Attitude of Gratitude* e *Attitude is Everything for Success*. É o presidente e fundador da Harrell Performance Systems, empresa que tem como objetivo ajudar aqueles que trabalham no mundo corporativo a atingir e manter suas metas por meio de uma atitude positiva perante a vida. Em agosto de 2000, Keith passou a fazer parte da NSA Speaker Hall of Fame, uma honraria oferecida a palestrantes que se destacam por sua excelência e profissionalismo. Seu nome figura na lista dos "22 Palestrantes Dignos de uma Salva de Palmas", criada por uma das mais importantes agências organizadoras de palestras e seminários dos Estados Unidos.

Website: www.keithharrell.com

Sempre Dê
o Melhor de Si

Desde criança, tudo que queria na vida era ser um jogador de basquete profissional, mas esse sonho chegou ao fim quando, ainda jogando pela faculdade, não fui selecionado pela NBA para integrar seu time. No entanto, não permiti que esse revés me impedisse de buscar o sucesso e criei uma nova estratégia de jogo: em vez da NBA, escolhi a IBM.

Telefonei para meu primo Kenny Lombard e disse: "Kenny, estou pronto para um novo jogo".

"Do que você está falando?", perguntou ele.

"Tive bons momentos no basquete, mas agora quero jogar no mundo dos negócios. Quero ser bem-sucedido e acho que posso conseguir agora, no meio empresarial, aquilo que o basquete representou para mim no passado. Gostaria de trabalhar para a mesma empresa que você. Qual é mesmo o nome?"

"IBM", Kenny replicou.

"Você acredita que tenho as 'credenciais' necessárias?"

Após um breve silêncio, meu primo respondeu: "Keith, acredito que você tenha as 'credenciais' necessárias, mas, para se tornar um grande jogador no mundo nos negócios, terá de se esforçar mais do que na academia de ginástica".

Kenny continuou e adorei tudo que disse, pois estava fazendo um paralelo entre o mundo dos negócios e o dos esportes: caso se dedique, você será bem-sucedido... contanto que não deixe o medo ou a dúvida o atrapalharem.

Por obra do destino, à época em que conversei com Kenny, a IBM não estava contratando novos funcionários, mas ele disse: "Mesmo que não haja vagas abertas *agora,* isso não quer dizer que não podemos começar a nos preparar".

"Ótimo, estou pronto", respondi com entusiasmo. "Vamos à luta!"

Meu sucesso sempre fora resultado da orientação que recebera de outros, portanto sabia a importância de se ter mentores. Apesar de Kenny ser apenas poucos anos mais velho que eu, tinha muita experiência no mundo empresarial. Começara na IBM como representante de vendas e já havia sido promovido à área de marketing. Eu estava feliz por ele ter se mostrado disposto a me ajudar a ser contratado pela empresa e, do mesmo modo que eu passara horas em uma academia de ginástica me preparando para um jogo importante, estava agora determinado a despender o mesmo tempo estudando a fim de me preparar para uma entrevista de emprego.

Kenny se ofereceu, de bom grado, para trabalhar comigo aos sábados de manhã. "Vamos praticar como se apresentar para uma entrevista de emprego e conversar sobre algumas questões pertinentes ao mundo dos negócios. Mas, Keith, preste atenção: já que estou dedicando parte do meu tempo a você, quero que execute algumas tarefas antes de nossos encontros."

"Certo", concordei, ansioso por fazer o que preciso fosse para ser bem-sucedido em meu novo "empreendimento".

"Vou lhe passar algumas informações para analisar, livros para ler e problemas que deve buscar solucionar", continuou Kenny.

"Farei o que pedir", respondi.

"E mais uma coisa", acrescentou, "espero que seja pontual".

"Serei."

"Caso não cumpra com essas condições, vou te pegar de jeito. Entendeu?"

Respondi que sim.

Os preparativos para o primeiro encontro de sábado começaram dias antes, quando recebi um telefonema de Kenny. "Gostaria de lembrá-lo de que no próximo sábado você tem uma reunião marcada comigo", disse.

"Eu sei", respondi, "e mal posso esperar por isso".

"Nossa reunião é às 8 horas", e prosseguiu: "Quero que saiba que vamos fazer uma simulação de uma *verdadeira entrevista* na IBM. Você deve fingir que não me conhece, portanto traga seu currículo, estacione em frente à minha casa, bata à porta, apresente-se e diga que tem uma entrevista marcada com Ken Lombard, gerente de vendas. Em seguida, começaremos a entrevista".

"Fantástico", respondi, cada vez mais empolgado.

Durante toda a semana, preparei-me para a "entrevista" da melhor forma possível. Na noite de sexta-feira, alguns amigos me ligaram perguntando se eu não gostaria de jogar basquete na manhã seguinte. "Por um tempo, vou ter de parar de jogar basquete aos sábados de manhã", respondi.

"Por quê?", perguntaram.

"Porque estou me preparando para conseguir um emprego na IBM."

Com um risinho cínico, perguntaram: "Fale para nós, Keith, quanto tempo você terá de se 'preparar' para conseguir o emprego?".

Imagine como reagiram quando admiti: "Bem, no momento, eles não estão contratando".

Do outro lado da linha, eles riam até não mais poder: "Essa é boa!".

"Olhe, escute só!", repliquei. "Estou me preparando, pois quando eles, *de fato*, começarem um processo de seleção de novos funcionários, o emprego será meu."

～

No sábado de manhã, pouco antes das 8 horas, estacionei meu carro em frente à casa de Kenny. Caminhei até a entrada, bati à porta e fui recebido por meu primo de modo extremamente formal.

"Pois não?", ele disse como se não me conhecesse.

"Sou Keith Harrell e tenho uma entrevista marcada com Ken Lombard às 8 horas."

"Por favor, entre e sente-se", Kenny disse, enquanto me encaminhava até seu escritório.

Eu o segui, sentei-me e estava certo de que esse tinha sido um bom começo, quando, de repente, Kenny parou de fingir que não me conhecia e, olhando fundo nos meus olhos, declarou: "A entrevista terminou!".

"Por quê?", perguntei, sem acreditar no que tinha ouvido.

"Veja só como está vestido", respondeu, apontando para minhas roupas.

Olhei para meus trajes e pensei: *"Mas eu estou tão bem!"*. Estava usando sapatos de camurça azul, uma camisa de seda azul com colarinho aberto e uma corrente de ouro ao redor do pescoço. Estava confuso: "Mas o que há de errado com minha roupa?".

"Você passa a impressão de ser alguém que está planejando ir para uma discoteca e se divertir, e não para a IBM", respondeu Kenny.

"Bem, então o que devo vestir?"

"Esta é sua lição para a próxima semana", respondeu, sorrindo. "Ah, duas coisas: primeira, compre o livro *Dress for Success*, de John T. Molloy, e o leia; segunda, quero que na segunda-feira de manhã vá até o centro da cidade e fique parado em frente ao prédio da IBM observando como os funcionários estão vestidos. É assim que quero que se apresente. Portanto, quando voltar aqui no próximo sábado, esteja vestido de acordo e continuaremos. Caso contrário, o mandarei de volta para casa de novo."

Não acreditava no que estava acontecendo. "Por hoje é só isso?"

"Sim", respondeu Kenny. "É o fim de nossa entrevista. Sabe por quê?"

"Por quê?"

"Porque você *não foi aprovado*." Em seguida, ele se levantou e me levou até à porta.

Obviamente, a primeira coisa que fiz ao sair da casa de Kenny foi comprar o livro *Dress for Success* e devorá-lo. Na manhã de segunda-feira, fiquei em frente ao prédio da IBM observando os executivos que chegavam e, quando me encontrei com Kenny no fim de semana seguinte, não fui mandado de volta para casa.

Os encontros aos sábados estenderam-se por vários meses. Keith fez um excelente trabalho como instrutor, dando o melhor de si para me preparar. Por exemplo, ajudou-me, de modo especial, a expandir meu vocabulário – ensinando-me a falar como um empresário, sem usar as gírias que usava de forma tão natural ao conversar com meus amigos e familiares – quando estava com eles, nosso discurso se restringia a "É isso aí, cara" e "Cê sabe".

"Há uma diferença entre o linguajar que você deve usar com um cliente da IBM e o que usa com seus colegas de basquete", disse.

Aprendi o vocabulário e a etiqueta apropriados ao mundo dos negócios, além de como me apresentar e me portar. A sensação que tinha nas manhãs de sábado era a de estar cursando um MBA. Aprendi, também, como a IBM funcionava internamente – sabia qual tinha sido o resultado de vendas do escritório de Seattle comparado aos outros da região, o nome de todos os gerentes locais e podia citar todas as metas que tinham sido atingidas no ano anterior. Além disso, passei a conhecer em detalhes a estrutura da empresa.

Naquela época, havia na IBM três grandes divisões: a Divisão de Processamento de Dados, que vendia computadores de grande porte; a Divisão Geral de Sistemas, que vendia computadores de médio porte; e a Divisão de Produtos para Escritório – conhecida como OPD pelos funcionários da IBM –, que vendia copiadoras, máquinas de escrever, processadores de texto e outros produtos para escritórios. Apesar de, na IBM, a OPD ser considerada a "menos importante" das três divisões, comecei a acompanhar seu desempenho semanalmente e passei a conhecer bem seu funcionamento.

Além de me transformar em uma biblioteca ambulante da IBM, Kenny também me ajudou a trabalhar meus pontos fortes e fracos com objetividade. Mostrou-me como contrapor qualquer uma das minhas dificuldades, concentrando-me em uma de minhas qualidades. "Não pude deixar de notar ao analisar seu currículo", disse, como se fosse um diretor me entrevistando, "que você não possui nenhum diploma na área empresarial. Além disso, nunca participou de nenhum curso relacionado a computadores ou à área comercial".

A resposta estava na ponta da língua: "Senhor, meu pai é professor de administração em uma faculdade, portanto posso garantir-lhe que conheço a importância de um balanço patrimonial e de uma demonstração de resultados, assim como a de uma compensação de ativos e passivos".

Sem saber direito como prosseguir, Kenny disse: "Sim, mas...".

"Senhor, permita-me prosseguir", disse sem hesitar. "Analise o que *de fato* tenho a oferecer. Fui jogador de basquete do time principal da Universidade de Seattle por quatro anos, durante três dos quais fui capitão do time."

"Muito bem", disse Kenny.

"Sei da importância de conhecer seus concorrentes. Sei, por exemplo, que nossos concorrentes são a Xerox, a Wang, a Lanier e a Kodak, dentre tantas outras empresas, e sei quão importante é conhecer suas estratégias de ataque e defesa para poder vencê-las."

Kenny sorriu: "E o que mais?".

"Ter sido capitão de um time também me ensinou como assumir responsabilidades. E, na função de vendedor, tenho consciência da relevância de assumir responsabilidades sobre seus clientes, sua região e suas metas. Farei tudo que estiver ao meu alcance para que os negócios prosperem."

Kenny ficou satisfeito com as respostas que dei durante nossa "entrevista": "Você se saiu muito bem ao responder às minhas perguntas. Usou seus pontos fortes para contrabalançar suas deficiências. Acho que é chegada a hora de marcarmos uma simulação de entrevista com alguém da IBM".

"Nossa, que fantástico!", exclamei.

"Tenho um amigo que é assistente do diretor regional de Seattle. Quero que você telefone para ele e marque uma hora. Leve consigo seu currículo e, como sempre, aja como se fosse uma entrevista de verdade. Você está pronto para esse novo passo?"

"Acredito que sim", respondi.

Quando o dia "do simulado" chegou, fui ao encontro do amigo de Kenny. Estava nervoso, mas mal podia esperar pela oportunidade, portanto me concentrei e segui minha estratégia de jogo.

O entrevistador me fez várias das perguntas que Kenny e eu havíamos ensaiado ao longo de semanas e senti-me satisfeito por saber como respondê-las. Mas também me lembro de ele ter feito uma pergunta pela qual não esperava: "Keith, o que o manterá motivado nesse tipo de trabalho?", à qual respondi sem nenhuma ajuda de meu primo: "Bem, a motivação está relacionada a ter metas. Minha meta será conseguir atingir minha cota de vendas e me tornar gerente de vendas. Além disso, farei uma lista dos desafios que terei de enfrentar para conseguir uma posição de prestígio nesta empresa – e buscar superá-los me manterá motivado".

Foi uma resposta espontânea, afinal, estabelecer metas me ajudou não só nos esportes, como a me formar na faculdade. O assistente do diretor regional ficou impressionado e a entrevista foi uma experiência muito positiva. Ao final, ele me parabenizou por estar tão bem preparado e me deu alguns conselhos para que aprimorasse minha técnica de entrevistas; concordou em me encontrar após cerca de um mês para outro "simulado".

Estava obcecado: seria contratado pela IBM e nada iria me impedir. Passei as semanas seguintes estudando e, por conta de meu esforço, o "simulado" seguinte com o assistente do diretor regional foi ainda melhor. Na realidade, foi tão bem que ele sugeriu o seguinte: "Keith, acredito que você esteja pronto. Portanto, gostaria de marcar uma entrevista de cortesia".

"Jura?"

"Sim, mas gostaria de deixar claro que é uma *cortesia,* pois a IBM não está contratando novos funcionários. Entretanto, estamos sempre em busca de novos talentos. Você está interessado?"

"Claro que sim – diga-me quando e onde e estarei lá."

A entrevista foi marcada e eu estava mais do que ansioso. Qualquer um que se sentasse a meu lado acabava por escutar a apresentação que preparara para a entrevista. Minha mãe a ouvira tantas vezes que conseguia repeti-la para mim. Minha irmã e todos os meus amigos também foram vítimas de minha obsessão. Tudo que comia, vivia e dormia era a entrevista na IBM.

Além disso, aumentei a frequência de meus encontros com Kenny. Em vez de nos reunirmos apenas aos sábados, passamos a nos ver duas ou três noites durante a semana. Afora as sessões com Kenny, passei a frequentar a biblioteca local onde estudava – preparei-me da melhor forma possível. Minha entrevista seria com o sr. Coby Siller, diretor da divisão de vendas da IBM, conhecido por seu estilo enérgico e meticuloso. Ele era implacável, mas eu estava preparado.

"Você não fez nenhum curso universitário na área administrativa, Keith", começou. "O que o leva a crer que está qualificado para trabalhar na IBM? Qual seu respaldo para estar em uma empresa como a nossa?"

Sorri, respirei fundo e disse: "Senhor Sillers, fiz quatro anos de faculdade e não repeti nenhum ano. Formei-me em assistência social, o que me ensinou a lidar com os mais variados tipos de pessoas e a construir e manter relacionamentos. Tal habilidade é de vital importância no mercado atual, no qual, para ser bem-sucedido, é necessário desenvolver parcerias, saber trabalhar em grupo e estar disposto a fazer todo o possível para vencer. Fui titular do time principal da Universidade de Seattle durante os quatro anos em que estudei lá, o que prova que sou um trabalhador incansável.

Fui capitão do time por três anos, o que demonstra que sei como liderar e como me preparar para competir; além disso, sei como me posicionar. Meu pai é professor de administração de empresas na faculdade Seattle Community College há mais de 20 anos, e me ensinou aquilo que é preciso saber para poder gerir uma empresa. Acredito ter as qualificações necessárias para este trabalho e, aquilo que não souber, posso aprender. Garanto ao senhor que tenho condições de executar qualquer tarefa que a IBM me proponha."

Tinha a impressão de que a entrevista estava correndo bem. Estava satisfeito com minhas respostas e feliz por ter me preparado durante tanto tempo para este momento. Por fim, Coby Sillers chegou a uma das perguntas que a IBM considerava ser a mais importante em uma entrevista de emprego: "Keith, como faria para me vender este lápis?", apontando para um que estava sobre a mesa.

"Senhor Sillers, antes que eu tente vender-lhe qualquer coisa, é necessário, primeiro, saber exatamente do que o senhor precisa. Quero vender-lhe o que o senhor precisa e não aquilo que eu *acredite* que precisa. Meu propósito é criar um relacionamento – uma parceria. Portanto, permita-me fazer algumas perguntas *ao senhor* de modo que possa atender suas necessidades."

O sr. Sillers gostou de minha resposta. Após mais alguns encontros com ele, o processo chegou ao fim. Sentia-me bem – havia rezado e me preparado – agora só me restava esperar.

Eu estava pensando alto, mas minha família não estava tão certa de que eu chegaria lá. Durante todo o processo de preparação para a entrevista, minha irmã achou que eu tinha ficado louco; e qual não foi minha surpresa ao perceber que minha mãe, que sempre me apoiara em tudo, achava que eu estava iludido, o que ela deu a entender com pequenas atitudes, como trazer para casa formulários para o processo de seleção da Boeing e da prefeitura de Seattle. Eram excelentes ofertas de emprego, mas meu foco era a IBM.

Eu, sinceramente, acreditava que a IBM era a *única* empresa que poderia satisfazer minhas necessidades. Achava que era a melhor do mundo: em primeiro lugar, por ser uma empresa na qual as pessoas eram, de fato, respeitadas; em segundo, por ter como meta a excelência, o desempenho de qualidade e atender ao cliente da melhor forma possível. A empresa refletia de tal forma minha filosofia nos esportes que estava convencido de que seria a IBM ou nada.

Com certeza, você pode imaginar a felicidade que senti ao ouvir o telefone tocar.

"Alô?", disse ao atender.

"É o senhor Keith Harrell?"

"Sim, é ele."

"Parabéns, senhor Harrell. O senhor começa na IBM no dia 17 de outubro."

(Extraído de *An Attitude of Gratitude,* Hay House, 2003)

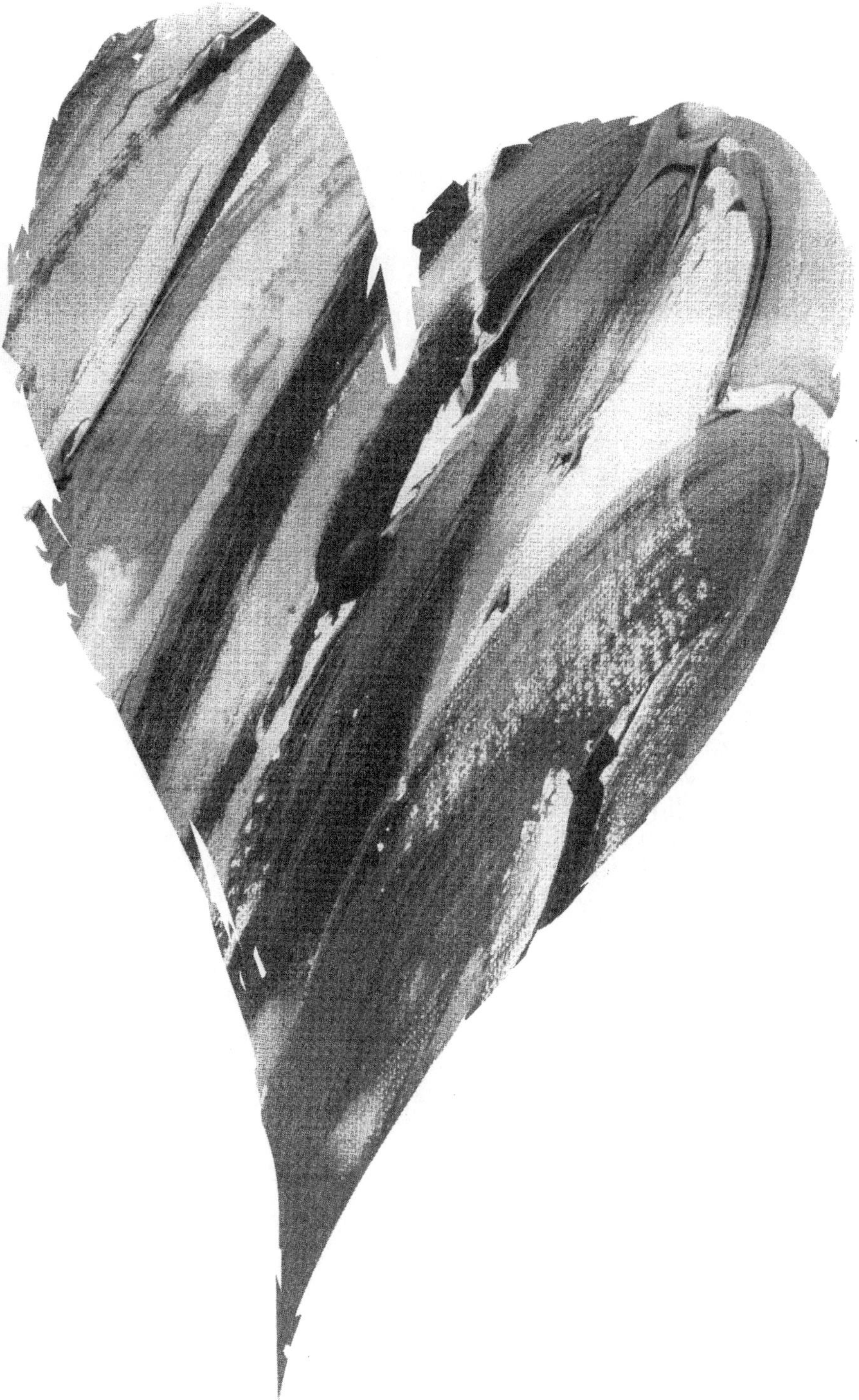

Esther e Jerry Hicks

Esther e **Jerry Hicks**, autores de *Peça e Será Atendido*, *O Extraordinário Poder da Intenção* e *A Lei Universal da Atração,* são os proprietários da empresa Abraham-Hicks, responsável pela produção e disseminação de materiais sobre a arte do bem-estar. O casal Hicks já lançou mais de 700 livros, cassetes, CDs, vídeos e DVDs sob o selo Abraham-Hicks. Além dessas atividades, todos os anos ministram *workshops,* abertos a todos os interessados, em mais de 60 cidades dos Estados Unidos.

Seu *website,* www.abraham-hicks.com, é visitado por fiéis seguidores de vários países.

Ela Fala com Espíritos!

"Sheila fala com espíritos", contaram-nos nossos amigos. "Ela vai estar aqui na próxima semana, você pode marcar uma consulta e perguntar o que quiser!"

"Conversar com alguém que fala com espíritos é a última coisa que quero no mundo", pensei, ao mesmo tempo em que ouvi meu marido, Jerry, dizer: "Adoraríamos marcar uma hora com ela. O que precisamos fazer?".

～

Era 1984, Jerry e eu estávamos casados havia quatro anos e nunca tínhamos trocado farpas ou brigado. Éramos pessoas afortunadas, felizes por estarmos juntos, e partilhávamos a mesma opinião sobre quase tudo. Só me sentia realmente incomodada quando Jerry resolvia divertir seus amigos contando histórias sobre suas peripécias com uma tábua Ouija, acontecidas 20 anos antes.

Quando isso acontecia em um restaurante ou em algum outro lugar público e eu pressentisse que ele estava prestes a começar a contar um desses feitos, educadamente (e, às vezes, nem tanto) pedia licença e me retirava. Ficava no toalete, no bar, ou apenas caminhava até o carro até que já tivesse passado tempo suficiente para que ele tivesse mudado de assunto.

Eu não era o que se chamaria de beata, mas participara das aulas da escola dominical na igreja por tempo suficiente para temer o mal e o

Demônio. Hoje, quando relembro esse período, é difícil para mim determinar com clareza se os professores incutiram isso em minha cabeça ou se era uma crença que trazia comigo. De qualquer forma, isso é tudo que me lembro daquela época.

Portanto, seguia os ensinamentos que recebera, evitando a todo custo qualquer coisa que pudesse estar relacionada ao Demônio. Certa vez, ainda jovem, estava assistindo a um filme em um *drive-in* e, por acaso, olhei pelo vidro traseiro e vi a outra tela do cinema, na qual estava passando uma cena horripilante de *O Exorcista* (um filme que eu decidira não assistir). Fiquei tão impressionada, apesar de não ter ouvido uma palavra, que tive pesadelos por várias semanas.

"Vou marcar uma consulta com Sheila para vocês", nosso amigo disse a Jerry.

Meu marido passou as semanas seguintes escrevendo todas as perguntas que queria fazer, algumas delas guardadas desde o tempo de criança. Eu não fiz nenhuma lista; ao contrário, resistia à ideia de me encontrar com a tal Sheila.

Lembro-me de pensar, enquanto entrávamos na garagem da bela casa no coração de Phoenix, no Estado do Arizona: *"No que estou me metendo?"*. Caminhamos até a porta de entrada e uma bela mulher nos cumprimentou, levando-nos até uma agradável sala de estar, onde deveríamos esperar por nossa consulta.

A casa era espaçosa, silenciosa, mobiliada de modo simples, mas com bom gosto. Lembro-me de ter sido tomada pela sensação de reverência que sentia ao entrar em uma igreja. Em seguida, uma grande porta se abriu e duas mulheres encantadoras, usando confortáveis blusas de algodão e saias coloridas, adentraram o recinto. Tive a impressão de que essa era a primeira consulta delas após o almoço; ambas pareciam felizes e revigoradas. Senti-me um pouco mais relaxada. Quem sabe, no fim das contas, o que eu estava prestes a vivenciar não seria tão estranho quanto pensava.

Fomos, então, encaminhados a um quarto aconchegante onde três cadeiras estavam colocadas ao pé da cama. Sheila estava na beirada da cama e sua assistente sentou-se em uma das cadeiras, ao lado da qual havia uma mesa com um pequeno gravador. Jerry e eu sentamo-nos nas outras duas cadeiras e me preparei para o que quer que viesse.

A assistente de Sheila nos explicou que ela iria relaxar para sair do estado consciente e permitir que Theo, uma entidade espiritual, se comunicasse conosco. Quando isso acontecesse, poderíamos então falar sobre o que quiséssemos.

Sheila deitou-se ao pé da cama, a poucos centímetros de onde estávamos, e respirou fundo. De repente, uma voz que eu nunca ouvira exclamou: "Bem, podemos começar. Alguma pergunta?".

Olhei para Jerry, na esperança de que ele estivesse pronto para começar, pois eu *não* estava preparada para falar com quem quer que estivesse agora conversando conosco. Jerry inclinou-se para a frente, ansioso por fazer a primeira pergunta.

Relaxei quando as palavras de Theo, lentamente, começaram a vir por meio da boca de Sheila. E, apesar de reconhecer a voz de Sheila, tinha certeza de que as maravilhosas respostas que ouvíamos vinham de outra fonte.

Jerry disse que havia questões que guardava desde os 5 anos de idade e, sem tardar, começou a expô-las. Nossos 30 minutos de consulta voaram, e, apesar de eu não ter dito uma palavra, meu medo do que poderia acontecer durante esse tempo foi desaparecendo aos poucos, ao sentir um bem-estar que jamais vivenciara.

Ao voltarmos para o carro, disse a Jerry: "Eu realmente gostaria de voltar aqui amanhã. Há algumas perguntas que gostaria de fazer". Jerry ficou satisfeito por marcar outra consulta, pois ele ainda tinha algumas questões pendentes em sua lista.

No dia seguinte, quando chegamos à metade da sessão, Jerry, com relutância, cedeu-me os minutos restantes e perguntei a Theo: "Qual a melhor forma de atingirmos nossos objetivos?".

E ele respondeu: "Por meio da meditação e de afirmações".

Meditação não era algo que me atraísse e eu não conhecia ninguém que a praticasse. Para falar a verdade, essa palavra evocava imagens de pessoas deitando sobre camas de prego, caminhando sobre carvão em brasa, equilibrando-se em um só pé por anos ou pedindo esmolas nos aeroportos. Portanto, perguntei: "O que você quer dizer com *meditação*?".

A resposta foi curta e, ao ouvi-la, me pareceu ser exatamente do que precisava: "Sente-se em um aposento silencioso. Vista roupas confortáveis e concentre-se em sua respiração. Quando sua mente começar a vagar, o que com certeza acontecerá, deixe os pensamentos fluírem e continue a se concentrar em sua respiração. Vocês dois devem meditar juntos, pois dessa forma o processo será mais forte".

"Você poderia nos ensinar uma afirmação da qual tiraríamos proveito?", perguntamos.

"Eu [diga seu nome] percebo e atraio, por meio do amor divino, todos os seres que buscam a iluminação por meu intermédio. Ao compartilhar essa dádiva, todos nós nos elevaremos espiritualmente."

Senti que as palavras que emanavam de Sheila/Theo penetravam meu ser. Um sentimento de amor que não só fluía para mim, como através de mim, de um modo que nunca sentira. O medo se fora. Jerry e eu estávamos extasiados.

"Será que deveria trazer Tracy, minha filha, até aqui para se encontrar com você?", perguntei.

"Sim, caso ela queira, mas não é preciso... pois vocês dois, Esther, são um canal para o espírito."

Para mim, aquela afirmação não fazia nenhum sentido. Parecia-me difícil acreditar que estava com cerca de 30 anos e ainda não recebera nenhuma revelação nesse sentido, se é que fosse verdade.

O gravador desligou, e ambos nos sentimos de certa forma frustrados, pois nosso extraordinário momento havia terminado. A assistente de Sheila perguntou se tínhamos mais alguma pergunta: "Gostariam de saber o nome de seu guia espiritual?", disse, por fim.

Eu nunca teria feito tal pergunta, pois nunca ouvira o termo *guia espiritual*, mas me pareceu uma questão pertinente. Gostava da ideia de todos termos um anjo da guarda e, portanto, repliquei: "Sim, por favor, poderia me dizer o nome de meu guia espiritual?".

Theo respondeu: "Disseram-nos que você virá a saber quem ele é sem intermediários. Você terá uma experiência clariaudiente e então conhecerá seu nome".

"O que é uma experiência clariaudiente?", indaguei, mas antes de conseguir obter a resposta à minha pergunta Theo disse, sinalizando que nosso tempo havia terminado: "Que o amor de Deus esteja com vocês!", e, em seguida, Sheila abriu os olhos e sentou-se. Nossa fantástica conversa com Theo havia chegado ao fim.

Depois que Jerry e eu partimos, paramos em um mirante em uma das montanhas de Phoenix e nos debruçamos sobre o carro, observando o pôr do sol. Apesar de não termos a mínima ideia da extensão da mudança que acabara de ocorrer em nosso interior, sentíamo-nos incrivelmente bem.

Quando chegamos em casa, eu tinha dois propósitos firmes: meditar, não importa o que *isso* significasse, e descobrir o nome de meu guia espiritual.

Então, colocamos nossos roupões, fechamos as cortinas da sala de estar e nos sentamos em poltronas reclináveis, colocando uma mesinha entre nós. Apesar de nos ter sido dito que deveríamos passar por esse processo juntos, sentíamo-nos desconfortáveis e a mesinha, não sei por quê, ajudou-nos a disfarçar esse sentimento.

Lembrei-me das instruções de Theo: *"Sente-se em um aposento silencioso. Vista roupas confortáveis e concentre-se em sua respiração"*. Portanto, colocamos o despertador para tocar em 15 minutos. Fechei os olhos e comecei a observar o ritmo de minha respiração. Ao mesmo tempo em que me perguntava: *"Quem é meu guia espiritual?"*, inspirava e expirava, inspirava e expirava. Pouco tempo depois, meu corpo ficou adormecido. Não conseguia diferenciar o nariz dos dedos dos pés, o que era uma sensação estranha, mas, ao mesmo tempo, reconfortante e prazerosa. Senti meu corpo girar, apesar de ter a consciência de que estava sentada. O despertador soou e nos tomou de surpresa, e eu disse: "Vamos fazer de novo".

Novamente, fechei os olhos, prestei atenção à minha respiração e senti meu corpo inteiro adormecido. E, mais uma vez, o despertador soou e nos tomou de surpresa e, mais uma vez, eu disse: "Vamos fazer de novo".

Então, de novo, colocamos o despertador para tocar 15 minutos depois e mais uma vez senti meu corpo dormente. No entanto, dessa vez, alguma coisa ou alguém "respirava em meu corpo" – um amor arrebatador emanava de meu corpo. Que sensação maravilhosa! Jerry ouviu meus murmúrios de prazer e tempos depois disse ter tido a impressão de que eu me contorcia em êxtase.

Quando o despertador tocou e eu saí do estado meditativo, meus dentes estavam trincados como nunca. Melhor dizendo, eu estava *batendo* os dentes. Por cerca de uma hora, continuei batendo os dentes, enquanto tentava relaxar e voltar ao meu estado normal de consciência.

À época não consegui entender o que havia acontecido, mas hoje sei que aquele fora meu primeiro contato com Abraham. Apesar de não saber *o que* ocorrera, tinha consciência de que, independentemente do que fosse, *era algo bom!* E queria que isso se repetisse.

Portanto, Jerry e eu decidimos meditar todos os dias por 15 minutos. Acredito que o fizemos, sem deixar passar um dia sequer, nos nove meses seguintes. Todas as vezes sentia meu corpo dormente ou à parte do mundo material, mas nada de extraordinário nos foi revelado durante esse período.

E, então, pouco antes do dia de Ação de Graças de 1985, durante nossa meditação, minha cabeça começou a balançar levemente, de um lado para o outro. Nos dias seguintes, minha cabeça continuou a fazer o mesmo movimento. Era uma sensação prazerosa, eu sentia como se estivesse voando. Após três dias de meditação, durante os quais tive a mesma sensação, percebi que minha cabeça não estava se movendo ao acaso – meu nariz parecia estar escrevendo palavras no ar, cujas iniciais eram "S – A – G – E".

"Jerry", gritei. "Estou escrevendo letras com a ponta de meu nariz!" E, então, uma sensação de puro amor tomou conta de meu ser. Fiquei arrepiada dos pés à cabeça enquanto essa energia percorria meu corpo.

Jerry, sem pestanejar, pegou um caderno e começou a escrever as letras que meu nariz desenhava no ar: "SOU ABRAHAM, SEU GUIA ESPIRITUAL".

Abraham então nos explicou que há muitos guias no plano espiritual que se referem a si mesmos no plural por ser parte de uma consciência coletiva. Tais guias me explicaram que, a princípio, a mensagem "Sou Abraham" me foi enviada porque eu esperava que meu guia espiritual fosse uno, mas há *muitos* que se manifestam como "um", com uma voz, com um único pensamento.

Citando as palavras de Abraham: *"Por só habitarem um corpo, acreditam que Abraham seja uma consciência única. Abraham é uma consciência coletiva. Há um fluxo imaterial de consciência e, quando algum de vocês faz uma pergunta, inúmeras consciências se canalizam de modo a transmitir um único ponto de vista (como em seu caso, Esther, que está interpretando essa mensagem ou a elaborando), de forma que este pareça ter vindo de uma única entidade. Somos multidimensionais, multifacetados e, com certeza, multiconscientes".*

Abraham então me explicou que os espíritos não sussurram palavras que eu apenas repito para os outros; em vez disso, transmitem ideias, semelhantes a sinais de rádio que recebo de forma inconsciente. Minha tarefa é traduzir tais ideias para o vocabulário do mundo físico. Eu "ouço" as palavras que me são ditas, mas, durante o processo de tradução, não tenho consciência do que me é transmitido, nem como me recordar do que me foi dito.

Abraham explicou-me que há tempos eles me transmitiam pensamentos, mas eu estava deveras apegada às instruções de Theo, que diziam: "Quando sua mente começar a vagar, o que com certeza acontecerá, deixe os pensamentos fluírem e concentre-se em sua respiração". Sempre que um desses pensamentos começava a se manifestar, eu os descartava e me concentrava em minha respiração. Acredito que soletrá-los no ar com a ponta de meu nariz foi o único modo que conseguiram para estabelecer contato. Abraham disse que o êxtase que senti invadir meu corpo ao perceber que estava escrevendo palavras com a ponta do nariz foi semelhante ao prazer que eles sentiram quando percebi, conscientemente, que estávamos conectados.

Abraham e eu passamos a nos comunicar com mais frequência nas semanas seguintes e, apesar de o processo de escrever letras com o nariz ser muito lento, Jerry estava tão entusiasmado com isso que não hesitava em me acordar no meio da noite para fazer perguntas a Abraham.

Então, certa noite, senti uma forte energia passar por meus braços, mãos, e atingir meus dedos. Minha mão começou a socar o peito de Jerry enquanto estávamos deitados na cama, juntos, assistindo à TV. Minha mão continuava a bater no peito de Jerry e, então, senti um forte impulso de ir até minha máquina de escrever elétrica da IBM. Ao colocar minhas mãos sobre o teclado, meus dedos começaram a se mover com rapidez, tocando as teclas como se alguém tivesse descoberto o que essa máquina era capaz de realizar e soubesse o lugar exato das letras que precisava. Meus dedos começaram a mover-se sobre as teclas: pressionando letras, números, sem parar e, então, palavras começaram a tomar forma: *"Sou Abraham, seu guia espiritual. Estou aqui para trabalhar com você. Amo você. Vamos escrever um livro juntos"*.

Descobrimos que bastava eu colocar as mãos sobre o teclado e relaxar, assim como fazia durante a meditação para Abraham, em seguida, responder a qualquer pergunta que Jerry fizesse sobre qualquer assunto. Era uma experiência extraordinária. Os espíritos eram tão inteligentes, tão amorosos, tão abertos! A qualquer hora do dia ou da noite, estavam dispostos a conversar conosco sobre qualquer tema que quiséssemos discutir.

Então, certa tarde, enquanto seguíamos por uma rodovia de Phoenix, senti como se minha boca, queixo e nuca se preparassem para um bocejo. A vontade era tão forte que não consegui controlá-la. Estávamos fazendo uma curva – ao nosso lado havia dois caminhões que pareciam querer cruzar, ao mesmo tempo, a faixa em que estávamos e, por um instante, achei que fossem passar por cima de nosso carro. E, naquele momento, Abraham disse as primeiras palavras que saíram de minha boca: "Pegue a próxima saída!".

Saímos da rodovia e estacionamos em um terreno sob um viaduto, onde Jerry e Abraham conversaram por horas. Durante todo o tempo em que Abraham respondia à enxurrada de perguntas que Jerry fazia, meus olhos permaneceram cerrados e minha cabeça não parou de balançar, compassadamente, para cima e para baixo.

Como algo tão maravilhoso aconteceu comigo? Quando penso sobre isso, mal consigo acreditar que tenha sido verdade. Por vezes, tenho a sensação de ter vivido um conto de fadas – como se tivesse feito um pedido ao esfregar a lâmpada maravilhosa. Por outras, a de ter vivido a experiência mais natural do mundo.

Por vezes, mal consigo me lembrar de como era nossa vida antes de Abraham. Sempre tivera, à exceção de alguns momentos, o que a maioria das pessoas chamaria de uma vida feliz. Minha infância foi maravilhosa, nunca sofri grandes traumas, e fui criada com minhas duas irmãs por pais dedicados e amorosos. Como já mencionei, Jerry e eu estávamos casados há quatro anos e tínhamos um excelente relacionamento. Em todos os sentidos, eu era uma pessoa bem aventurada. Não tinha grandes questionamentos ou atitudes radicais quanto a nada.

Por outro lado, Jerry era um poço de perguntas – um leitor voraz, sempre à procura de ferramentas e técnicas que poderia transmitir a outros a fim de que tivessem uma vida mais prazerosa. Nunca conheci ninguém que tivesse tamanho desejo em contribuir para que a vida de outras pessoas fosse mais gratificante.

Abraham explicou-nos que éramos perfeitos para executar, juntos, esse tipo de trabalho – o forte desejo de Jerry atraíra Abraham até ele, ao mesmo tempo em que minha imparcialidade e calma transformavam-me em um canal adequado para transmitir as informações que Jerry queria obter.

Jerry ficou extremamente entusiasmado com sua primeira interação com Abraham, pois compreendera quão profunda era a sabedoria e a clareza que os espíritos lhe ofertavam. Ao longo de todos esses anos, seu entusiasmo pelas mensagens enviadas por Abraham não diminuiu nem um pouco. Até hoje, durante todos os nossos encontros com Abraham, Jerry sempre foi o que mais se deleitou com as mensagens transmitidas por ele.

Durante nossos primeiros contatos com Abraham, não compreendíamos exatamente o que estava acontecendo e não tínhamos como saber com quem Jerry conversava, mesmo assim, tais encontros não deixavam de ser emocionantes, surpreendentes e maravilhosos – e, por que não dizer, estranhos. Eram tão inusitados. Com certeza a maioria das pessoas que conhecíamos não entenderia o que se passava conosco – e, provavelmente, nem teria *vontade* de entender. Por isso, fiz Jerry prometer que não contaria a ninguém sobre nosso extraordinário segredo.

Acredito que já seja óbvio que Jerry não manteve a promessa, mas não é algo que eu lamente. Nada nesse mundo nos dá mais prazer do que estar em uma sala repleta de pessoas esperando ansiosamente para conversar com Abraham. O que ouvimos com frequência das pessoas que conheceram Abraham por meio de nossos livros, vídeos, materiais de áudio, *workshops* ou *website* é: "Obrigada por me lembrar de algo que eu, de certa forma, sempre soube", ou "Esse encontro me ajudou a perceber o que havia de comum em todas as pequenas verdades que descobri ao longo da vida. Esse encontro ajudou-me a ver um sentido em tudo que me aconteceu!".

Abraham não está interessado em prever nosso futuro, como uma cartomante o faria, apesar de acreditar que os espíritos sempre sabem o que nos aguarda. Em vez disso, eles são professores que nos guiam para sairmos de onde estamos e alcançar nosso objetivo. Eles nos explicaram que não cabe aos espíritos decidir pelo que devemos lutar, mas, *sim*, nos ajudar a atingir o que queremos. De acordo com as próprias palavras de Abraham: *"O trabalho dos espíritos não é guiá-lo em direção ou afastá-lo do que quer que seja. Queremos que você decida o que deseja atingir e, ao fazê-lo, descubra como <u>transformar</u> seu desejo em realidade"*.

O melhor comentário que ouvi sobre Abraham veio de um garoto que acabara de escutar uma gravação em que Abraham respondia a algumas perguntas feitas por adolescentes e disse: "A princípio não acreditei que Esther estava, de fato, servindo de canal para as palavras de Abraham. Mas, ao escutar à gravação e ouvir as respostas de Abraham às perguntas feitas, tive certeza de que Abraham era real, pois ele não julgava ninguém. Não acredito que nenhum ser humano poderia ser tão sábio, tão justo e isento de julgamento".

Para mim, é impossível expressar, em palavras, quão maravilhosa tem sido minha jornada com Abraham. Adoro a sensação de bem-estar que atingi ao passar a receber os ensinamentos dos espíritos; como sua dócil orientação sempre faz com que me sinta fortalecida. Aprecio ver como a vida de meus amigos queridos (e a de meus novos amigos) atinge patamares mais elevados quando aplicam o que Abraham lhes ensinou. Amo conseguir estar em contato com esses seres adorados sempre que queira – os quais estão sempre prontos e dispostos a nos ajudar na compreensão de algum problema.

(Gostaria de acrescentar um aparte. Anos após nosso encontro com Sheila e Theo, Jerry procurou o significado do termo *Theo* no dicionário e, ao encontrá-lo, proclamou com incrível prazer: "O significado etimológico de *Theo* é 'Deus'!" Isso era, simplesmente, perfeito! Sorri enquanto relembrava aquele dia maravilhoso que representou uma incrível transformação em nossa vida. Lá estava eu, temendo entrar em contato com o mal, quando, na realidade, estava prestes a falar com Deus!)

(Extraído de *Peça e Será Atendido,* Editora Sextante, 2007)

John Holland

Jack Foley

Professor e palestrante de renome internacional, o médium **John Holland**, além fazer demonstrações em público, realiza atendimentos mediúnicos individuais. Há mais de 20 anos se dedica ao aprimoramento de suas capacidades psíquicas e ao autodesenvolvimento – usando sua própria experiência como base para ensinar outras pessoas o que fazer para voltar a ter contato de modo pleno com suas faculdades espirituais e usar seus ilimitados recursos internos.

John já participou de documentários exibidos pelos canais de TV a cabo The History Channel e A&E; da série *Unsolved Mysteries;* foi citado em inúmeros artigos de jornais e revistas, e atualmente é uma voz cada vez mais presente nas rádios de todo o mundo. É o autor de *Born Knowing, Psychic Navigator* and *Power of the Soul*.

Website: www.johnholland.com

A Pequena Bailarina do Céu

Durante o tempo em que viveu na Terra, Jennifer costumava ser chamada de "pequeno anjo com asas de borboleta". Essa garotinha de 5 anos tinha tanta energia em seu interior que parecia brilhar. Seu espírito incansável nunca sossegava – Jennifer queria voar.

"Conheci" essa criança tão especial por intermédio de sua mãe, Melinda, funcionária de um hospital da Califórnia que me procurara para uma consulta quando eu ainda morava em Los Angeles.

Melinda havia mais de um ano pensava em consultar um médium e, certo dia, uma amiga comentou a meu respeito.

"Acreditava estar tendo visões com minha filhinha, mas não tinha certeza", conta Melinda hoje. "'Será que estou ficando louca?', pensava. Eu tinha de falar com alguém em quem confiasse e que pudesse me ensinar como entrar em contato com Jennifer. Eu a amava tanto, e não conseguia aceitar que se fora para sempre."

Meu primeiro encontro com "o pequeno anjo com asas de borboleta" aconteceu, de fato, durante uma rápida conversa com Melinda ao telefone antes mesmo de nossa consulta. De hábito, minha secretária marcava meus atendimentos, mas algo me dizia para eu mesmo ligar para ela – na realidade, alguém me impelia a isso.

Assim que ela atendeu e ainda nos apresentávamos, vi uma garotinha que morrera há pouco tempo. "Melinda, você perdeu uma filha?", perguntei e, ao ouvi-la respirar fundo, já sabia qual seria a resposta. Sua filha morrera após uma cirurgia de fígado malsucedida. Após a operação, a menina ainda vivera à custa de aparelhos por dois dias até seus pais tomarem a difícil decisão de deixá-la partir.

"Ela está ao lado do irmão, cuidando dele", continuei. "Ela o ama tanto!"

Logo em seguida, Melinda disse que acabara de vislumbrar seu filho brincando tranquilo ao seu lado.

Um mês após essa conversa, tive o prazer de conhecer Melinda. Entramos em minha sala, sentamo-nos e, de repente, senti uma conexão com um senhor que tinha o rosto amoroso marcado por linhas de sorriso. "Melinda, acredito que seu avô esteja aqui, ele está em pé e há alguém se escondendo atrás das pernas dele. Ela adora brincar de esconde-esconde", ri, pois tinha certeza de que era a menininha de novo. "E ela está me dizendo que seu nome começa com a letra *'J'*."

Melinda confirmou que o nome de sua filha querida era Jennifer. Em seguida ouvi um *"clequete-clequete-clequete"* e pensei que talvez Jennifer gostasse de sapatear. Sua mãe apenas riu, secou as lágrimas e me contou que sua filha tinha um par de sapatos que adorava e toda vez que corria com ele era possível escutar as batidinhas do salto no chão.

"Ela os chamava de sapatos 'clequete-cleque', eram seus favoritos. Ela foi enterrada com eles", Melinda disse, segurando o choro.

"A dor e a confusão pelas quais Jennifer passou não existem mais", garanti a ela. "Neste exato momento, posso vê-la dançando com seu vestido amarelo. Na realidade, está saltitando pelo plano espiritual como se fosse rainha dele."

"Meu bebê está bem? Ela ainda sente dor?", Melinda perguntou. Este fora o verdadeiro motivo de ela ter me procurado – Melinda precisava ficar em paz consigo, pois não conseguia tirar de sua mente a última imagem que tivera da filha no hospital – presa a todos aqueles aparelhos.

"Jennifer está saudável, feliz e livre", respondi. Em seguida, o rosto de Melinda se iluminou – e, naquele instante, não tive dúvidas de onde viera o brilho de Jennifer. "Quero que saiba que sua filha está bem – não há mais nada que possa lhe causar algum mal."

"Obrigada", murmurou Melinda, olhando em seguida para o céu.

"Espere, mamãe." "Jennifer agora está impaciente – quer que mencione o dia 9 de maio. Isso tem algum significado especial para você?", perguntei.

A princípio não consegui ouvir sua resposta, pois Jennifer ria tão alto!

"Não acredito!", Melinda por fim declarou, recostando-se no sofá para me contar uma história. No dia 9 de maio, algumas semanas antes da cirurgia, uma bandeja de guloseimas foi entregue na sala de aula da pré-escola em que Jennifer estudava, aparentemente, para a comemoração do aniversário da garota.

A professora abraçou a menina e disse para seus colegas: "Hoje é um dia muito especial para Jennifer, então vamos comer todos esses doces e desejar a ela tudo de bom". (Pouco depois, a professora telefonou para Melinda, ao saber que as guloseimas eram, na realidade, para outra Jennifer, que estudava em outra turma!)

Quando Jennifer chegou em casa, contou à mãe, envergonhada, o que havia acontecido. "Foi uma coisa tão boba, a professora achou que hoje fosse meu aniversário", admitiu. "Sei que não fiz a coisa certa, mãe, mas você sabe como adoro docinhos. Foi um dia tão especial para mim!"

Sua mãe não a puniu pelo que acontecera e a família passou a considerar o dia 9 de maio o segundo aniversário de Jennifer, ou seu "dia tão especial". Ao verem a pequena Jennifer deitada na cama, debaixo das cobertas, com um sorriso no rosto, seus pais não conseguiram deixar de rir pelo que havia acontecido. Mal sabiam que, um mês depois, a vida tomaria um rumo inesperado...

Durante as 36 horas que Jennifer sobreviveu à custa de aparelhos, a mãe de Melinda foi ao hospital visitar a neta. "Logo você alçará voo para longe, muito longe, mas sempre será nosso pequeno anjo com asas de borboleta", sussurrou, apertando a mão cheia de calor da menina.

No instante em que Jennifer partiu, a família estava em um intervalo da vigília que realizavam no hospital; a irmã Lisa, que até então corria pelo jardim, parou, viu uma borboleta branca no céu e exclamou: "Olhe, é minha irmã! Minha irmã!".

"Melinda", disse eu durante a sessão, "não quero que pense que está louca, pois você, de fato, vê Jennifer pela casa. Ela está me dizendo que a visita com frequência e ainda é parte integrante da família".

Percebi que o estresse e a tensão desapareceram do rosto de Melinda. Parecia que, de certo modo, eu lhe havia dado permissão para acreditar no que via e sentia. "John, há alguns dias estava lendo na sala de estar e tive a impressão de que alguém estava do lado de fora, com o rosto colado na janela de vidro da sala. Vi uma garotinha acenando para mim. Então, saí, e não havia ninguém", ela me contou. "Além disso, onde quer que eu vá, vejo borboletas. Por exemplo, algumas noites atrás, meu marido e eu saímos para caminhar e uma bela borboleta tropical azul, diferente de qualquer uma que já tivéssemos visto nas redondezas, pousou no bico de seu sapato. Ela chegou a deixar meu marido pegá-la e segurá-la na mão. Parecia nos pertencer."

Assenti, dizendo: "Lisa também já se encontrou com Jennifer. Neste exato momento, ela está cumprimentando a irmã e o irmão e gostaria que você soubesse que ela conversa com ambos".

"Meu filho diz que não para de ouvir alguns ruídos. Cheguei a pensar que ele estivesse com algum problema auditivo, mas o médico disse que não", contou Melinda. "Dias atrás Lisa estava em uma excursão pelo campo quando uma borboleta pousou em seu dedo e nele ficou por muito tempo. Todos acharam aquilo extraordinário."

Jennifer, então, me contou algo tão maravilhoso que senti que tinha de ser partilhado com sua mãe. "Sua filha está me dizendo que adora abraçar seus irmãos e está ansiosa por poder abraçar seu novo irmãozinho." Melinda discordou.

"Desculpe, John. Acho que desta vez você está errado. Jennifer só tem um irmão", replicou.

"Minha querida, acredito que sua filha esteja lhe dizendo que você está grávida", respondi com delicadeza.

A bolsa de Melinda caiu no chão, e ela, então, começou a rir, sem acreditar no que eu dissera. "É impossível que eu esteja grávida, mas não deixa de ser uma ideia fantástica."

"Bem, deixe-me entender o que se passa", repliquei. Naquele mesmo instante, vi Jennifer dar uma piscadela e tive certeza de que outra criança estava a caminho, e que seria um garoto. Melinda, é claro, estava em meu consultório para conversar sobre a filha que havia perdido, portanto voltei a me concentrar nela. "Jennifer quer que eu lhe conte que ela adora os balões e os bilhetes. Ela me pediu para falar que sabe que este ano você não está pensando em preparar os balões, mas ela realmente gostaria que o fizesse. Isso tem algum significado para você?"

Melinda, mal conseguindo conter a emoção, anuiu: "Todos os anos, desde a morte de Jennifer, comemoramos seu aniversário soltando balões brancos com bilhetes dizendo o quanto a amamos. Este ano encomendei borboletas que são criadas em uma fazenda das redondezas e convidei cada um dos coleguinhas da escola de Jennifer para vir à nossa casa e soltar uma borboleta em direção ao céu".

"Bem, Melinda, sua garotinha adorou a ideia, mas está me dizendo que também quer os balões."

Os olhos de Melinda mais uma vez ficaram enevoados e ela prometeu: "Com certeza na festa deste ano teremos balões".

Tempos depois, ela me confessou: "Saí de seu consultório sentindo meu coração leve, um peso saíra de meu peito. Finalmente, tinha tido a confirmação de que Jennifer estava alegre e com saúde – ela estava feliz de novo. Tenho certeza de que ela ainda é parte importante de nossa família".

Melinda também relatou que, uma semana após ter voltado da consulta em Los Angeles, descobriu que estava grávida, e oito meses depois um lindo garotinho passara a fazer parte do clã. Jennifer com certeza é muito esperta.

Após o bebê ter nascido, Melinda estava no gramado em frente à sua casa quando uma velha amiga, que não acreditava em nada do que Melinda e eu conversáramos, resolveu visitá-la. De repente, a mulher ficou parada no meio do gramado sem conseguir abrir a boca. Quando Melinda perguntou a ela o que estava acontecendo, a única coisa que ela conseguiu fazer foi sussurrar: "Acabei de ver algo simplesmente incrível. A imagem de uma garotinha, parecida com Jennifer, correndo em sua direção e agarrando suas pernas por trás. Juro que vi!".

"Era assim que Jennifer me dizia bom dia", Melissa confessou. "Há algumas noites, meu filho viu uma bola de luz dançando no jardim em frente de casa. O pequeno Matthew entrou correndo dizendo que achava que era sua irmã. Nada mais pude fazer a não ser sorrir, pois nosso pequeno anjo com asas de borboleta estava cuidando da família. John, quero que saiba que hoje não questiono mais essas visões. Conversar com você me trouxe grande conforto, pois tenho certeza de que ninguém pode tirar minha filha de mim. Suas asas permitiram a ela alçar voo e, ao mesmo tempo, estar conosco."

Após a tocante sessão que tive com Melinda, fui até a praia, espairecer. Não havia mais ninguém lá e, então, sentei-me na areia para admirar o belo pôr do sol. Ao olhar para o horizonte, não pude deixar de perceber que algo, lentamente, se aproximava da costa. Quando caminhei em sua direção, mal acreditei no que vi – um balão vermelho. E, nesse instante, tive certeza de que se tratava de um presente especial... enviado com os cumprimentos de Jennifer.

(Extraído de *Born Knowing*, Hay House, 2003)

Immaculée Ilibagiza

Liz Kahane

Immaculée Ilibagiza nasceu em Ruanda, onde estudou engenharia mecânica e engenharia eletrônica na Universidade Nacional. Durante o genocídio de 1994, perdeu a família e, em 1998, decidiu emigrar para os Estados Unidos, onde passou a trabalhar para as Nações Unidas, em Nova York. No momento, está criando a Fundação Ilibagiza, cujo objetivo é ajudar aqueles que ainda sofrem as consequências das guerras e de genocídios a se libertar de seus traumas. Ilibagiza vive em Long Island com o marido, Bryan Black, e seus dois filhos, Nikeisha e Bryan Jr. Escreveu, em parceria com Steve Erwin, *Sobrevivi Para Contar*.

Perdoando os Vivos

Por milagre, sobrevivi à carnificina que assolou Ruanda em 1994. Durante 91 dias eu e mais outras sete mulheres ficamos agarradas umas às outras, em silêncio, no minúsculo banheiro da casa do pastor local enquanto, do lado de fora, centenas de facínoras, empunhando facões afiados, estavam à nossa caça.

E foi durante esses momentos de indescritível terror, que pareciam nunca ter fim, que descobri o poder da oração e vim a deixar de temer a morte e a criar um profundo e duradouro relacionamento com Deus. Saí de meu esconderijo consciente do significado do termo "amor incondicional" – um amor tão forte que me fez sentir em condições de procurar e perdoar os assassinos de minha família.

Sabia que minha família estava em paz, mas isso não diminuía a dor da perda. Todas as vezes em que pensava em como teriam morrido, meu coração era tomado de angústia. Todas as noites rezava para ser libertada de minha agonia, dos pesadelos que me assombravam durante a noite e me perseguiam durante o dia. Isso não aconteceu de imediato, mas, como sempre, Deus atendeu às minhas preces – dessa vez me enviando um sonho como eu nunca tivera.

Eu estava em um helicóptero sobrevoando a casa de minha família em meio a uma nuvem escura. Conseguia ver minha mãe, meu pai, meus irmãos, Damascene e Vianney, bem acima de onde eu estava, no céu, envoltos por uma cálida luz branca que irradiava tranquilidade. A luz foi ficando mais forte e se espalhou pelo céu até envolver a nuvem escura que me encobria. De repente, estava, de novo, junto à minha família. O sonho parecia tão real que estendi os braços para sentir o calor de seus corpos, a delicadeza de seu toque. Estava tão feliz que comecei a dançar no ar.

Damascene usava uma elegante camisa branca e calças azuis – ele olhou para mim com uma expressão de satisfação e abriu seu sorriso radiante. Minha mãe, meu pai e Vianney estavam atrás dele, de mãos dadas, sorrindo para mim: "Nossa, que bom, Immaculée, *nós* ainda conseguimos deixá-la feliz", disse meu irmão adorado. "Faz muito tempo que você anda triste; precisa parar de chorar. Veja só o lugar maravilhoso onde estamos, percebe como estamos felizes aqui? Se continuar a acreditar que estamos sofrendo, você nos obrigará a retornar ao tormento que deixamos para trás. Sei que sente saudades de nós, mas você realmente quer que voltemos ao martírio por que passamos?"

"Não, não, Damascene!", gritei, enquanto derramava lágrimas de alegria. "Não voltem para cá! Fiquem onde estão e esperem por mim, um dia estaremos juntos de novo. Quando meu trabalho na Terra tiver terminado, eu irei ao encontro de vocês."

"Minha irmã, estaremos aqui, à sua espera. Agora trate de curar seu coração. É importante que você ame e perdoe aqueles que nos ultrajaram." Minha família aos poucos voltou para o céu até desaparecer no infinito. Eu ainda pairava sobre minha casa, mas a nuvem escura, assim como o helicóptero, haviam desaparecido. Eu voava como um pássaro sobre o vilarejo onde vivera, sobre a casa do pastor e o acampamento francês da ONU; sobre os rios, as florestas, cachoeiras de meu belo país – plainava sobre Ruanda.

Sentia-me tão livre – da dor, da força da gravidade... – que comecei a cantar de prazer: as palavras simplesmente brotavam de minha boca e a melodia emanava de meu coração. Era uma canção chamada "Mwami Shimirwa", que na língua Kinyarwanda, um dos idiomas oficiais de Ruanda, além do francês, significa "Obrigado, Senhor, pelo amor que está além de nossa compreensão".

A partir daquela noite, minhas lágrimas começaram a secar e minha dor diminuiu. Nunca mais me torturei pensando no destino de minha família. Aceitei que nunca deixaria de lamentar a perda de meus entes queridos ou sentir saudades deles; entretanto, não perderia mais um segundo sequer imaginando a angústia pela qual tinham passado. Ao me enviar aquele sonho, Deus me mostrara não só que minha família estava em um lugar onde não havia sofrimento, mas que eu deveria fazer uma visita ao vilarejo onde nascera.

Algumas semanas depois, o coronel Gueye, comandante senegalês encarregado da proteção de vários representantes da ONU que haviam sido enviados a Ruanda para auxiliar no processo de estabilização e de paz do país, levou-me até minha cidade natal enquanto viajávamos pelo país. Lá chegando, observei que a paisagem que fizera parte de minha infância não me deixava mais triste; ao contrário, estava emocionada pelas felizes lembranças que os sons e as imagens ao redor evocavam. Passeei com meus amigos pela plantação de bananas de minha mãe e pelos pés de café, prontos para colheita, que meu pai cultivara na encosta de um morro. Conversei com minhas tias que viviam lá e lhes disse que, caso não tivessem medo de sair de casa, poderiam colher os grãos de café para ajudar em seu sustento.

Tia Jeanne me disse para não se preocupar com ela: estava comprando uma arma e aprendendo a atirar. "Da próxima vez, vou estar preparada", falou.

"Da próxima vez", pensei, com um suspiro profundo.

Fui até minha antiga casa para me encontrar com minha mãe e Damascene. Ajoelhei-me em frente ao túmulo de ambos e lhes contei tudo o que havia acontecido desde nosso último encontro. Falei sobre meu trabalho e o que planejava fazer no futuro. Sentia saudade de ver seu rosto e ouvir sua voz – e chorei. No entanto, dessa vez minhas lágrimas não eram de tristeza, mas sim de libertação.

Então foi chegada a hora de fazer aquilo que me levara até lá.

Cheguei à prisão no fim da tarde e fui recebida por Semana, o novo prefeito de Kibuye. Antes do genocídio, Semana trabalhara como professor e fora grande amigo de meu pai – era como um tio para mim. Quatro de seus seis filhos haviam sido mortos durante o massacre. Eu, então, lhe disse que precisava ter fé e acreditar que seus pequenos estavam com Deus.

"O mundo realmente mudou, hoje são os filhos que confortam os pais", respondeu, com tristeza.

Semana era um político poderoso, responsável por capturar e prender os assassinos que trouxeram o terror à nossa região. Interrogara centenas de *Interahamwe* (combatentes da milícia radical Hutu) e sabia, melhor do que ninguém, quem havia matado quem. E sabia por que eu o procurara: "Você quer conhecer o líder do grupo que matou sua mãe e Damascene?".

"Sim, senhor. Quero."

Da janela de seu escritório, observei Semana atravessar o pátio do presídio em direção a uma cela e voltar empurrando um velho desgrenhado e manco. Levei um susto ao reconhecê-lo – era Felicien. Pertencente à etnia hutu, ele fora um bem-sucedido homem de negócios – alto, garboso e bem-educado, que sempre usava ternos elegantes. Seus filhos haviam sido meus amigos na escola primária. Tremi ao me lembrar de ter reconhecido sua voz me chamando quando os facínoras foram à casa do pastor à minha procura. Felicien estava à minha caça.

Semana empurrou Felicien para dentro do escritório e ele caiu de joelhos. Ao olhar para cima e me ver, seu rosto empalideceu e ele voltou a olhar fixamente para o chão.

"Levante-se, seu assassino!", Semana bradou. "Levante-se e explique para esta garota por que sua família está morta. Explique por que você matou sua mãe e trucidou seu irmão. Levante-se. Isso é uma ordem! Levante-se e fale!", Semana berrou, mas o homem abatido continuou encolhido e ajoelhado, envergonhado demais para se levantar e me encarar.

Suas roupas esfarrapadas cobriam seu corpo esquálido. Sua pele estava amarelada, manchada e corroída; seus olhos, enevoados e remelentos. Seu rosto, um dia tão belo, estava escondido por uma barba suja e emaranhada, e seus pés, descalços, estavam em carne viva, cobertos por chagas.

Chorei ao ver seu sofrimento. Felicien permitira que o Demônio tomasse seu coração – o mal arruinara sua vida como um câncer que corrói a alma. Era, no momento, vítima de suas vítimas; nada mais lhe restava a não ser viver em um estado de penúria e arrependimento. Não conseguia sentir nada além de compaixão por esse homem.

"Immaculée, ele saqueou a casa de seus pais e roubou tudo que sua família havia plantado. Encontramos as máquinas de seu pai na casa dele, não foi?!", Semana exclamou, dirigindo-se a Felicien. "Após ele ter matado Rose e Damascene, continuou à sua procura... queria que você morresse para que ele pudesse se apoderar das propriedades de sua família. Não é mesmo, seu porco imundo?", Semana disse aos berros, mais uma vez.

Dei um passo atrás, soltando, sem querer, um suspiro. Semana ficou surpreso com minha reação e confuso ao ver lágrimas rolando pelo meu rosto. Segurou então Felicien pelo colarinho e o arrastou para perto de si: "Você tem algo a dizer a ela? Você tem algo a dizer a Immaculée?".

Felicien soluçava, e consegui sentir o quanto estava envergonhado pelo que fizera. Ele olhou para mim por um segundo, o suficiente para nossos olhares se encontrarem. Enfim, estendi os braços em sua direção, toquei suas mãos com delicadeza e, com tranquilidade, disse aquilo que era meu intuito desde o início: "Eu o perdoo".

Senti meu coração se tornar mais leve e vi os ombros de Felicien relaxarem antes de Semana tirá-lo da sala e levá-lo para o pátio onde dois soldados o seguraram pelas axilas e o arrastaram de volta à cela. Semana voltou ao escritório furioso.

"Qual o sentido disso tudo, Immaculée? Aquele é o homem que assassinou sua família. Eu o trouxe aqui para que o questionasse... para cuspir nele, caso quisesse. No entanto, você o perdoou! Como pode fazer isso? Por que o perdoou?"

Eu respondi dizendo a verdade: "O perdão é tudo que tenho a oferecer".

(Extraído de *Sobrevivi para Contar*, Ponto de Leitura, 2010)

Loretta LaRoche

Andrew Brilliant

Loretta LaRoche, autora dos *best-sellers Life is Short – Wear Your Party Pants* e *Squeeze the Day*, entre outros livros, é escritora e consultora em gerenciamento de estresse de renome internacional que propaga o bom humor, o otimismo e a capacidade de adaptação como ferramentas para momentos de crise. Ela usa sua perspicácia e sabedoria para ensinar como usar o estresse em seu benefício, ou seja, como "se beneficiar dos conflitos e das adversidades". Seus seis especiais apresentados pela rede de TV americana PBS são campeões de audiência. Além disso, conta com grande prestígio perante o público, que comparece às cerca de cem palestras que ministra por ano. Atualmente, mora em Plymouth, no Estado de Massachussetts.
Website: www.lorettalaroche.com

Nunca se Sabe

Enquanto crescia, uma das frases que mais escutei de minha mãe foi: "Nunca se sabe". Sempre tínhamos de limpar a casa aos sábados, porque... "Nunca se sabe". Se estivéssemos nos deliciando com uma maravilhosa refeição, não podíamos esquecer de deixar algumas sobras, pois... "Nunca se sabe". Pequenos pedaços de papel-manteiga e barbante, além de embalagens de ovos eram guardados, pois... nunca se sabe.

Estava sempre tentando entender o que seria aquilo que não sabíamos, mas que deveríamos saber – o que bastava para deixar qualquer criança ansiosa. Talvez esse fosse o propósito. Afinal, na escola *sempre* tínhamos treinamento contra incêndios e *estávamos* em plena Guerra Fria. Chegamos a aprender como nos esconder sob as carteiras caso houvesse um ataque nuclear e o que fazer se um meteorito atingisse a Terra – algo que o sr. Funkhauser, nosso professor de ciências do terceiro ano, nos dissera ser possível acontecer.

Talvez minha mãe soubesse que algo terrível estava prestes a acontecer e que precisávamos estar preparados. Eu sempre perguntava a ela a respeito, mas ela respondia com evasivas: "Um dia você vai saber". Saber o quê? *O que* eu viria a saber?

Bem, na maior parte do tempo, eu conseguia lidar bem com a situação, mas não foi nada fácil ter de esperar até a Páscoa para poder usar meus sapatos de couro legítimo – em especial, por terem sido comprados em fevereiro. A única coisa que me era permitido fazer era passar vaselina sobre o couro para evitar que este rachasse, o que me deixava ainda mais tentada a calçá-los. Vivia implorando à minha mãe que me deixasse usá-los, mas ela sempre dava a mesma resposta – com certeza você já sabe qual era, não?

Mas o que realmente me tirava do sério eram as calcinhas. Minha mãe costumava comprar para mim o que havia de pior, dizendo que estavam em liquidação e que o vendedor garantira que eram resistentes. Bem, não tenho a mínima ideia do que o vendedor achou que eu iria fazer – talvez entrar em uma mina e não voltar à superfície por pelo menos um mês? Por que as calcinhas tinham de ser tão reforçadas? Por que eu não podia ter calcinhas bonitas, femininas, com florzinhas e laçarotes?

Bem, minha mãe, em momento de fraqueza, comprou uma bela calcinha para mim. Fiquei em estado de graça até ela me dizer, como de costume, que eu devia usá-la de tempos em tempos, pois... "Nunca se sabe", e acrescentou que ela seria minha "calcinha de festa", o que não diminuiu meu rancor. De quantas festas uma garota de 9 anos participa? Eu não era uma artista de cinema ou algo do gênero. Portanto, minha bela calcinha permaneceu na gaveta ao lado das outras calcinhas hediondas. Cheguei a usá-la umas duas vezes. Eu ainda a tenho guardada, apesar de ela não me servir mais.

Agora que cheguei à idade adulta, entendo o que *"Nunca se sabe"* significava para minha mãe e por que precisava dizer isso repetidas vezes. Meus avós e ela passaram pela Grande Depressão e pelos horrores da Segunda Guerra, cujos sobreviventes foram chamados de *"A magnífica geração pós-guerra"* em virtude de sua extraordinária capacidade de resistência. Vinham de um mundo em que o cenário econômico era desolador e o futuro, incerto. Consequentemente, a capacidade de minha mãe de usufruir dos prazeres da vida de modo pleno estava obscurecida pela culpa e pelo medo.

Por exemplo, ela possuía um belo conjunto de louça pintada à mão que pertencia à família desde que ela tinha 14 anos. Para você ter ideia, após umas férias nas Bermudas, nós o levamos para casa e quase demos um mau jeito nas costas de tão pesado que era. Cada uma das 12 peças do conjunto era pintada à mão com uma centáurea, uma bela flor azul, retratada de modo diferente. Hoje, ao pensar sobre isso, acho tudo aquilo uma loucura. Quem se importaria com o fato de cada uma das flores ser diferente? O que mais poderia acontecer? Compararmos os pratos uns dos outros e dizer: "Nossa, sua flor não tem o caule!".

Minha mãe os considerava incrivelmente especiais. E como não? Ela os havia comprado com seu dinheiro suado, algo que fazia questão de enfatizar, e os mantinha guardados no armário de porcelanas, à espera de alguma visita que ela achasse tão digna a ponto de usá-los. Nós, os idiotas que moravam no vilarejo, não éramos bons o suficiente para usar essa louça especial no dia a dia. Vez por outra ela me dizia que a deixaria como herança para mim. Por muito tempo, tal promessa realmente me deixou extasiada, e certo dia, dois anos atrás, ela me perguntou: "Você quer a louça de jantar?". E então pensei: *"Você só pode estar brincando..."*. Hoje, para mim, louça de jantar são os pratos de plástico nos quais como a comida que compro "para levar".

Não acredito que minha mãe fosse uma pessoa má, não acredito que pensasse que sua família não era digna de sua louça de classe. Ela apenas vivia de acordo com o que foi ensinada. Todos nós herdamos a visão de mundo de nossa família e de nossa sociedade que, quer seja boa ou má, forma nossa personalidade e nossas crenças. Por vezes herdamos alguns conceitos sem entender bem por quê.

Uma das minhas histórias favoritas é sobre uma mulher que estava na cozinha preparando um rosbife para o jantar. Sua filha, observando-a preparar a carne, perguntou: "Mãe, por que você corta as pontas do filé?".

E a mãe respondeu: "Minha querida, porque é assim que se faz".

"Mas por quê?"

Durante um segundo, a mãe parou para pensar, e então disse: "Quer saber, não sei por quê. Era assim que minha mãe fazia e, para falar a verdade, não sei nem se ela sabia".

"Vamos perguntar para a sua avó."

Então a mulher chamou sua mãe e perguntou por que ela cortava as pontas do rosbife. Ela respondeu que também não sabia por quê, apenas fazia isso, pois *sua* mãe preparava a carne desse modo.

Então chamaram a velha senhora, a bisavó da garota, que tinha mais de 90 anos, e perguntaram a ela por que cortava as pontas do rosbife antes de assá-lo. E ela respondeu: "Bem, por que não tinha uma panela grande o suficiente para o pedaço de carne".

Muitos de nós herdamos dos pais uma mentalidade tacanha, ou um modo de pensar que diz que não devemos comemorar e usar nossa melhor louça no dia a dia. Mas, assim como a mulher que preparava o rosbife como lhe fora ensinado, devemos olhar além do que nos foi passado para encontrarmos nosso próprio caminho; aquele que nos levará à felicidade.

É óbvio que devemos ser previdentes e não, simplesmente, desperdiçar os bens materiais que possuímos ou deles nos saciar; no entanto, não devemos esperar para celebrar a vida somente em ocasiões especiais. É necessário celebrarmos a vida *todos os dias*. Não temos tempo a perder. Não me canso de falar ao meu público e àqueles que participam de meus *workshops* sobre a incerteza desta vida, dizendo: "Ninguém sairá vivo desta terra".

Quando faço essa afirmação, muitos riem, mas sei que ao mesmo tempo estão pensando: *"Por que ela está sendo tão mórbida? Não estamos aqui para nos divertir?"*. No entanto, ao reconhecermos de fato nossa mortalidade, obrigamo-nos a viver no presente, pois essa é a única certeza que temos. Focamo-nos naquilo que é realmente importante e colocamos de lado aquilo que é irrelevante. Nossa mortalidade nos lembra de que aquilo que "nos aterroriza" hoje passará. A lenta fila de *checkout* do aeroporto se transforma em um passeio no parque; o engarrafamento, uma boa oportunidade para ouvir música; e duas horas a mais no trabalho deixam de ser uma provação se você planeja chegar em casa a tempo de dar um beijo de boa-noite em sua filha.

Nossa existência neste planeta é curta, e perdemos horas sem aproveitar o tempo que, de fato, nos resta. Esperando, esperando, esperando...

Você alguma vez se perguntou: "Pelo que estou esperando? O que preciso fazer para poder fazer aquilo que quero e venho postergando? O que preciso possuir para ter condições de realizar o que desejo e por quê?" ou "Estou esperando a permissão de quem?".

Acredite, ninguém virá lhe dar permissão – estão todos lá fora se divertindo.

(Extraído de *Life Is Short – Wear Your Party Pants,* Hay House, 2003)

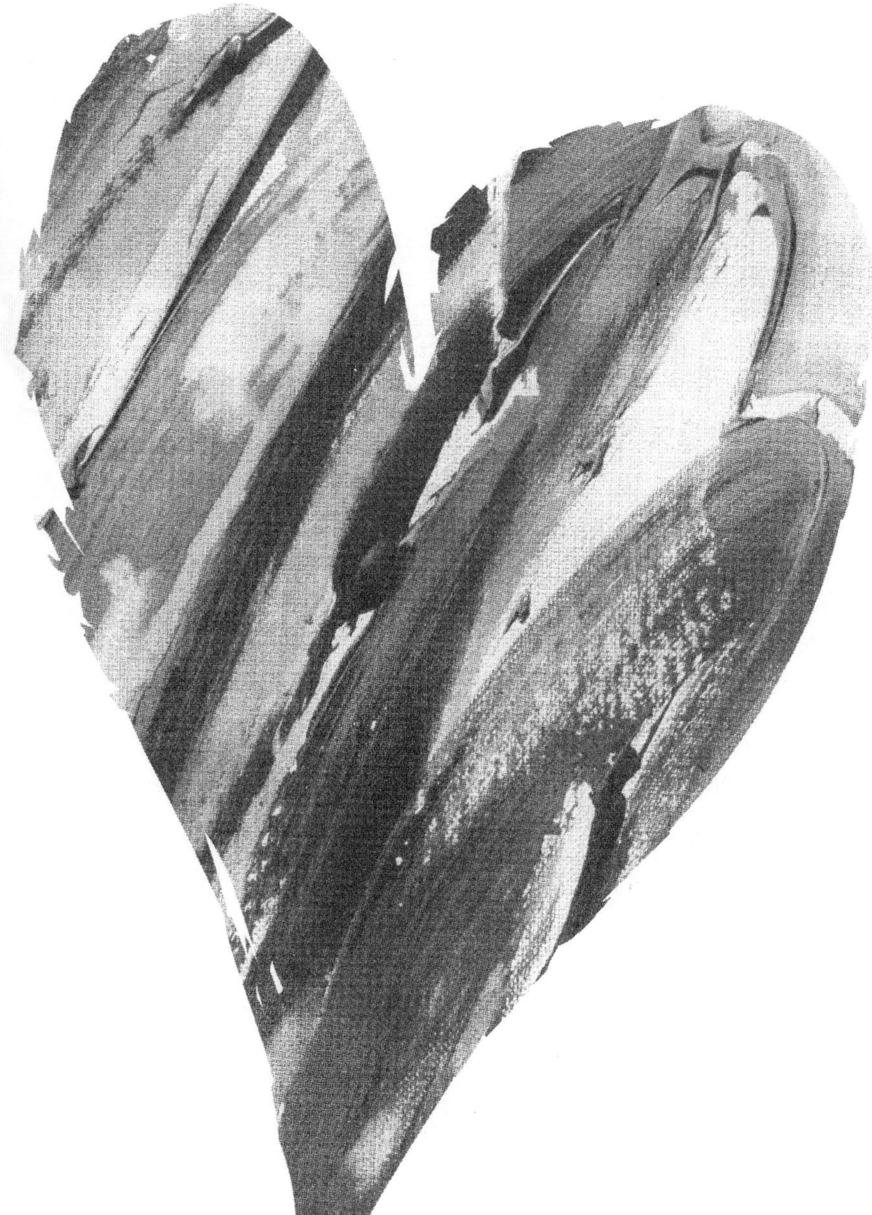

Mike Lingenfelter

O notável engenheiro **Mike Ligenfelter**, membro do Instituto de Engenheiros Elétrico e Eletrônicos, possui mais de 17 patentes registradas em seu nome. Mike é o autor, em parceria com David Frei, de *The Angel by my Side: The True Story of a Dog Who Saved a Man... and a Man Who Saved a Dog*. Atualmente, mora com sua mulher em Huntsville, no Estado do Alabama.

Dakota, o cão de companhia de Mike, era um *golden retriever* muito especial, que possuía o talento excepcional de salvar vidas.

DAKOTA, MEU ANJO DA GUARDA

Era 1994 e eu não esperava viver por muito mais tempo. Dois ataques cardíacos graves e uma intervenção cardíaca haviam tirado de mim grande parte de meu prazer de viver. No entanto, os médicos ainda tinham esperança de que eu conseguiria me recuperar e pensaram que talvez um cão brincalhão, que tivesse de levar para passear em uma coleira, me motivasse a sair de casa e me exercitar. E foi assim que um *golden retriever* chamado Dakota (que apelidei de Cody) – ele próprio um sobrevivente – passou a morar comigo a fim de me ajudar no processo de reabilitação...

"Deixem-me em paz!", gritei, estendido no chão, para o pequeno grupo ao meu redor.

"Você está bem?", perguntou uma cliente da loja. "Precisa de ajuda?"

Minha mente era um turbilhão: "*Onde estou? O que estou fazendo aqui?*". Após enfiar algumas pílulas de nitroglicerina na boca, tentei me acalmar, dizendo aos que me olhavam preocupados: "Por favor, deixem-me em paz. Meu remédio logo fará efeito".

Estava tendo uma forte crise de angina e, por obra do azar, estava em um lugar que não poderia estar mais lotado, o Wal-Mart local.

Como de hábito, quando eu saía em público, minha mulher, Nancy, dirigia e ficava de olho em mim. Dessa vez, entretanto, ia fazer apenas umas compras para a casa e nem me preocupei com a possibilidade de vir a ter uma crise cardíaca.

Então lá estava eu, sozinho e preocupado com a reação das pessoas ao redor – o que só contribuía para que me sentisse pior. Nos últimos tempos, estava tão feliz – tinha a companhia de Dakota, voltara a circular em público – que, por vezes, esquecia de que podia ser acometido por uma crise a qualquer momento.

E esse foi um desses momentos.

O coração é um órgão bem independente e funciona por vontade própria, seja para o bem ou para o mal. Pode contribuir para que tenhamos uma vida longa e saudável ou fazer com que "morramos de uma hora para a outra de um ataque cardíaco fulminante". Sofro de crises de angina episódicas, que não são um ataque cardíaco – mas ambas as ocorrências se manifestam da mesma forma, e não importa o nome que se dê, a dor é muito... muito forte. Vivo amedrontado – o pavor de que a próxima crise será a fulminante me acompanha dia após dia.

Bem, de volta ao Wal-Mart, sobrevivi à crise de angina. Por fim, saí da posição fetal, respirei fundo, sentei-me, e a maior parte dos clientes voltou às compras.

O gerente da loja, então, aproximou-se, ajoelhou-se à minha frente e perguntou: "Precisa de alguma coisa? Quer que chamemos alguém?".

"Acho que estarei bem daqui a alguns minutos", respondi. "Desculpe pelo tumulto."

"Imagine. O importante é você ficar bem", respondeu. "Parece que já está acostumado a passar por isso."

"Sim, infelizmente, sim." O que não falei é o quanto me sentia mal comigo mesmo – tinha-me tornado vulnerável, dependente e vítima de situações constrangedoras. Depois da chegada de Dakota, que vinha desempenhando bem seu papel de cão terapeuta, passei a me sentir melhor psicologicamente; no entanto, após essa crise, grande parte do meu bem-estar se esvaiu, pois cheguei à conclusão de que minha vida nunca mais seria a mesma.

Pensar que a morte estava à espreita era assustador, deprimente. Vivia apavorado, independentemente de Cody estar ao meu lado ou não. Por vezes, cogitei usar a arma que comprara para pôr fim a meu sofrimento. Afinal, não conseguia mais trabalhar e continuava a ter crises de angina uma ou duas vezes por semana, normalmente em público. Nancy, então, conseguiu que Dakota e eu trabalhássemos como voluntários da

Paws for Caring, uma instituição que promove terapia com animais, o que me ajudou a lutar contra a depressão, da qual sempre estarei à mercê.

Trabalhar com crianças foi, à época, uma excelente terapia. Havia um abrigo e escola para crianças com síndrome de Down na rua onde morávamos. Lá as crianças estudavam e praticavam atividades físicas – que abrangiam desde caminhadas até *softbol*, esporte muito parecido com o beisebol. Durante os meses de verão, uma vez por semana, Cody e eu transformávamos nossas visitas às crianças em uma reunião em família, com a presença de Nancy e Abbey, nosso outro cão. A garotada adorava os cães. Além disso, eles serviam de estímulo para que elas se envolvessem em uma série de atividades diferentes. Dakota e Abbey também se divertiam – afinal, há algum ser que aprecie brincar com uma bola mais do que um *golden retriever*?

Eu ainda lutava contra as crises de angina, que não tinham um padrão – podiam acontecer duas ou três vezes no mesmo dia, ou em intervalos de até uma semana. Os médicos, por sua vez, buscavam o melhor medicamento e a dosagem certa para me ajudar a contornar o problema. Durante os últimos 18 meses, Cody testemunhara centenas dessas terríveis crises e passou a se aninhar na cama ao meu lado, ou a deitar-se no chão comigo, algumas vezes por horas, ajudando-me a sobreviver à crise. Eu o apertava com força, conforme sentia constrições em meu peito, como se quisesse transferir para ele minha dor. Tenho certeza de que, apesar de senti-la, nunca se esquivou. No entanto, não havia nada mais que pudéssemos fazer para evitar que essas crises acontecessem.

Certo dia, no outono de 1996, Dakota e eu fomos visitar uma escola atendendo a uma solicitação de Pat Choyce, o veterinário de Dakota, que pedira que eu desse uma palestra sobre terapia com animais e cães de companhia como parte da Pet Awareness Week, evento promovido para disseminar a importância dos animais em nossa vida. Lá estava eu, no início de minha apresentação, quando Cody começou a se agitar.

Ele não parava de me bater com uma das patas, ignorando minhas ordens, agindo como se ele estivesse com algum problema sério. Achei que talvez ele estivesse prestes a vomitar ou precisasse fazer suas necessidades. Ele nunca havia agido desse modo em público e eu mal podia esperar para tirá-lo dali e saber o que estava acontecendo. Fiquei um pouco chateado, pois ele nos obrigara a sair no meio da apresentação, mas nada me restou a fazer a não ser pedir desculpas ao organizador do evento e levar Cody para fora do palco.

Saí do auditório e, assim que a porta se fechou atrás de mim, comecei a sentir falta de ar e uma dor lancinante no peito. Meus joelhos bambearam e desmaiei. Quando voltei a mim, havia várias pessoas ao meu redor, aos berros. Após ter tomado meu remédio, fiquei sentado por um tempo, tentando me recompor, esperando que a medicação fizesse efeito. Dakota ficou o tempo todo a meu lado, sem parar de lamber meus braços e meu rosto.

O dr. Choyce também estava lá, observando Dakota, esse cão singular, cuidar de mim: "Talvez ele estivesse tentando lhe dar um aviso", disse.

"Pode ser que sim", respondi.

Olhei para Cody. Sua íris emanava uma inusitada coloração cinza-azulada; entretanto, momentos depois, seus olhos voltaram ao tom castanho natural. Achei que o que vira fosse, provavelmente, consequência de eu ainda estar um pouco fora de mim.

O dr. Choyce levou-me para casa e no caminho conversamos sobre o que acontecera. Lembrei-me de que havia cerca de um mês que Dakota se comportava da mesma maneira sempre que eu estava prestes a ter uma crise. Talvez devesse ter prestado mais atenção a ele. Ao chegar em casa, conversei com Nancy sobre o que ocorrera e ela enfatizou que, poucos dias antes, enquanto eu descansava no sofá, Cody começou a me dar patadas, agitado. Eu, então, pedi a ele que me deixasse em paz, mas ele não se deu por vencido e, poucos minutos depois, tive outra crise. Entretanto, eu o culpara por ter me deixado tão irritado a ponto de ter outro ataque.

Eu me considero uma pessoa bem inteligente – engenheiro, com boa formação acadêmica e detentor de 17 patentes. Não obstante, relutava em reconhecer a capacidade de Dakota de antever uma crise, pois pensava que isso não fosse possível. Mas, pouco a pouco, senti do fundo do coração (o qual tanta dor me causava) que de algum modo Cody pressentia quando essas crises estavam prestes a acontecer.

Estava em casa quando Cody agiu, novamente, da mesma forma. Eu estava sentado à escrivaninha, trabalhando no computador, enquanto ele dormia no tapete. De repente Cody deixou de ser o *golden retriever* bem comportado e dócil e passou a agir como um enfermeiro implacável.

Dakota me pegou de surpresa – empurrou-me com o focinho, levantou meu braço e colocou a cabeça em meu colo. Fiquei tenso, pois ele me fizera derramar café sobre a escrivaninha. Como estava prestando mais atenção ao café espalhado sobre a mesa do que a ele,

Dakota me deu umas patadas, primeiramente no braço, em seguida na perna e, então, me deu um empurrão como se dissesse: "Ei! Não estou brincando!".

Por fim, percebi o que ele tentava me dizer. Cody estava tentando salvar minha vida! Eu poderia morrer em poucos minutos – o café poderia ser limpo depois. Caso estivesse certo quanto a Dakota – de que ele aprendera, não sei como, a pressentir quando eu teria uma crise de angina, teria de agir o mais rápido possível e tomar minha medicação. Como era de se esperar, logo em seguida, comecei a ter uma crise de angina e, como já sabia de antemão que ela estava a caminho, deitei-me em minha cama.

Cody continuava agitado, o que me levou a acreditar que esse ataque seria grave. Comecei a sentir calor e a suar. Tinha falta de ar e meu coração parecia querer sair pela boca. Não sabia o que fazer. Tentei chamar Nancy, mas não tinha certeza de onde ela estava, e Dakota não me abandonaria para procurá-la.

Era óbvio que eu não tinha nenhum domínio sobre a situação, mas Dakota tinha. Ele assumiu o controle, subindo em minha cama e olhando fixo em meus olhos para me assegurar de que ele estava lá. Deu, então, um rodopio e deitou-se sobre meu corpo, com as costas contra meu peito, como se dissesse: "Vamos lá, aguente firme". Dei-lhe um rápido abraço e fiz uma pequena oração: "Deus, permita que esta crise não demore a passar".

No entanto, Deus tinha algo diferente reservado para mim. De repente fui tomado por uma dor que comprimia meu coração e se espalhava pelo corpo. Era uma sensação conhecida. De modo geral, quando era acometido por uma crise, sem nenhum aviso, perdia os sentidos. No entanto, desta vez, graças a Dakota, estava preparado para vencê-la. Mesmo assim, apesar do aviso do que estava prestes a enfrentar, a dor sugou minhas forças e tive de me manter concentrado de modo que a medicação fizesse efeito rapidamente.

Sentia o corpo quente de Cody contra o meu e me agarrei a ele. A despeito de a dor se tornar cada vez mais forte e de meu coração bater acelerado, conseguia sentir o pulsar tranquilo da respiração de Dakota. Ao me deixar levar por sua calma e sincronizar meu ritmo respiratório ao dele, consegui manter-me sereno e controlar minha respiração. No entanto, a dor se tornava cada vez mais intensa, assim como a força com que eu o abraçava. Cody ficou o tempo todo ao meu lado sem demonstrar a dor que eu lhe transmitia. O tempo foi passando e minha angústia, tornando-se suportável.

Pouco a pouco o peso que sentia sobre o peito desapareceu, eu conseguia respirar sem dor e meu coração voltou a bater em um ritmo quase normal.

Durante toda a saga, Cody não se moveu e se manteve em silêncio. Quando parei de apertá-lo com força, ele se virou para mim e começou a lamber, com doçura, minhas mãos, meus braços e meu rosto, como se estivesse me dizendo que eu havia sobrevivido. Descansei por algumas horas a fim de recobrar minhas forças. Algumas de minhas crises são mais graves que outras, mas saber que estão prestes a acontecer é com certeza uma grande ajuda. Essa ocorrência foi muito menos grave do que as que normalmente tenho. Ter tomado minha medicação antes de a crise ocorrer contribuiu para combater e diminuir os efeitos desta, além de evitar que eu me machucasse ou caísse.

Como Cody sabia que um ataque estava prestes a acontecer? Ele agiu como um perfeito cão de companhia de pessoas propensas a um derrame – empurrou-me com o focinho, com as patas e subiu em cima de mim. Alguns cães de companhia executam por anos a tarefa de alertar seus parceiros humanos sobre uma iminente ocorrência médica, tal como um ataque epilético ou uma crise de diabetes.

Já ouvira relatos de outras pessoas que tinham cães de companhia – histórias incríveis sobre como seus companheiros os haviam "alertado" quanto a essa espécie de crise, portanto estava familiarizado com os princípios e a terminologia desse tipo de trabalho. No entanto, nos meus estudos e contatos com médicos e pacientes que tiveram um cão de companhia, nunca lera ou ouvira qualquer relato sobre um cão que tenha avisado seu dono de que este estava prestes a ter um uma crise cardíaca.

Minha mente estava repleta de perguntas: o que Cody teria sentido, ouvido ou percebido pelo olfato? Em que estaria pensando? Como aprendera a agir dessa forma? O que o fez perceber o que estava acontecendo comigo? O que o levou a saber que poderia me ajudar? E, acima de tudo – teria ele *consciência* de que estava salvando minha vida?

Pois foi isso o que ele fez ao me levar a tomar meu medicamento antes de a crise ocorrer, assim como os cães de companhia de epiléticos o fazem. E o apoio que deu, deixando que o abraçasse com força e me ajudando a respirar, também foram muito importantes.

Naquele dia, Dakota fez com que eu resgatasse minha independência.

Eu estava vivendo – ou melhor, quase morrendo –, vítima de crises de angina por cerca de cinco anos. Lembrei-me desse período de minha vida e de todas as imprevisíveis e assustadoras experiências pelas quais tinha passado, como a que vivenciara no Wal-Mart. Eu estava vulnerável, dependia dos outros para levar minha vida e tinha de ser cuidadoso quando estivesse em público. Entretanto, talvez esse fosse o momento de ter uma perspectiva diferente quanto à vida.

Naquele momento, percebi o que procurava. Cheguei a desejar ter outra crise de angina para pôr à prova minha teoria e observar se Dakota, mais uma vez, reagiria da mesma forma. Você com certeza conhece aquele dizer "cuidado com o que deseja...". Bem, dois dias depois, estava sentado em minha poltrona reclinável, lendo o jornal, quando aquela grande pata de pelos avermelhado começou a escarafunchar a seção de esportes.

"Cody!", disse, chamando sua atenção.

E quando ele me bateu de novo com a mesma pata, soube, de imediato, o que estava prestes a ocorrer. Tomei minha medicação e fui direto para meu quarto, esperando por outra crise de angina. E assim foi. No entanto, dessa vez, senti um estranho misto de dor e júbilo – meu corpo padecia, mas não tanto quanto antes, pois a medicação já estava fazendo efeito. Mas havia algo mais que me trazia tranquilidade. Eu passara a ter um alarme que soava antes dessas crises: um alarme que era um misto de dourado e vermelho, com quatro patas e aproximadamente 45 quilos – o qual tirou um fardo das costas de Nancy e dos outros ao nosso redor.

Nossa vida, mais uma vez, estava se transformando, graças a Dakota.

(Extraído de *The Angel by My Side,* Hay House, 2002)

Denise Linn

Meadow Linn

Professora de renome internacional na área do autodesenvolvimento, **Denise Linn** é a autora de 17 livros, entre os quais *If I Can Forgive, So Can You*; *The Soul Loves the Truth* e *Four Acts of Personal Power*, traduzidos para 24 idiomas. Denise, além de ser presença constante em inúmeros programas de TV ao redor do mundo e já ter figurado em vários documentários, promove seminários em todos os seis continentes e é a fundadora do Institute of Soul Coaching, que oferece, entre outros cursos, programas de formação profissional na área de consultoria em autodesenvolvimento.

Website: www.deniselinn.com

Adeus, Meu Pai

Há um hiato entre o momento em que um acontecimento traumático acomete alguém que amamos e o momento em que tomamos ciência disso.

Apesar de nossa alma ter conhecimento do que ocorreu e estar aflita, nosso consciente continua a viver, por curto espaço de tempo, como se nada tivesse ocorrido. No entanto, acredito que há uma imperceptível, mas tangível, mudança de consciência entre esses dois instantes – a qual se assemelha aos segundos que decorrem entre a perda de equilíbrio e o momento da queda no chão. Mesmo durante a queda livre de um salto de paraquedas, você sabe que inevitavelmente atingirá o solo.

Conseguimos sentir essa sutil mudança de energia momentos antes de atender àquele telefonema que chega no meio da noite, trazendo notícias que mudam nossa vida para sempre; como quando recebi a ligação trazendo notícias de meu pai, e neguei o que minha alma já sabia.

"Denise, seu pai está morrendo. Venha para cá o mais rápido possível", disse, aflito, um dos vizinhos do meu pai. Fiquei paralisada, atônita, olhando a distância para o telefone. Não conseguia acreditar no que ouvia. Meu pai tinha câncer de cólon, mas eu não esperava receber aquela notícia tão cedo. Para falar a verdade, não esperava recebê-la *nunca*. Apesar de ele não ter mais um papel importante em minha vida, esperava que ele sempre estivesse por perto.

Consegui sair do estado de torpor em que me encontrava e joguei, imediatamente, algumas roupas dentro de uma mala que já estava quase pronta. Enquanto seguia rápido para o aeroporto, perguntei-me se meu subconsciente já não sabia que eu tinha de estar preparada para o que viria a enfrentar, embora não conseguisse encarar a verdade de forma consciente.

No aeroporto, fui informada de que precisaria pegar três voos para sair do interior da Califórnia, onde trabalhava como professora, para chegar a meu destino – uma pequena cidade no Estado de Oregon. O primeiro voo não foi nada tranquilo, mas mal notei a turbulência, pois meus pensamentos estavam longe. Encostei a cabeça na janela e pensei sobre meu relacionamento com o homem meu pai. Nunca fôramos próximos, em especial após ele ter me molestado quando criança.

Eu ainda carregava as cicatrizes emocionais e a vergonha pelo que ele fizera comigo em sua cama, noite após noite, enquanto era uma garotinha e minha mãe estava internada em um hospital psiquiátrico. Apesar de já terem se passado quase 40 anos, não conseguira superar o trauma. Mas, a despeito do que sofrera, eu o visitara várias vezes ao longo dos anos e tentara, inclusive, criar laços afetivos com ele. Mesmo que as feridas dos tempos de infância ainda estivessem abertas, ansiava ter um relacionamento afetuoso com meu pai. Mesmo assim, ao entrar no avião, temi que talvez fosse tarde demais.

Enquanto o avião balançava no céu, lembrei-me das duas vezes em que tentara conversar com meu pai sobre o que havia acontecido quando eu era criança. Em ambas as ocasiões, ele negou que tivesse feito qualquer coisa e encerrou a conversa saindo da sala. Certo dia, perguntei-lhe se achava que eu tinha inventado tais histórias – de certo modo, achava importante saber como ele se sentia em relação a isso. Ele não disse nada, então perguntei de novo: "Você acha que estou mentindo?". Mais uma vez, permaneceu calado e, simplesmente, olhou para o chão. Isso foi o mais perto que cheguei de um pedido de desculpas.

Após os malsucedidos esforços de esclarecer a questão, fizemos um acordo tácito de silêncio. Mesmo assim, as imagens do abuso que eu sofrera inundavam meu consciente sempre que estávamos juntos – uma parede invisível, e ao mesmo tempo dura como rocha, que se erguia entre nós. Sempre que me aproximava de meu pai meu corpo reagia de modo estranho, mesmo que não estivesse pensando sobre o que acontecera. Até o mais inocente abraço me deixava enjoada.

Nada conseguia curar a dor emocional do abuso que sofrera. Não era preciso estar pensando sobre o passado para que este estivesse presente, à espreita, escondido sob a superfície de minha psique, prestes a vir à tona a qualquer momento. Não importa quão irracional pareça, continuava a achar que, se meu pai admitisse o que tinha feito e se desculpasse, minha dor desapareceria em um piscar de olhos, assim como as feridas que eu trazia na alma. Mesmo a caminho do leito de morte de meu pai, ainda ansiava por isso... talvez não fosse tarde demais! Em minha mente, vislumbrava imagens em que ele se desculpava e nos reconciliávamos, mesmo que em seus últimos momentos de vida.

Finalmente o avião aterrissou no pequeno aeroporto da cidadezinha onde meu pai morava. Uma de minhas familiares me pegou no aeroporto e percebi, por sua expressão, que não trazia boas notícias. "Desculpe, Denise, mas você chegou tarde demais – seu pai morreu há poucas horas", ela disse.

A princípio, não consegui registrar suas palavras. Era difícil acreditar que ele tivesse morrido. "Não é possível que ele esteja morto", afirmei. "Onde está o corpo? Quero vê-lo."

"Nem pensar. O corpo está pronto para ser cremado", ela respondeu.

"Se ele ainda não foi cremado, então posso vê-lo", refutei. Eu não tinha a menor ideia por que queria ver o corpo, mas, seja como for, parecia-me importante.

Enquanto discutíamos a caminho da casa de meu pai, finalmente chegamos a um acordo – eu poderia ver o corpo de meu pai, o qual estava em um necrotério, que mais parecia um armazém, localizado na área industrial da cidade. Ao chegar lá, fui recepcionada por um homem, que mais parecia um ogro, o qual, com os olhos semicerrados, me fitou de cima a baixo.

"Quero ver o corpo de meu pai", declarei.

Com o tom autoritário de pessoas que tem empregos subalternos e gostam de se sentir importantes, informou-me que isso não seria possível.

"*Quero ver o corpo de meu pai*", retruquei, encarando-o com firmeza.

Por um instante ele pareceu ter ficado tocado com minha determinação, mas no momento seguinte se recobrou e disse, com arrogância: "Tudo bem, mas não diga que não a avisei".

Fui levada a uma sala fria e mal iluminada, onde percebi por que o ogro da recepção não queria que eu entrasse. O corpo de meu pai, pálido e sem vida, jazia sobre uma laje e, apesar de estar parcialmente coberto por um lençol, as partes expostas mostravam escoriações. Apesar de ele não ter sofrido trauma craniano, havia cortes profundos e superficiais em seu rosto e em sua cabeça. Ele era um homem corpulento e creio que não tenha sido fácil carregá-lo – portanto seu corpo deve ter caído no chão várias vezes até conseguir ser levado para o interior do "armazém".

Peguei um engradado e sentei-me ao seu lado. Lá fiquei, sem me mover por alguns instantes e, então, coloquei minha mão sobre a dele – apesar de fria, esta me trouxe uma estranha sensação de conforto. Pelo que me lembre, foi a primeira vez que não senti meu estômago se contrair ao nos tocarmos.

Comecei a falar em voz alta, sem me importar se havia alguém me escutando ou não – tinha tanto a dizer. "Estou com tanta raiva de você! Agora que está morto nunca mais poderá confessar que me molestou. Nunca mais poderá desculpar-se pelo que fez! Estou com ódio porque você morreu antes de eu poder curar essa dor", disse, com o corpo trêmulo.

Chorava com tamanha força que me era difícil falar; mesmo assim, continuei: "Não sei por que vou dizer isso, pois não tenho certeza de ser isso o que realmente sinto, mas eu te perdoo. Eu te perdoo por ter abusado de mim quando era pequena; por ter internado minha mãe em um hospital psiquiátrico; por ter me ignorado quando levei um tiro e por não ter me ajudado enquanto eu lutava para conseguir uma vaga na faculdade.

'Eu te perdoo por ter me dito 'boa sorte' quando o procurei, contando que precisava de dinheiro emprestado para uma cirurgia da aorta e que poderia morrer caso não fosse operada. Dane-se! Eu te perdoo por isso, também". Eu estava aos berros e não conseguia raciocinar. Todas as mágoas represadas vieram à tona e, apesar de dizer que o perdoava, não conseguia sentir que o estava realmente perdoando, pois estava ficando cada vez com mais e mais raiva. Estava expelindo o ódio de toda uma vida enquanto despejava todas as coisas pelas quais eu o "perdoava".

Então, ouvi estas palavras, que pareciam vir de meu pai: "Durante todos esses anos *você* sempre desejou que eu pedisse perdão, e *eu s*empre desejei que você me perdoasse".

De repente, a raiva e a tristeza se esvaíram. Apesar de ele estar morto, falava comigo como se estivesse vivo, e toda a angústia, aflição e dor que sempre me sufocaram desapareceram. Não havia em mim qualquer emoção: senti-me completamente vazia ao perceber que ao longo de todos aqueles anos eu esperara por um pedido de desculpas e *ele* por meu perdão.

Eu tinha de dar o primeiro passo. Tinha de ter a iniciativa! Deixei de lado, então, toda a raiva e ressentimento que nutria por toda a minha vida. Abri mão desses sentimentos – eu não tinha mais que me apegar a eles. Fui tomada por uma sensação de liberdade e redenção, ao mesmo tempo em que aquela sala fria era inundada pela mesma luz dourada que eu vira quando fui baleada aos 17 anos.

Ao apertar, com força, a mão de meu pai, ela não mais me pareceu fria – senti que o amava e que ele me amava também. Fui tomada por lembranças de momentos inesquecíveis e maravilhosos de minha infância – meu pai arrumando o pneu de minha bicicleta vermelha, levando-nos para passear em um trenó de madeira e brincando com meu irmão Brand, de 2 anos, jogando-o para cima, enquanto este gritava de prazer. Eu amava meu pai... Eu o amava de verdade.

Levantei-me e o olhei de frente. Esta foi a primeira vez que vi quem meu pai realmente era. Sempre evitara encará-lo – mas, naquele momento, percebi a dor e a frustração que haviam assombrado aquele homem durante toda a vida. Pude sentir o desgosto que tinha quanto a si mesmo por ter abusado de sua filha e vi todos os sonhos não realizados e todo o ressentimento que carregava consigo. E, pela primeira vez em minha vida, chorei por ele.

Toquei sua fronte com delicadeza e disse: "Adeus, meu pai". Eu não o chamara de "pai" desde criança – sempre o chamava de Dick, parecia-me mais adequado. Mas naquele momento estava me despedindo de outra pessoa, estava me despedindo de meu pai.

Continuei a sentir a leveza que vivenciara naquele momento por muito tempo. Mesmo durante a cerimônia em sua memória, que ocorreu algumas semanas depois, senti-me feliz por poder celebrar a vida de meu pai. Criamos uma espécie de "palco", no qual falamos sobre suas incríveis histórias de vida e compartilhamos várias fotografias. Essa foi a primeira vez que eu e meus irmãos – Heather, Gordon e Brand, nos reunimos desde a infância, e senti como se estivesse de volta ao lar. Depois, fomos para fora da casa vislumbrar o enorme arco-íris que cruzava o céu. Apesar da tristeza, partilhamos momentos de amor e prazer...

(Extraído de *The Soul Loves the Truth,* Hay House, 2006)

Monique Marvez

Barry Smith

Considerada uma das mais divertidas e cativantes humoristas de comédias *stand-up* da América do Norte, **Monique Marvez** tem um público cativo que comparece em massa a suas apresentações há mais de 15 anos. Com seu estilo informal e direto tanto no palco quanto nos programas de rádio dos quais participa, ela foi descrita pela imprensa como um misto de Bette Midler latina e uma versão mais bonita e sexy do apresentador de TV dr. Phil. Atualmente, é a âncora do programa matinal *Monique and the Man*, da rádio 100.7 Jack FM de San Diego.

Além de apresentar famosos programas de rádio em Indianápolis e no sul da Califórnia, também participou do programa *Dick Clark's Rockin' New Year's Eve*, transmitido ao vivo de South Beach, em Miami; do especial do canal de TV a cabo HBO *Real Sex*, como especialista em relacionamentos, e dos *talk shows* Montel e *The Other Half*.

Seu primeiro livro, *Not Skinny, Not Blonde*, foi lançado nos Estados Unidos em outubro de 2007.
Website: www.moniquemarvez.com

Deus me Fez Engraçada e Inteligente!

Durante as festas de fim de ano de 1971, quando eu estava com 9 anos, meu pai sofreu um sério colapso nervoso. Se não me falha a memória, fomos visitá-lo na ala psiquiátrica do Jackson Memorial Hospital, em Miami, no dia de Natal. Entrei na área comum do hospital com minha mãe, usando um vestido vermelho de mangas compridas, com correntes douradas que se cruzavam, caindo sobre o peito e botas de verniz preto. Não podia estar mais na moda para a época. Sentia-me fantástica, maravilhosa. Entretanto, sabia que algo terrível havia acontecido, e não tinha a mínima ideia de quais seriam as consequências.

O momento não poderia ter sido pior. Quando o mundo que eu até então conhecia desmoronou, estava cursando o quarto ano da Scott Lake Elementary School e era a garota mais popular da escola. Apesar do ambiente um tanto quanto singular de minha casa – um pai nunca presente e uma mãe que ora chorava, ora rezava o terço –, eu era feliz.

Eu amava a escola e minha professora, a srta. Janine Pollard. Ela era fantástica e eu a adorava! Ela foi a primeira pessoa fora do ambiente familiar que me tratou com atenção especial. No dia em que tiramos fotos para o álbum da escola, ela arrumou meu cabelo e, quando comprou seu novo Mercury Marquis dourado, levou-me até o estacionamento para que eu o visse.

Como não havia ninguém me esperando em casa após as aulas, ficava na escola ajudando a srta. Pollard na arrumação. Normalmente falávamos sobre a vida, pois mesmo nova já estava acostumada a ter "conversas de adulto". Meus pais viviam discutindo – o casamento ruía – e, como eu era uma criança precoce, ambos trocavam confidências comigo. E eu sentia o peso de sua mágoa.

Os momentos que eu e a srta. Pollard passávamos juntas eram divertidos e descontraídos; conversávamos sobre como qualquer pessoa conseguiria ser bonita e inteligente caso estivesse determinada a fazê-lo, e ainda me falava sobre seus namorados. Ela era uma pessoa adorável, um verdadeiro exemplo para mim.

Sob o olhar cuidadoso de minha professora e amiga, deixei o cabelo crescer, passei a me vestir melhor e a entender que, a meu modo, poderia me tornar uma pessoa carismática. Ela me mostrou que pouco importava eu não ser loira e *mignon*. Pouco antes do colapso nervoso de meu pai, sentia-me autoconfiante e feliz comigo mesma, quase "*sexy*" – ainda não sabia o que isso significava. No entanto, nunca mais me senti assim.

Comecei a ganhar peso rapidamente, tanto que, no início de fevereiro de 1972, meu vestido vermelho e minhas botas de cano alto já não me serviam mais. O colapso de meu pai provocou uma série de mudanças em minha vida. Ele estava fora de si e queria se ver livre do casamento. Nossa bela casa foi colocada à venda e fui transferida para outra escola perto da casa de minha avó. Mas o pior de tudo foi ter de dizer adeus à srta. Pollard.

Quando o parque de diversões e a feira estudantil Dade County Youth Fair chegaram à cidade na primavera, a srta. Pollard foi me buscar na casa de minha avó para passearmos. Aquele foi um dos melhores dias de minha vida, exceto pelo terror que senti durante o passeio na roda-gigante dupla – mesmo assim, ainda hoje me lembro da vista de toda Miami a meus pés.

O pavor que sentira na roda-gigante foi suplantado pela gratidão à srta. Pollard, afinal ela ainda se importava comigo. Durante nosso passeio, ela comentou algumas vezes o quão especial estava sendo aquele dia, sem deixar de me aconselhar a não comer "porcarias". Eu tinha engordado bastante desde nosso último encontro e percebi que ela estava preocupada; mesmo assim, ela nada disse que me fizesse sentir envergonhada ou acabrunhada. Essa é a magia das boas intenções e do amor.

Antes de me levar para casa, passamos pelo hotel Red Diamond Inn, na Avenida 37. A srta. Pollard pediu um refresco chamado Shirley Temple e uma pizza de *pepperoni* para eu levar para casa. Após esse encontro, perdemos contato, o hotel foi demolido e em seu lugar foi construída uma clínica de quiropraxia. Mesmo assim, em 9 de novembro, data de seu aniversário, desejei-lhe todas as bênçãos do mundo e orei por ela.

Meu aniversário de 10 anos foi em 23 de setembro de 1972, mas ninguém se lembrou dele até as 20 horas, quando Christy, minha tia favorita, telefonou para casa e não parou de se desculpar, dizendo, com seu forte sotaque castelhano, que era uma tia relapsa, que esquecera do aniversário de sua única sobrinha. Minha mãe, ao ouvi-la, deu um grito esganiçado e correu até meu quarto, onde eu estava deitada na cama, com a cabeça enfiada no travesseiro, e tentou me explicar como os últimos oito meses tinham sido difíceis. Sabia que ela ficaria magoada se eu gritasse: "Dane-se!".

Quando me lembro daquele dia, não consigo deixar de achar bizarro o que se sucedeu entre as 21 horas e as 22 horas da noite. Fico satisfeita em saber que, apesar de ser o pivô da história, na realidade o que aconteceu não tinha nenhuma relação direta comigo. Bem, eu continuava sem a mínima vontade de comemorar meu aniversário, mas como meu novo padrasto, Guillermo, saiu e comprou meu bolo predileto, com cobertura de merengue, dançamos, apagamos as velinhas, comemos mais de uma fatia de bolo e fomos dormir tarde da noite. Na época, já estava gordinha.

Quando chegou meu aniversário de 11 anos, Guillermo não fazia mais parte de nossa vida e eu estava obesa.

Demorei seis anos para começar a cursar o quinto ano do ensino fundamental e fui, então, transferida para a escola Sylvania Heights, onde conheci Shannon Murphy, que logo se tornou minha melhor amiga, pois, além de não ser uma pessoa crítica, pouco se importava se eu era a mais nova aluna gorda – e ela era a garota mais bonita da escola. Não conseguia acreditar que apenas um ano e meio antes eu era uma menina atraente e a mais popular da escola.

Conhecemo-nos quando Shannon se preparava para lutar com uma garota chamada Barbara e pediu que eu segurasse seus brincos enquanto ela acabava com a adversária. Estavam brigando por causa de uma peça da grife de joias e bijuterias Sarah Coventry. Os pais de Shannon bebiam muito e ela era um tanto quanto revoltada.

Shannon e eu adorávamos passear de bicicleta, mas nosso destino era normalmente um lugar que nos trazia paz e tranquilidade como a lanchonete Burger King ou o mercado Winn-Dixie, em que os doces e as barras de chocolate ainda custavam dez centavos. Apesar de ter uma grande amiga e me manter ativa, sabia que meu excesso de peso era um problema que teria de enfrentar mais cedo ou mais tarde...

Quando eu estava no sexto ano escolar, a festa de Halloween marcou o início do meu primeiro *round* contra a gordura: meu arquirrival. Todos os nossos amigos combinaram de se encontrar na casa de Henry Alonso para irmos até a mais famosa casa mal-assombrada de Miami.

Apesar de estar um ano à frente, no sétimo ano, Henry apreciava sair conosco, pois tinha uma "queda" por Shannon. Ele tinha uma vozinha irritante e aguda e, a despeito de gostar de Shannon, era filho único, queridinho da mamãe e já tinha todas as características de um homossexual.

Todos se amontoaram no carro, exceto Henry e eu, e então sua mãe sugeriu que ele se sentasse no espaço que sobrara e eu, em seu colo. Ele bateu o pé no chão, indignado, e replicou: "Como? Porque ela é uma garota? Ela é duas vezes maior do que eu e vai me esmagar!". A mãe de Henry pediu que ele fosse um *caballero* [cavalheiro] e, fazendo cara feia, Henry jogou-se dentro do carro com um suspiro dramático, dando-se por vencido.

Dei meia-volta e comecei a caminhar de volta para casa.

Shannon gritou de dentro do carro lotado, pedindo que eu voltasse, mas não o fiz.

Ao chegar, minha mãe cumprimentou-me, dizendo: "Ótimo, quem sabe você agora fará alguma coisa em relação à sua gordura. Sua tia Isa e eu vamos participar de uma reunião dos Vigilantes do Peso hoje à noite. Por que não vai conosco?".

Graças a Deus eu não estava usando uma fantasia, pois isso só faria com que me sentisse mais gorda *e* humilhada.

Minha tia Isa era na realidade prima de meu pai e precisava perder apenas cerca de seis quilos. Mesmo um pouco rechonchuda, os homens a achavam atraente e, além disso, tinha um incrível senso de humor. Tinha certeza de que me sentiria bem em sua companhia.

O grande problema era que eu tinha cerca de 1,50 metro de altura e pesava quase 60 quilos.

Enquanto meus colegas estavam passeando, apavorados, ao ser assombrados pelos alunos das faculdades fantasiados de zumbi, eu estava escutando que meus almoços seriam regados a beterraba e atum. Isso sim é o que se pode chamar de uma terrível e assustadora noite de Halloween!

Por alguns meses, nós três participamos juntas das reuniões dos Vigilantes do Peso e em uma certa semana cheguei a ser a campeã de perda de peso. Já emagrecera em torno de nove quilos e minhas calças estavam muito largas. No entanto, minha mãe não estava se saindo muito bem e parecia ter atingido seu limite e, portanto, paramos de participar dos encontros.

A gordura sempre volta e traz consigo amigos.

Quando cheguei ao oitavo ano da escola, após ter vivenciado o fracasso da reconciliação de meus pais, quase passava dos 65 quilos. Quando eu estava passando do quinto para o sexto ano, eles fizeram as pazes e resolveram voltar a viver juntos. Eu deveria ter ficado feliz, mas não foi o que aconteceu. Na realidade, eles nunca deveriam ter se casado e o segundo casamento acabou sendo ainda pior do que o primeiro.

Gostaria que as coisas tivessem sido diferentes, sem ter tido de despender tanta energia tentando fazer com que meu peso se mantivesse abaixo do meu QI considerável – este, um valor que nunca muda.

Foi preciso que eu largasse a escola e me divorciasse daquele que tinha sido meu namorado dos tempos de escola para finalmente descobrir a chave de minha felicidade: concentrar-me em meu QI e esquecer-me de quanto pesava. Quando estava com 27 anos tornei-me uma famosa humorista de comédias *stand-up* e passei a me sentir grata por todos os desafios que a vida tinha me apresentado. Eles se transformaram em excelente fonte de inspiração para meu trabalho!

Sempre começo minhas apresentações dizendo: "Adoraria ser magra e loira, mas, em vez disso, Deus me fez engraçada e inteligente!".

(Extraído de *Not Skinny, Not Blonde,* Hay House, 2007)

Dr. Eric Pearl

Devon Cass

O **dr. Eric Pearl**, autor do *best-seller The Reconnection*, após testemunhar inúmeras curas milagrosas acontecendo bem em frente aos seus olhos, abandonou sua bem-sucedida carreira de quiroprático em Los Angeles e passou a se dedicar a transmitir a luz e as informações inerentes ao processo de Cura pela Reconexão por meio das inúmeras palestras e seminários que ministra e que têm como tema "A Reconexão". Além de aparições em diversos programas de TV, Eric chegou a lotar o Madison Square Garden em uma de suas apresentações. Artigos sobre seus seminários têm sido publicados em importantes veículos de comunicação, incluindo o jornal *The New York Times*.
Website: www.thereconnection.com

VIVENCIANDO A VIDA APÓS A MORTE

A maioria das mães lembra-se do nascimento de seu primeiro filho como um momento especial e singular. Algumas mulheres passam dias em trabalho de parto; outras dão à luz no banco traseiro de um táxi ou na mata. Minha mãe? Ela morreu na sala de parto.

No entanto, morrer não a incomodou; mas, sim, ter de voltar à vida...

"Quando este bebê nascerá?", pensava agonizante. Enquanto ficou no quarto, em trabalho de parto, minha mãe, Lois Pearl, não parou de fazer os exercícios de respiração e de empurrar, empurrar... mas nada acontecia. Nenhuma dilatação. Nenhum bebê prestes a nascer. Apenas sentia uma dor cada vez mais intensa, enquanto a médica entrava no quarto, entre um parto e outro, para verificar como ela estava. Ela fez todo o possível para não gritar; estava determinada a não fazer nenhuma cena. Afinal de contas, estava em um hospital, havia doentes ao redor.

Ainda assim, quando a médica apareceu de novo em seu quarto, minha mãe olhou para ela, com lágrimas rolando pelo rosto, e perguntou em tom de súplica: "Isso nunca vai ter fim?".

Preocupada, a médica pressionou com uma das mãos o abdome de minha mãe para verificar se eu já havia "descido" o suficiente para o parto. Pela expressão da médica, podia-se perceber que ela não tinha certeza de que eu estivesse na posição certa. No entanto, considerando a dor lancinante que minha mãe sentia, virou-se para a enfermeira e disse, relutante: "Leve-a para a sala de parto".

Minha mãe foi colocada sobre uma maca e levada até a sala de parto. Enquanto a médica pressionava seu abdome, minha mãe percebeu que a sala foi inundada pelo som de alguém que berrava. *"Nossa"*, pensou, *"essa mulher deve ser uma perfeita idiota!"* E, então, percebeu que somente ela e a equipe médica estavam na sala – o que significava que ela estava aos berros; ela estava fazendo uma cena – o que a deixou, de fato, incomodada.

"Quando isso vai ter fim?"

A médica lhe deu um sorriso tranquilizador e um pouco de éter para cheirar – o mesmo que colocar um *band-aid* sobre o que restara de um membro decepado.

"Nós a estamos perdendo..."

Minha mãe mal conseguia escutar a voz que falava sob o barulho ensurdecedor que ouvia, semelhante ao de enormes motores – algo que se esperaria ouvir em uma fábrica e não em um hospital.

O tal barulho começara aos poucos. A princípio, o som se manifestara próximo à planta dos pés, acompanhado de uma sensação de formigamento. Em seguida, foi subindo pelo corpo, como se os motores estivessem se movendo em direção à cabeça, fazendo um barulho cada vez mais alto e, enquanto avançavam, deixavam dormente a parte do corpo pela qual haviam passado antes de progredir em direção à seguinte, deixando atrás de si um rastro de entorpecimento.

Porém, mais forte do que o som dos motores era a dor do trabalho de parto.

Minha mãe tinha consciência de que nunca mais se esqueceria da dor pela qual tinha passado. Sua ginecologista e obstetra – uma médica à moda antiga, prática e racional – acreditava que as mulheres deveriam vivenciar a experiência de dar à luz em sua totalidade, o que significava não tomar nenhum analgésico, nem mesmo durante o parto, à exceção de poder cheirar um pouco de éter durante o pico das contrações.

Apesar de todos os médicos e enfermeiros darem a impressão de estar atentos, ninguém pareceu notar o som ensurdecedor que minha mãe ouvia e ela se perguntou: *"Como é possível?"*.

Então, os motores e a sensação de dormência que deixavam atrás de si deveriam ter trazido alguma espécie de alívio. No entanto, quando os barulhentos motores passaram por sua pélvis e se dirigiram em direção à sua cintura, minha mãe soube de imediato o que aconteceria quando eles chegassem ao coração.

"Nós a estamos perdendo..."

"Não!", disse, resistindo à ideia. Independentemente da dor, ela não queria morrer – imaginando o pesar daqueles que amava.

No entanto, não importa o quanto resistisse, os motores não paravam de avançar. Continuavam sua trajetória ascendente, fazendo com que ela, pouco a pouco, centímetro após centímetro, deixasse de sentir seu corpo, como se sua vida estivesse, lentamente, sendo apagada. Estava impotente e, ao perceber que não conseguiria pará-los, algo inusitado aconteceu com minha mãe. Apesar de não *desejar* morrer, sentiu-se de repente em paz.

"Nós a estamos perdendo."

Os motores chegaram a seu esterno e sua cabeça foi tomada pelo barulho que faziam.

"E, então, ela começou a flutuar..."

Minha mãe sentiu que não era seu *corpo* que planava no ar, mas sim o que se chamava de *alma*. Estava sendo atraída para o alto; levada *em direção* a algo. Ela não olhou para trás. Sentia que não estava mais no mundo físico, a sala de parto e os motores agora estavam distantes. Ela continuou a flutuar, levada para cima.

Pouco importava ela não acreditar conscientemente na vida após a morte ou ter qualquer crença relacionada a isso, muito menos uma formação espiritual para perceber que sua essência estava abandonando o corpo físico e começando a se elevar. Só havia uma explicação para tal fenômeno.

O último pensamento que minha mãe teve na sala de parto foi que *pouca importância tinha,* estar deixando para trás tudo que lhe era conhecido. A princípio, ficou surpresa, mas, assim que parou de lutar e "se deixou levar", sua jornada teve início. Sua primeira sensação foi de paz e tranquilidade absolutas; seguida do alívio de todas as responsabilidades mundanas. As incômodas tarefas do dia a dia não mais lhe importunavam. *Não havia mais receio do amanhã.* Todos os temores, atribulações começavam a se esvair, um a um..., o que não podia ser mais libertador.

Que alívio *maravilhoso*. Enquanto isso acontecia, começou a se sentir mais leve e percebeu que *pairava* no ar. Sentia-se tão leve, liberta de suas responsabilidades mundanas, que se elevou a um nível mais alto. E, assim, minha mãe continuou a ascender, apenas parando para receber algum ensinamento.

Ao ascender, minha mãe passou por diferentes níveis – ela não se lembra de ter passado por um "túnel", como vários que vivenciaram experiências similares relatam. O que, de fato, recorda é ter encontrado "outros" durante sua viagem – que eram mais do que apenas "pessoas" – mas, sim, "seres", "espíritos" e a "alma" daqueles cujo tempo na Terra havia terminado. Essas "almas" conversavam com ela, apesar de que *conversar* não seja o termo mais preciso. Não se comunicavam por meio de palavras, mas pelo pensamento, o que não deixava margem de dúvida quanto à mensagem que estava sendo transmitida. Nessa esfera tudo era muito claro.

Minha mãe aprendeu que a linguagem oral, como a conhecemos, mais do que *contribuir* para a comunicação, é uma *barreira* a ela. Esse é um dos obstáculos que temos de sobrepujar como parte de nosso aprendizado na Terra; além disso, a oralidade é um dos fatores que limitam a abrangência da compreensão, tão necessária para aprendermos as lições que nos são reservadas nesta vida.

Minha mãe tomou consciência de que a alma – o "cerne" de cada um de nós – é a única coisa que sobrevive ou importa. A alma mostra sua natureza de modo claro. Como não havia um rosto, corpo, nada atrás do que se esconder, minha mãe conseguia reconhecer a essência de cada uma delas. A fachada física não mais era parte delas. Foi deixada para trás, na lembrança de seus entes queridos, para ser por eles reverenciada. Tal memória de sua presença física é tudo que permanece na Terra, ao passo que a verdadeira essência transcende.

Minha mãe aprendeu quão insignificante é nossa aparência exterior e os trejeitos e a superficialidade de nosso apego a eles. Sua missão naquele nível era aprender a não julgar as pessoas pela aparência – o que incluía raça, cor ou credo – nem pela sua posição social ou grau de escolaridade. Era descobrir quem *eram*, de fato, a observar seu interior, ir além das aparências e enxergar sua verdadeira identidade. Apesar de essa ter sido uma lição que já havia aprendido *aqui*, de certa forma a compreensão que ganhara *no plano espiritual* a tornava muito mais abrangente.

Era impossível mensurar quanto tempo havia passado, mas minha mãe tinha consciência de que estava naquele plano tempo suficiente para ascender a todos os níveis. Ela também sabia que cada um dos níveis trazia em si um diferente aprendizado.

O primeiro nível era o das almas ainda ligadas à Terra – aquelas que não estavam prontas para partir, que tinham dificuldade em se separar daquilo que lhes era familiar. São, de modo geral, espíritos que sentem que ainda não completaram sua tarefa no plano material.

Talvez tenham deixado para trás entes amados que sofriam de alguma doença ou deficiência e estavam sob seus cuidados e não queiram abandoná-los, assim permanecem nesse primeiro nível até se sentirem prontas para se libertar dos laços que as prendem à Terra. Talvez tenham morrido de modo inesperado ou violento, de modo que ainda não lhes foi possível se conscientizar de que estão mortos e do processo que terão de passar para continuar a evoluir.

Seja como for, elas ainda possuem fortes laços com os vivos e não estão prontas para partir. Enquanto não se conscientizarem de que não podem mais atuar no plano material, que não mais pertencem a ele, permanecerão no primeiro nível – o mais próximo à sua vida anterior.

As lembranças de minha mãe do segundo nível são um tanto vagas, no entanto, as do terceiro nível são extremamente vívidas.

Ao chegar ao terceiro nível, lembra-se de ter sentido um peso ao redor de si e de ter ficado triste ao perceber que aquele era o nível em que se encontravam os que haviam tirado a própria vida. Essas almas encontravam-se no limbo.

Tinha-se a impressão de que estavam isoladas, sem conseguir ascender ou regredir. Não sabiam para onde ir – pareciam não ter nenhum propósito ou objetivo. Será que não viriam a ter permissão para ascender a fim de aprender o que precisavam para evoluir? Para ela, parecia impossível que não. Talvez fosse necessário mais tempo para passarem para o próximo estágio, mas isso não deixava de ser mera especulação.

Minha mãe voltou sem tal resposta. Seja como for, essas almas não estavam tranquilas – e vivenciar esse nível não era uma experiência prazerosa, tanto para aqueles que nele se encontravam quanto para aqueles que estavam de passagem. A mensagem deixada pelo terceiro nível era clara e indelével: *Tirar sua própria vida é um entrave aos planos de Deus.*

Minha mãe trouxe consigo outras lições. Vivenciou a inutilidade de chorar pelos mortos, pois o único pesar que os que partiram carregavam era a dor dos que deixaram para trás. Eles esperam que nos regozijemos com sua partida, que "festejemos seu retorno ao lar", pois ao morrermos nos encaminhamos para onde queremos estar. O pesar que sentimos é por *nossa* perda, o vácuo deixado, antes preenchido por aquela pessoa. Sua vida, tenha ela sido prazerosa ou não, foi parte de seu aprendizado.

Quando alguém morre, perdemos uma "fonte" de aprendizado. Felizmente, há duas opções: talvez já tenhamos aprendido a lição que ela tinha a nos oferecer ou venhamos a aprendê-la ao refletir sobre o papel dessa pessoa em nossa vida. Minha mãe tinha consciência de que nosso tempo aqui na Terra nada mais era do que um estalar de dedos quando comparada à nossa existência eterna e que "logo" estaríamos todos juntos. Quando, então, perceberíamos que tudo aconteceu como previsto.

Também lhe foi mostrado que, mesmo que acontecimentos aparentemente terríveis ou injustos acometam o povo da Terra, eles não são *um castigo* de Deus. O fato de crianças inocentes serem mortas, pessoas de bem morrerem após uma prolongada doença, ou alguém sofrer um acidente ou ficar desfigurado, nada é uma *punição* por *algo de mal* que tenham cometido. Essas são as lições que *nós* temos de aprender – que fazem parte de *nosso* plano divino, pelas quais aceitamos passar. Tais ensinamentos contribuem para a evolução – tanto para os que causaram tais situações quanto para suas vítimas.

De modo geral, *as pessoas que vivenciam tais acontecimentos sabem exatamente pelo que estão passando*. Ao chegar a esse entendimento, minha mãe conseguiu perceber que não havia nenhum sentido em questionar por que Deus permitia que tais coisas ocorressem, ou mesmo se Deus existe.

Minha mãe também veio a saber que a guerra é um estado temporário de barbárie – uma forma absurda de resolver diferenças destinadas a desaparecer. As almas que se encontram no plano espiritual consideram a inclinação da raça humana à guerra não só primitiva, como absurda – jovens enviados para lutar uma batalha deflagrada por velhos pela posse de terras. Haverá um tempo em que a humanidade olhará para trás e se perguntará: *"Qual o sentido disso?"*. Quando houver na Terra almas evoluídas em número suficiente para resolver tais problemas, não haverá mais guerra.

Minha mãe veio a descobrir por que algumas pessoas que haviam feito coisas "terríveis" na Terra não foram alvo de julgamento ao chegarem ao plano espiritual. Os atos que cometeram teriam sido parte de seu aprendizado para se tornarem seres mais perfeitos e evoluir. Certamente teriam de retornar à Terra repetidas vezes até assimilarem as inúmeras consequências de seus atos. Teriam de passar pelo ciclo da morte e renascimento até conseguir, por fim, evoluir e retornar ao Lar.

Após concluir seu aprendizado, minha mãe ascendeu ao nível superior. Ao chegar lá, parou de subir e começou a planar, sem nenhum esforço, atraída por uma espécie de força constante. Durante sua "viagem", viu as mais belas cores e formas rodopiando ao seu lado, as quais pareciam fazer parte de uma paisagem, exceto... por estarem soltas. Ela, de alguma maneira, sabia que eram flores e árvores; entretanto, completamente diferentes das da Terra. Estava extasiada com as formas e matizes que vislumbrava e não existiam no mundo que deixara para trás.

Aos poucos, minha mãe percebeu que estava deslizando por uma espécie de estrada, uma faixa em cujas margens encontravam-se almas conhecidas – amigos, parentes e pessoas com quem convivera durante muitas vidas. Estavam lá para dar-lhe boas-vindas, guiá-la e deixá-la tranquila – a sensação de paz e de alegria que sentia era indescritível.

No fim da estrada, minha mãe viu uma luz distante. Tão resplandecente quanto o sol, e teve medo de que esta queimasse seus olhos. Mas qual não foi sua surpresa ao perceber que, ao se aproximar da luz, seus olhos nada sentiam. A extraordinária incandescência pareceu-lhe familiar – e, de certa forma, aconchegante. Viu-se circundada por um halo e compreendeu que a luz era muito mais do que uma irradiação: era o âmago do Ser Supremo. Havia atingido o nível da Luz que tudo sabe, tudo aceita, tudo abrange e tudo ama. Minha mãe sabia que havia voltado ao *Lar*. O lugar do qual fazia parte. O lugar de onde viera.

Em seguida, a Luz se comunicou com ela sem fazer uso de palavras. Por meio de alguns poucos pensamentos não verbais, transmitiu informações suficientes para escrever uma enciclopédia. Quadros passavam à sua frente, um a um, mostrando como tinha sido sua vida – *esta* vida –, levando-a a perceber a dor e o prazer que tinha proporcionado aos outros.

Durante esse processo, estava-lhe sendo mostrado o que tinha a aprender – *sem críticas, julgamento*. Muito embora nenhum comentário tenha sido feito, *ela* tinha consciência de que sua vida tinha sido boa.

Pouco depois, minha mãe foi informada de que teria de voltar; mas ela não *queria*. O que não deixava de ser estranho, pois, apesar de a princípio ter *resistido* à ideia de morrer, agora não queria mais partir. Sentia-se tão em paz – confortada em seu novo ambiente, por sua nova compreensão da vida, por seus amigos de longa data. Ela queria poder ficar lá por toda a eternidade. Como seria possível que esperassem que ela partisse?

A resposta à sua silenciosa pergunta foi a de que ainda não havia terminado seu trabalho na Terra: tinha de voltar para criar seu filho. Um dos motivos pelos quais havia sido levada até lá era adquirir o conhecimento necessário para realizar tal tarefa!

Minha mãe, de repente, sentiu estar sendo levada do âmago da Luz de volta à estrada pela qual passara. Mas agora viajava em sentido contrário e sabia que estava retornando para a Terra. Deixar seus entes queridos, as cores, as formas e a própria Luz fez com que sentisse uma tristeza e saudade profundas.

Ao se afastar da Luz, a memória do que vivenciara começou a se dissipar. Ela sabia que havia sido *programada* para esquecer; que não *deveria* lembrar-se do que viu. Mesmo assim, tentou desesperadamente se agarrar às lembranças que restavam, consciente de que não eram, em absoluto, um sonho. Lutou para guardar as memórias e impressões, muitas das quais já não alcançava. A sensação de perda foi terrível. Não obstante, sentia-se em paz, sabendo que, quando chegasse sua hora de voltar para o Lar, seria acolhida com amor. Isso ela nunca mais esqueceria. Minha mãe não temia mais a morte.

Nesse mesmo instante começou a ouvir, ao longe, o ruído de motores. No entanto, dessa vez ele começara a soar na cabeça, partindo em direção aos pés. Passou, então, a ouvir vozes ao fundo – vozes humanas – e, em seguida, as batidas de seu coração.

A dor que sentira tinha, praticamente, se esvaído.

Os motores desciam, desciam, e o barulho deles desapareceu aos poucos. Não tardou a não restar nenhuma lembrança destes, a não ser um formigamento na sola dos pés, o qual também desapareceu por completo. Não havia mais sofrimento. Ela voltara ao que as pessoas acreditam ser o mundo "real".

A médica, com uma expressão de alívio, inclinou-se sobre ela e, sorrindo, disse: "Parabéns, Lois. Você acabou de dar à luz um lindo menino".

Minha mãe só me veria pela primeira vez em seu quarto de hospital, após a equipe médica ter me limpado, verificado meu peso e contado meus dedos do pé. Enquanto minha mãe era levada pelos corredores do hospital a caminho de seu quarto, compreendeu o sentido de tudo que havia vivenciado e aprendido. Ela sabia, intuitivamente, que já se esquecera da maior parte das revelações que tivera momentos antes: porque o céu é azul, porque a grama é verde, porque o mundo é redondo, e como se dera a criação – tudo parecera tão lógico. Mesmo assim, restava a certeza de que *há* um Ser Supremo. De que Deus *existe*.

Ela também constatara, com total clareza, que: *Estamos aqui para aprender lições que nos levarão a ser almas mais íntegras. Temos de cumprir nossas tarefas neste plano antes de estarmos em condição de ascender a um plano superior. Por isso alguns indivíduos são almas mais experientes, enquanto outros ainda florescem.*

Sem dúvida, ela *realmente* havia mudado. Durante toda a sua vida tinha sido compulsiva, perfeccionista, mas decidira que chegara a hora de não exigir tanto... tanto de si quanto dos outros.

Enquanto a maca era levada pelo corredor, meu pai aproximou-se de minha mãe e a acompanhou. Ela fez um gesto para que ele se aproximasse. "Quando chegamos ao quarto", sussurrou, "tenho de lhe dizer uma coisa que fui programada para esquecer".

Quando estavam sozinhos no quarto, exceto pela presença de outras mulheres deitadas nos leitos do hospital, minha mãe disse baixinho: "Sonny, não repita em voz alta nada do que eu disser. Vão achar que estou louca".

"Não se preocupe."

Ela, então, começou a descrever tudo de que ainda conseguia se lembrar, tentando guardar as poucas memórias que restavam. Meu pai a ouviu em silêncio, sem retrucar, e ela teve certeza de que ele não duvidara de uma única palavra do que dissera. Ele sabia que ela nunca inventaria uma história como essa.

Após ter terminado seu relato, foi tomada pelo cansaço, mas antes de dormir pediu a meu pai que fosse para casa e escrevesse tudo que ela havia relatado o mais rápido possível. Ele concordou, pois essas informações eram preciosas demais para serem perdidas.

Minha mãe recostou-se na cama. Havia *tantas* questões sem resposta. Algo deveras inusitado havia acontecido na sala de parto e ela sabia que não fora parte de um sonho, pois sonhos não fazem com que você se transforme de modo tão profundo. Como seria possível você entrar em um sonho temendo a morte e sair dele sem nenhum receio desta, ao contrário, sentindo-se tranquila quanto a ela – e consciente de que *sempre* se sentiria da mesma forma?!

Minha mãe queria saber tudo sobre a experiência que tivera, em especial o que acontecera com seu corpo na sala de parto enquanto sua consciência o abandonara e comungava com seres que eram pura luz.

Não tardou a descobrir que isso não seria nada fácil.

Quando minha mãe perguntou à médica se algo "estranho" acontecera na sala de parto, recebeu a seguinte resposta: "Não, nada. Foi um parto normal". A única pequena complicação, de acordo com a médica, foi ter tido de usar fórceps para colocar o bebê na posição correta – uma prática comum à época.

Um parto normal? Isso não podia ser possível. A frase "parto normal" não tinha nada a ver com "nós a estamos perdendo".

Em seguida, minha mãe questionou as enfermeiras presentes na sala de parto, mas não conseguiu que nenhuma delas confessasse ter dito qualquer coisa parecida com o que ela ouvira ou ter ocorrido qualquer problema.

Caso apenas médicos e enfermeiras estivessem presentes durante o parto, não haveria ninguém mais a quem recorrer. Mas minha mãe lembrou-se de que uma atendente de enfermagem também assistira ao parto. Elas costumavam trabalhar nos "bastidores", sem fazer alarde, realizando seu trabalho com discrição e eficiência. De hábito passavam despercebidas e eram subvalorizadas. *Uma atendente de enfermagem não tinha por que esconder a verdade caso algo tivesse dado errado.*

Portanto, minha mãe confrontou a atendente de enfermagem dizendo: "Sei que alguma coisa aconteceu comigo na sala de parto".

Após um longo silêncio, ela deu de ombros e replicou: "Não posso falar sobre isso, tudo que *posso* lhe dizer é que *você... teve... sorte"*.

Nós a estamos perdendo?
Você teve sorte?

Aquilo foi o suficiente para confirmar o que minha mãe já sabia: algo *realmente* inesperado se passara com ela naquele dia na sala de parto, algo muito além de dar à luz um filho sem anestesia. Os médicos, *de fato*, a haviam perdido. Ela morrera – e retornara. Ela chegou à conclusão de que, na realidade, não tivera uma experiência de "quase morte", mas na realidade de "vida após a morte". Minha mãe não estivera *quase* morta. Ela *morrera*. E, assim como outras pessoas que morreram e voltaram à vida, ela se transformara. Passou a compreender que qualquer experiência pela qual passasse em vida – fosse ela "boa" ou "má" – era necessária para a evolução de sua alma: "Você, *com certeza*, irá voltar... até aprender o que precisa". Isso faz parte de nosso processo de evolução.

(Extraído de *The Reconnection,* Hay House, 2001)

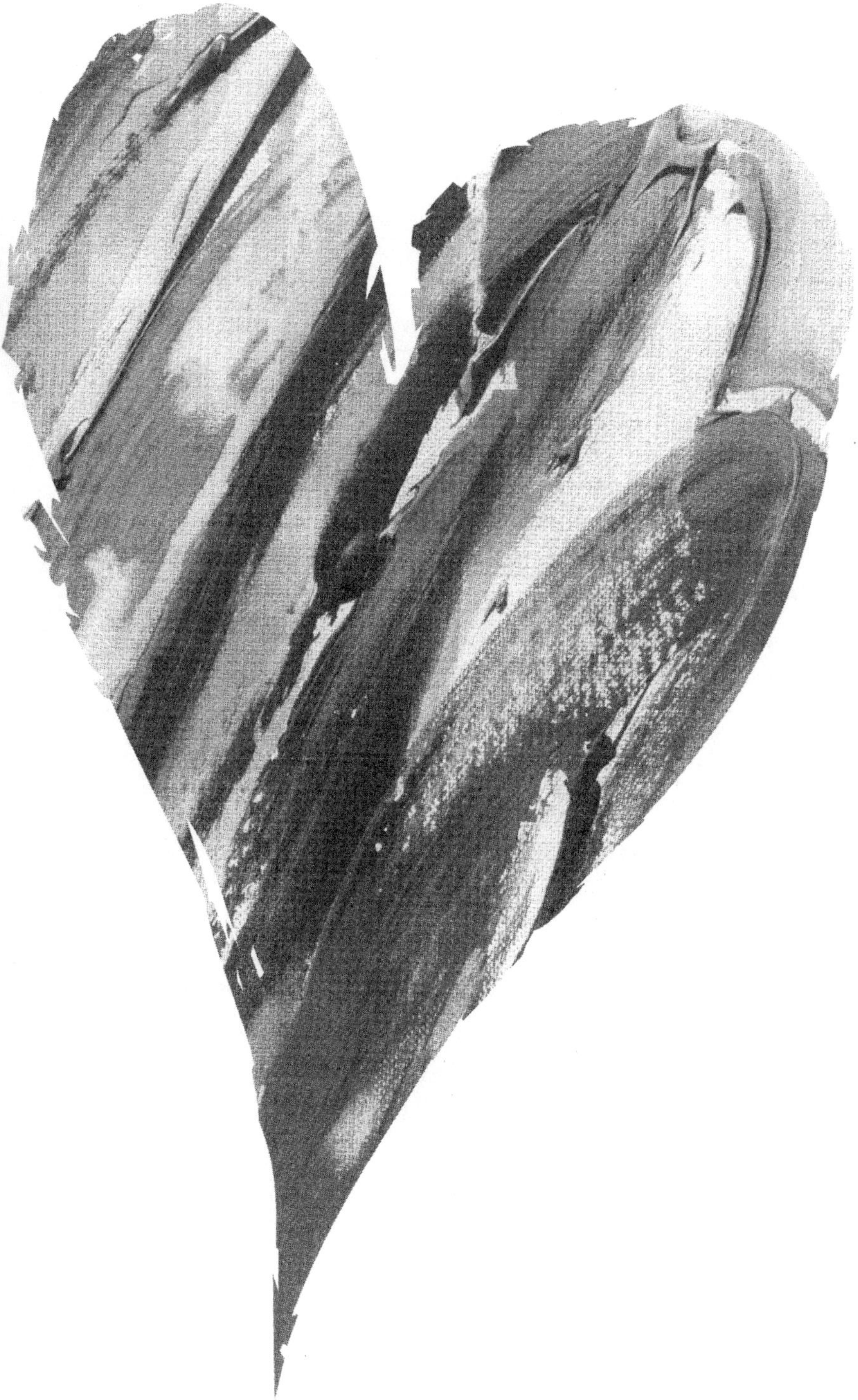

Candace B. Pert, Ph.D.

Candace Pert, Ph.D., autora de *Everything You Need to Know to Feel Go(o)d*, é uma psicofarmacologista de renome internacional. Trabalhou como pesquisadora da Faculdade de Medicina da Universidade de Georgetown e é chefe de departamento do Instituto Nacional de Saúde Mental dos Estados Unidos. Publicou mais de 250 artigos científicos e ministrou inúmeras palestras mundo afora sobre farmacologia, neuroanatomia e sua pesquisa de ponta sobre emoções e a conexão entre corpo e mente.

Sua participação na produção do filme *Quem somos Nós?*, lançado em 2004 – o qual combina documentário e narrativa ficcional –, e o *best-seller Molecules of Emotion: The Science Behind Mind-Body Medicine*, contribuíram para popularizar suas importantes descobertas e teorias inovadoras sobre consciência, neuropeptídeos e realidade.

Website: www.candacepert.com

O Sentimento Cura

Um simpósio sobre *aids* do qual participei, realizado na ilha de Maui, no Havaí, em 1985, foi um marco tanto em minha evolução espiritual como em minha carreira como cientista. Durante o evento, segui a voz de Deus que emanava de meu interior e que determinou minha missão e propósito de vida que continua até hoje, mais de 20 anos depois, a ser a base de minha pesquisa.

Meu primeiro livro, *Molecules of Emotion*, publicado em 1997, descrevia como eu desenvolvera minha teoria sobre o papel das emoções em nossa vida e como o dr. Michael Ruff, meu marido, e eu criamos uma verdadeira revolução ao demonstrar que o corpo e a mente estavam intrinsecamente ligados e funcionavam como uma única entidade. No entanto, o verdadeiro motivo de eu ter escrito o livro foi poder falar sobre nossa descoberta – uma droga potente e não tóxica para ser usada no tratamento da *aids*, chamada peptídeo T.

O conceito do peptídeo T, na realidade, surgiu após uma caminhada que Michael e eu realizamos até o cume da cratera do vulcão Haleakala, em Maui, e uma palestra que ministrei, logo em seguida, no Primeiro Simpósio Internacional sobre Neurologia da *Aids*, organizado pela Faculdade Americana de Neuropsicofarmacologia. Era 1985 e as complicações neurológicas advindas do vírus HIV e suas manifestações no sistema nervoso central acabavam de ter sido descobertas.

Ao terminarmos nossa escalada e voltarmos ao nível do mar, Michael e eu estávamos exultantes graças à descarga de endorfina gerada por nossa aventura desgastante, mas inspiradora, e ansiosos por participar da conferência. Iríamos apresentar dados bem interessantes sobre um receptor presente na superfície das células do cérebro e do sistema imunológico – uma estrutura microscópica chamada receptor CD4. À época, acreditava-se que esse seria o único local de entrada do vírus HIV nas células, e descobrir sua presença no cérebro, assim como nas células do sistema imunológico, teria inúmeras implicações na busca por um tratamento eficaz.

Sentamo-nos no auditório. Nosso estado de consciência ainda estava alterado em virtude de nossa jornada de cerca de 20 quilômetros de ida e volta até o vulcão, a escalada de 2,5 quilômetros e a caminhada ao redor da cratera, enquanto escutávamos com atenção o que os outros apresentadores relatavam sobre essa nova enfermidade conhecida como *aids*. Até aquele momento, pouco se sabia sobre a doença. Os cientistas do departamento de infectologia que trabalhavam conosco no Instituto Nacional de Saúde dos Estados Unidos estavam pesquisando o assunto, mas esse não era um tema a que nós, da área de saúde mental, prestássemos muita atenção.

A psicóloga que se apresentou antes de mim mostrou *slides* de alguns de seus pacientes assolados pela doença – em sua maioria artistas, eram músicos e homens com aspecto delicado, membros das comunidades gay de São Francisco; da cidade de Provincetown, no Estado de Massachusetts; e da cidade de Nova York. Enquanto assistia à palestra, observei os rostos esqueléticos, os olhares amedrontados desses seres humanos que sofriam. Senti tamanha compaixão ao perceber o fardo que carregavam e fiquei tão comovida pelo estado depauperado em que se encontravam que meus olhos se encheram de lágrimas e tive de segurar o pranto. Hoje choro pelas mulheres, crianças, vilarejos, comunidades e países que vivem sob o peso dessa pandemia.

Por fim, chegou minha vez. Levantei-me e caminhei lentamente até o púlpito para dar início à minha apresentação. Enquanto mostrava os *slides* e descrevia os dados de minha pesquisa, estava atenta e emocionada. Perto do fim de minha palestra, enquanto mostrava uma imagem de como os receptores CD4 estavam distribuídos nas células do sistema nervoso central, percebi que palavras que não havia planejado dizer brotavam de minha boca.

"Podemos observar aqui o que parece ser o padrão de um típico receptor peptídico", comecei, apontando para a disposição dos receptores aos quais o vírus se ligava. E, em seguida, fiquei em estado de choque ao me ouvir dizer: "Caso consigamos encontrar o peptídeo natural, presente no corpo, que se ajuste ao receptor CD4 e bloqueie a entrada do vírus HIV, teremos condições de produzir tal peptídeo e fabricar uma droga que seja eficaz, e não tóxica, no combate à *aids*".

Fiquei tão surpresa ao ouvir o que dissera que me calei por um instante, e nesse meio-tempo ouvi uma voz – em alto e bom som – vinda de minha cabeça, ordenando: *"E é sua obrigação fazê-lo!"*

Teria ouvido a voz de Deus? Ou, quem sabe, meu subconsciente, meu inconsciente arquetípico ou um espírito elevado – não sabia o que pensar! A única coisa de que tinha certeza é que me fora ordenado que descobrisse qual o peptídeo do corpo capaz de unir-se a um receptor a fim de impedir a entrada do vírus nas células e, então, criar uma droga em laboratório com as mesmas propriedades. Naquele instante, senti-me eletrizada pela possibilidade de poder fabricar um medicamento para o combate da *aids* com base em um receptor orgânico, o qual seria totalmente natural e reproduziria a química interna do corpo.

Na manhã seguinte, telefonei do Havaí para meu laboratório em Maryland, a fim de criar uma base de dados, com o auxílio de computadores, do peptídeo bloqueador. À época, os cientistas haviam quebrado a cadeia completa de mais de 5 mil aminoácidos que compunham o vírus HIV e se prendiam ao receptor para penetrar nas células. Tudo que precisávamos fazer era procurar, na sequência de peptídeos presentes no corpo, aquele que neutralizaria o efeito do vírus HIV.

Não tardamos a encontrá-lo. O peptídeo correspondente era uma sequência de apenas oito aminoácidos, o que tornava rápida e fácil sua fabricação. Fizemos uma experiência para demonstrar como funcionava nossa versão fabricada em laboratório. E, em 1986, conseguimos publicar os resultados positivos de nossas pesquisas no *Proceedings of the National Academy of Sciences*, o periódico de uma das instituições científicas mais prestigiadas – e de mais difícil acesso, assim como o de qualquer instituição da área médica.

O que conseguimos foi uma mimetização (ou "imitação") do hormônio neuropeptídeo produzido pelo corpo – um tratamento antiviral natural, não tóxico, altamente potente no combate à *aids*, que recebeu o nome do aminoácido, que compunha quatro dos oito aminoácidos da sequência de peptídeos que neutralizava o efeito do HIV: treonina, ou peptídeo T.

Por fim, conseguimos subsídios para a pesquisa sobre o peptídeo T – que foi um longo e doloroso processo –, de tal forma que meu marido e eu criamos uma fundação para conseguirmos fundos por nós mesmos. Atualmente, nossa medicação tem sido testada em vários ensaios clínicos, com resultados positivos. Os dados publicados mostram que o peptídeo T pode vir a ser altamente eficaz no tratamento e possível cura da *aids*. Dois importantes efeitos constatados foram a diminuição do nível de carga viral e o desaparecimento de depósitos celulares em que o vírus se esconde a fim de poder infectar outras células.

A descoberta do peptídeo T foi um momento decisivo em minha vida, pois a partir de então abarquei o poder da consciência de realizar milagres e trazer à tona o imprevisível – uma jornada que demanda humildade, pois essa descoberta não partiu de mim, apenas segui instruções que me foram dadas!

Ter me deixado comover pelas pessoas que sofriam de *aids* foi a chave para ouvir minha voz interior. Declarei que as emoções são uma ponte que conecta o mundo espiritual ao material, e a descoberta do peptídeo T demonstra, com clareza, a verdade de tal afirmação. Quando nosso coração está aberto e nossos sentimentos fluem como deveriam, tornamo-nos suscetíveis ao divino. No meu caso, foi a compaixão que abriu a porta para que eu, literalmente, visse e ouvisse um modo de lutar contra essa doença.

Em outras palavras, o sentimento cura. Em inglês o termo "curar" [heal] tem a mesma raiz etimológica das palavras "inteiro" [whole] e "sagrado" [holy], o que indica uma relação entre o corpo e o espírito. As emoções nos aproximam de nossa essência e de nossa incrível capacidade criativa, quer chamemos isso de "consciência" ou "Deus". Como a bioquímica da emoção, ou seja, a verdadeira fisiologia da conexão corpo e mente, torna isso possível, faz parte da ciência do sentir-se bem consigo e de sentir a presença de Deus.

(Extraído de *Everything You Need to Know to Feel Go(o)d,* Hay House, 2006)

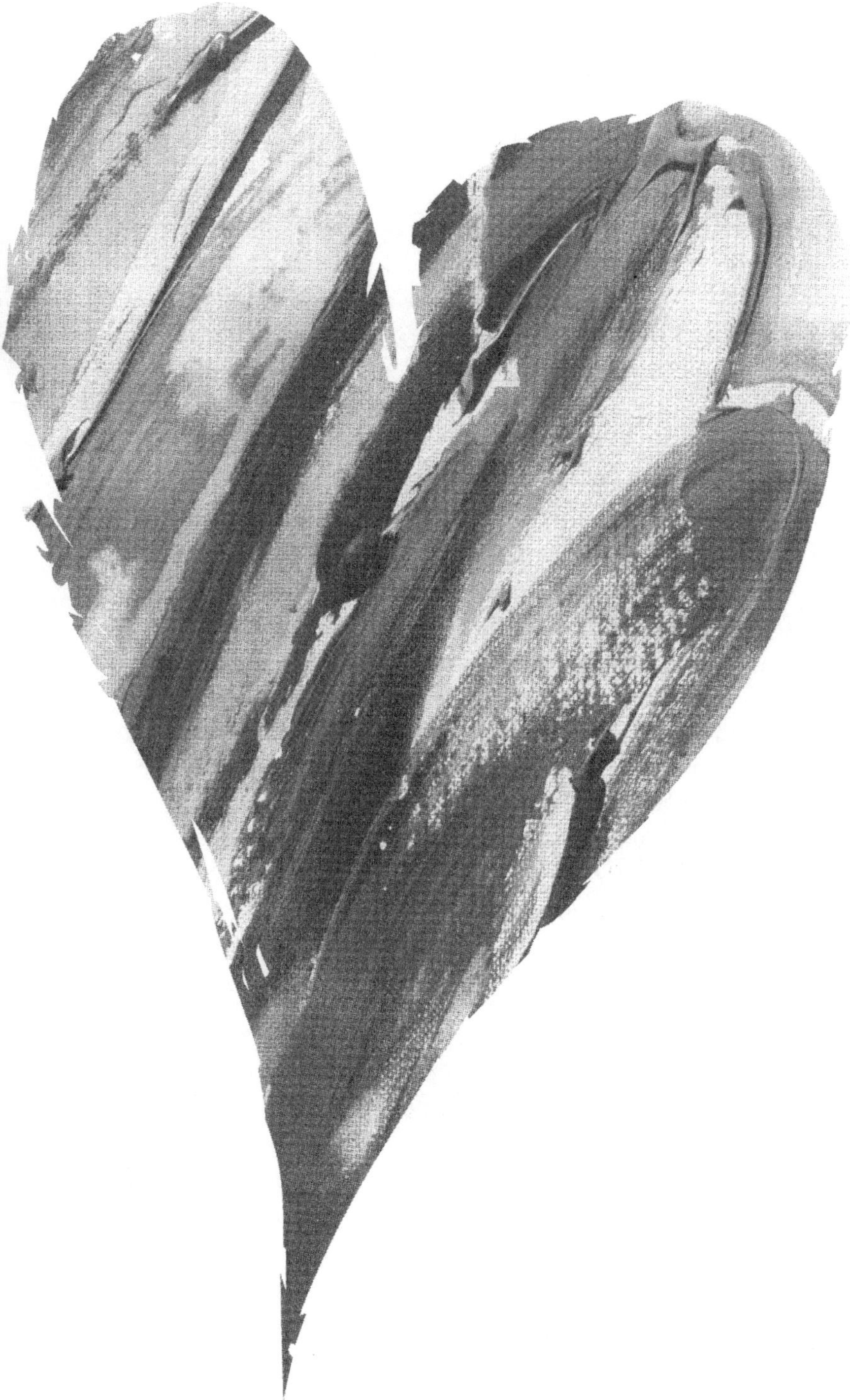

John Randolph Price

Antes de se tornar palestrante e premiado escritor de renome internacional, **John Randolph Price** fazia parte do mundo corporativo, chegando a assumir a posição de CEO, ou seja, diretor-executivo de uma grande empresa. Há mais de 25 anos, dedica-se à pesquisa dos mistérios da sabedoria ancestral, publicando suas descobertas em diversos livros, entre eles *O Livro da Abundância*, *Practical Spirituality* e *Nothing is Too Good to Be True*. Em 1981, John e Jan, sua esposa, criaram a Fundação Quartus, uma organização dedicada à pesquisa e divulgação da espiritualidade ancestral, com sede na pequena cidade de Boerne, perto de San Antonio, no Texas, onde vivem com suas duas cadelas da raça *springer spaniel*, Maggi e Casey.
Website: www.quartus.org

NOSSO BEBÊ VOLTOU!

Esta história teve início em 17 de julho de 1981. Minha mulher, Jan, e eu tínhamos acabado de jantar e estávamos assistindo a um filme na TV. A trama não era triste, mas de repente comecei a chorar, e meu coração ficou tão pesado que tive de me levantar e sair da sala. Jan percebeu que algo não estava bem, mas permaneceu calada – sabia que quando eu estivesse em condições falaria sobre o que estava sentindo. Sentei-me no gramado do quintal do fundo de casa, ao lado de nossa cadela, Brandy – uma *springer spaniel* de 10 anos que era como uma filha para nós.

Por mais de uma hora, fiquei sentado, aos prantos – nunca me sentira tão triste em toda a minha vida. Quando, por fim, entrei em casa, não havia nada que pudesse dizer a Jan, pois eu mesmo não sabia por que me sentia tão triste. Só vim a saber na manhã seguinte.

No dia posterior, enquanto tomávamos café da manhã, Brandy, como sempre, estava deitada no chão entre nós e ambos percebemos que ela respirava com dificuldade. Nos últimos três meses, vez por outra, ela não se sentira bem, e tivemos de levá-la várias vezes ao veterinário para que fosse medicada. Claro que também buscamos a ajuda do plano espiritual, mas, ao olhar para trás, percebo que não como deveríamos. Bem, isso não importa, o fato é que a levamos ao veterinário o mais rápido possível, mas ela morreu minutos depois de chegarmos à clínica.

Só então tomei consciência do que me fora "revelado" na noite anterior – e a dor que eu sentira voltou como um maremoto que engoliu tanto Jan quanto a mim. Não conseguíamos parar de chorar! E assim foi por todo o dia, toda a noite e na manhã seguinte continuávamos mortificados pela dor.

Durante a meditação de domingo, na qual foi muito difícil embarcar, algo inesperado aconteceu. Brandy, de repente, apareceu à minha frente, dizendo: *"Eleve seu pensamento"*. Fiquei embasbacado – e o primeiro pensamento que me ocorreu foi: *"Não julgue pelas aparências"*.

Duas noites depois, tive um sonho: Brandy estava atrás de uma leve cortina. Eu estava de um lado e ela do outro, tentando desesperadamente rasgá-la com as patas. Levantei-me no meio da noite e acordei Jan, dizendo-lhe que tínhamos de libertar Brandy o quanto antes... nossa dor a estava impedindo de atingir o bem supremo. Pedimos, então, que ela partisse, e com os olhos marejados voltamos a dormir.

Após uma semana, comecei a ter uma série de sonhos estranhos – cada um deles ocorrendo em intervalos de uma semana. No primeiro, eu estava caminhando por uma estradinha quando Brandy se aproximou, correndo ao meu lado e dizendo: "Conte para a mamãe que estou voltando". Eu respondi, sem saber por quê: "Esse não é o nome dela, ela se chama Jan", ao que Brandy replicou: "Mas você sempre a chama de mamãe na minha frente". Em seguida, Brandy continuou a correr pela estrada. Quando acordei, não contei a Jan sobre o que havia acontecido. Afinal de contas, tudo não passara de um sonho.

No segundo sonho, estava andando pela mesma estradinha, quando Brandy se aproximou, latindo como se berrasse: "Você não disse para a mamãe que estou voltando". Apenas sorri para ela e Brandy retrucou: "É melhor contar para ela, pois estarei de volta no dia 20 de outubro".

Bem, é óbvio que a primeira coisa que fiz quando o despertador tocou na manhã seguinte foi dizer: "Jan, tenho de lhe contar uma coisa... pode parecer um pouco estranho, mas me avisaram que *tinha de* falar". Enquanto relatava ambos os sonhos que tivera, Jan apenas me observava com seus grandes olhos castanhos sem dizer uma palavra.

Então, cerca de uma semana depois, tive um terceiro sonho. Dessa vez estava debruçado sobre uma cerca conversando com Brandy (não consigo me lembrar do teor de nossa conversa), quando outro *springer spaniel* se aproximou de nós. Abaixei-me para acariciá-la e Brandy disse: "Cuidado, ela tem apenas 4 anos". Eu perguntei: "O que isso quer dizer?", e Brandy respondeu com um largo sorriso: "Você entenderá por quê".

No sonho seguinte, caminhávamos, de novo, pela mesma estradinha, conversando como velhos amigos – Brandy caminhava em pé, sobre duas patas, tão alta quanto eu, e disse: "Bem, a partir de agora habitarei outra consciência".

Parei de chofre e, olhando fundo em seus olhos, perguntei: "Por quê? Eu te amo do jeito que você é!". E ela respondeu: "Não se preocupe, ainda serei a mesma cadela, a mesma alma, mas não quero ter outro ataque cardíaco, portanto vou habitar outra consciência".

"Ah, entendo", repliquei.

Durante o quinto sonho, Brandy me disse para "procurar pelo branco!". E, quando perguntei o que aquilo queria dizer, ela apenas sorriu e disse: "Você saberá!". Então, no último sonho, ela foi categórica ao dizer: "Não tente me encontrar. Não faça nada. Tudo já está resolvido, portanto não fique por aí à minha procura. Você entenderá por quê".

Em setembro, nossa filha, Susan, mudou-se de Houston para Austin e trouxe consigo seu enorme gato de estimação; moraram conosco até ela conseguir encontrar um apartamento. Quando nossa filha chegou, Jan percebeu que o gato tinha um arranhão profundo e sugeriu que ela e Susan levassem Puff ao veterinário. Enquanto ela e Susan lá estavam, o veterinário perguntou: "Jan, você e John já estão preparados para ter outro cão?".

Jan, reticente, respondeu: "Não sei, pode ser".

E o veterinário replicou: "Bem, caso tenha interesse em ter outro *springer spaniel*, aqui estão o nome e o telefone de uma senhora cuja cadela está prestes a dar cria".

Jan na mesma noite ligou para a mulher, que fez inúmeras perguntas, como se fosse uma agente do FBI. Jan, por fim, conseguiu perguntar: "Quando nascerão os filhotes?".

A mulher respondeu: "No dia 20 de outubro" – o que nos deixou arrepiados – e, então, comentou: "Esta é a primeira vez que minha cadela dá cria". Jan, em seguida, perguntou: "Qual a idade dela?". "Quatro anos."

A essa altura, sabíamos que estávamos próximos do que queríamos; entretanto, não havia nada que pudéssemos fazer até que os filhotes nascessem. "Procure o branco!", Brandy dissera. Assim que soubemos que os filhotinhos tinham nascido, Jane e eu nos debruçamos sobre a caixa onde eles estavam... e vimos no meio da ninhada uma pequenina fêmea com grandes manchas brancas sobre uma pelagem marrom. Brandy era quase toda marrom. Nós, de imediato, a elencamos como *nossa escolhida*, e passamos a visitá-la com frequência até podermos levá-la para casa.

Brandy sempre nos cumprimentava de um jeito peculiar, sentava-se sobre as patas traseiras e levantava as dianteiras no ar como se dissesse:

"Ei, peguem-me, sou toda sua". Quando os filhotes estavam com quatro semanas, fomos visitá-los em uma tarde de domingo, enquanto brincavam na grama. Ao sairmos do carro e atravessarmos o gramado, o pequeno filhote com as manchas brancas virou-se para nós enquanto nos aproximávamos e, assim como Brandy, apoiou-se nas patas traseiras e levantou as outras duas no ar. Jan ficou extasiada e correu pelo gramado gritando: "Meu bebê, meu bebê!".

Quando ela estava com seis semanas, nós a levamos para casa e ela nos comunicou telepaticamente que queria ter um nome diferente (havíamos pensado em chamá-la de Brandy). Portanto, após discutirmos várias opções, ela escolheu "A Também Magnífica Brandy", e por fim chegamos a uma versão resumida, Maggi. Ela tinha a mesma personalidade amorosa e alegre de antes. Durante todos os mais de 12 anos em que passou conosco, ensinou-nos tantas coisas... em especial o respeito por todas as formas de vida e a verdade de que a alma nunca morre... nem mesmo a de um animal, *especialmente* a de um animal!

(Extraído de *Practical Spirituality,* Hay House, 1985, 1996)

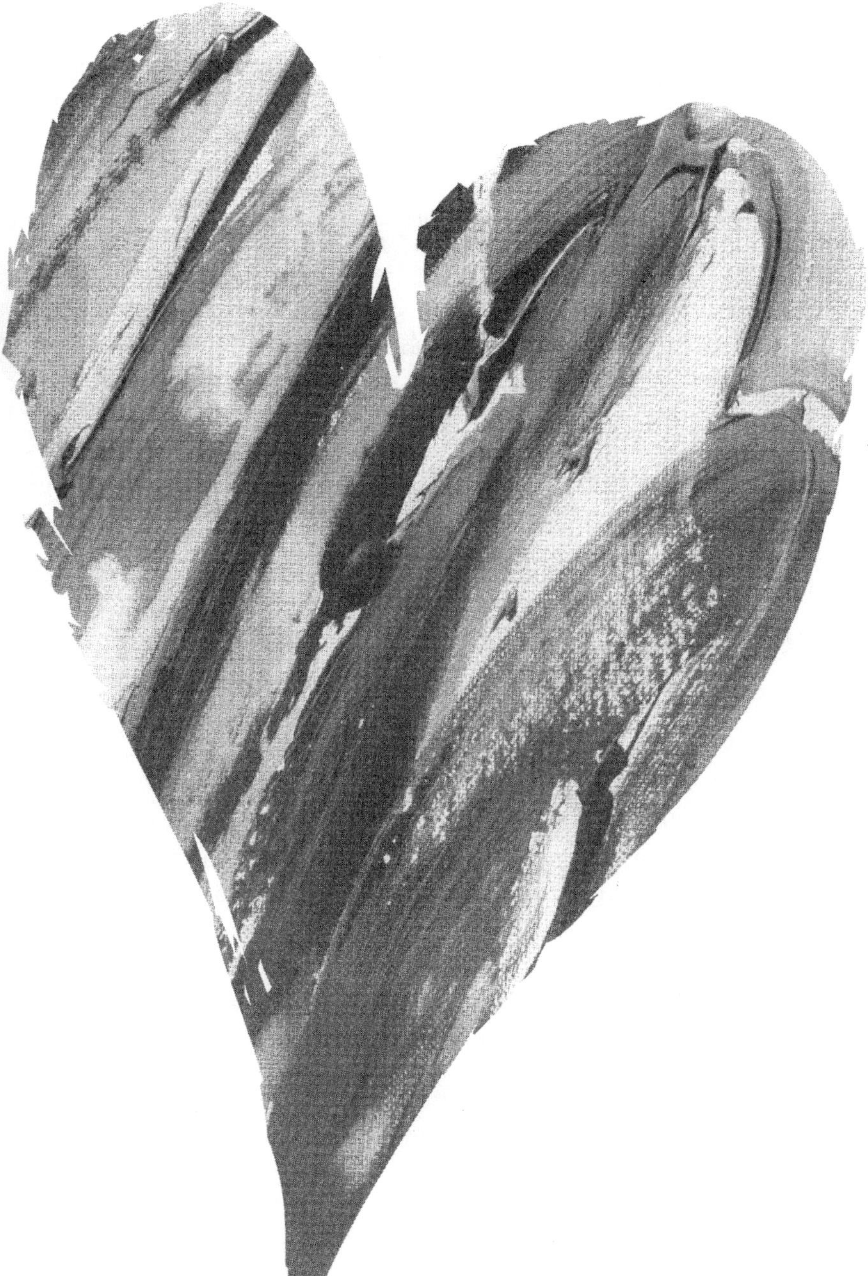

Carol Ritberger, Ph.D.

Carol Ritberger, Ph.D., autora de *What Color Is Your Personality?* e *Your Personality, Your Health*, entre outros livros, é uma médica intuitiva famosa por seus estudos inovadores no campo da tipologia da personalidade. Seu trabalho já foi apresentado em programas de rádio, TV e em inúmeras revistas americanas. Atualmente, vive com o marido, Bruce, na Carolina do Norte, onde juntos fundaram o Ritberger Institute, com o objetivo de oferecer programas de desenvolvimento pessoal e profissional.

Website: www.ritberger.com

Um Olhar Diferente

Quando olho para trás, ainda fico admirada ao relembrar a sincronicidade entre os eventos que me levaram a transformar meu modo de viver e "enxergar" o mundo. Certas situações acontecem quando estamos prontos para aceitá-las, mesmo que conscientemente não saibamos qual impacto terão em nossa vida. Vou lhes contar a história de como meu mundo virou de cabeça para baixo em virtude de uma série de circunstâncias que mudaram, para sempre, minha visão de mundo e minha vida.

No início de 1981, estava em uma fase tranquila em meu trabalho como consultora e uma amiga me perguntou se eu não poderia lhe dar uma mão no estande que ela montara em uma feira dedicada à saúde e à beleza. No segundo dia do evento, eu passeava pela feira, observando os produtos em exposição – tinha a forte sensação de que algo estava prestes a acontecer. Enquanto caminhava ao léu, uma mão, vinda por trás, segurou-me pelo ombro. Virei-me e me deparei com uma senhorinha me puxando. Ela disse que tinha de falar comigo, precisava me contar algo importante e queria ler minha mão – e eu, educadamente, respondi: "Muito obrigada, mas não acredito nesse tipo de coisa".

Naquele mesmo dia, senti uma mão tocar de novo meu ombro e, ao ouvir aquela voz, que já se tornara familiar, dizendo que precisava muito falar comigo, virei-me e disse, irritada: "Deixe-me em paz! Não acredito no que você faz e não quero conversar com você. Saia da minha frente". A senhorinha não se deu por vencida e declarou, então, que nas duas semanas seguintes eu teria três encontros com a morte e no terceiro teria de escolher entre ficar ou partir, e, após ter dito o que queria, foi embora em um piscar de olhos.

Fiquei ali parada por alguns minutos me perguntando: *"E agora?"*. Como dedicara parte de meus estudos à psicologia comportamental, conhecia bem o conceito que afirma que, quando um pensamento com grande carga emocional invade seu consciente, este pode vir a se tornar realidade.

Por fim, após analisar o que acontecera, decidi parar de pensar no assunto e me convenci de que a mulher não tinha a menor ideia do que dizia.

No dia seguinte, convidei minha mãe para ir à feira comigo e, após um longo dia de trabalho que se estendeu pela noite, ela e eu estávamos finalmente em meu carro, a caminho de casa. Era tarde, eu estava exausta tanto física quanto emocionalmente e, nesse estado de semiconsciência, olhei pelo espelho retrovisor e vi todas as quatro pistas tomadas por faróis se aproximando de nós, rapidamente.

Olhei para minha mãe e disse que tivera um pressentimento de que um terrível acidente estava prestes a acontecer. Após um intervalo de, aparentemente, alguns segundos, houve um engavetamento envolvendo 16 veículos e seis adolescentes foram mortos. Enquanto esperávamos pelo serviço de emergência, minha mãe virou-se para mim e disse: "Carol, você acha que aquela senhora da feira estava certa e que este possa ter sido o primeiro encontro?".

O segundo encontro foi na semana seguinte. Estava almoçando com uma grande amiga, conversando sobre a vida, e lhe contei sobre a estranha experiência pela qual passara uma semana antes. Ela ficou extremamente aborrecida comigo por eu não ter aceitado de bom grado o aviso que me fora dado.

Saí do restaurante muito agitada, sem compreender por que minha amiga tinha se mostrado tão hostil. Imersa em meus pensamentos, coloquei a bolsa sobre o carro para abrir a porta. Quando já estava na via expressa, vi algo cair do teto do carro e, no mesmo instante, lembrei-me da bolsa. Parei no acostamento e dei marcha a ré para me certificar de que seria possível resgatá-la. Após verificar o movimento de carros, pareceu-me que teria tempo suficiente para correr até o meio da pista e resgatar minha bolsa e o conteúdo que se espalhara pelo asfalto. A bolsa estava na faixa central e, então, corri para pegá-la.

Ao me ajoelhar, ouvi o ruído amedrontador da buzina de um caminhão a diesel e, ao olhar para a frente, vi um veículo de carga com 18 rodas avançando na pista na qual eu estava.

Os segundos seguintes pareceram passar em câmera lenta. O caminhão desviou para não me atropelar e sua parte traseira atingiu a barreira central da via. A rajada de vento causada pelo impacto foi tamanha que fiquei estendida no meio da pista sem conseguir me mover. Os carros que se aproximavam pararam de chofre, enquanto eu, deitada sobre o asfalto, pensava: *"Nossa, não estou morta. Talvez, louca, mas não morta".*

Nos dias que se seguiram, fiquei em casa. Estava com receio de dirigir, em especial em uma via expressa. A única coisa em que conseguia pensar era como seria meu terceiro encontro, em vista dos dois anteriores. Estava tomada pelo medo da morte.

Hoje acredito que podemos aprender muito sobre nós durante um período de turbilhão emocional. Esses acontecimentos me levaram a reavaliar minhas prioridades e minhas crenças sobre a vida e a morte. Tive uma conversa profunda com Deus pedindo que me ajudasse a compreender o que se passava comigo. Tinha tantas perguntas... as quais não podiam ser respondidas nem por meio da lógica nem de meus estudos acadêmicos. Sabia que buscava outro nível de compreensão – sem a precisão da lógica, da racionalidade, mas que me traria conforto e tranquilidade. E tal percepção me trouxe grande paz interior.

Por fim, decidi pôr um ponto final à minha clausura. Não poderia ficar trancafiada em casa pelo restante da vida, tentando evitar o terceiro encontro. Naquela noite fomos a um restaurante jantar com minha mãe e alguns amigos. Lá estávamos, apreciando a comida, quando comecei a engasgar e a ter dificuldade em respirar. Todos perguntaram se eu estava bem e respondi que sim, a única coisa que precisava era de um pouco de ar puro. Saí do restaurante e, quando voltei, comecei de novo a respirar com dificuldade.

Dessa vez minha respiração estava entrecortada. Entrei em pânico, levantei-me e fui embora. No entanto, em vez de ir ao hospital, decidi tomar o caminho de casa. Cerca de 2 horas da manhã, acordei banhada em suor, meu corpo estava em brasa e eu, de novo, mal conseguia respirar. Telefonei para minha mãe pedindo ajuda. A única coisa que me lembro de ter dito é: "Mãe, reze por mim. Acho que estou morrendo".

Não consigo precisar o que me aconteceu nas 18 horas seguintes. No entanto, lembro-me de ter visto que havia pessoas cuidando de mim, tentando fazer com que eu conseguisse respirar. De repente, vi-me acima de meu corpo, observando-o, assombrada. Enquanto flutuava, vi luzes brilhantes movendo-se em minha direção. Quando estas se aproximaram, consegui perceber que tomavam forma e as reconheci. Perguntei, então, se eu estava morta e elas me responderam que sim, mas que ainda poderia escolher. Que raio de escolha era essa? Eu não estava morta?

Estava feliz em meu novo mundo, liberta, leve, sem mais carregar o peso de estar presa ao corpo físico, e queria desfrutar desse momento. Havia uma incrível sensação de prazer e paz no ar, e havia tanto a conversar com meus novos amigos da luz. Lembro-me de me terem dito que, mesmo estando pronta para fazer perguntas, precisava estar aberta a ouvir as respostas. Minhas opiniões e expectativas quanto à vida, a mim mesma e aos outros estavam obstruindo minha visão do todo – estavam limitando minha capacidade de me desenvolver e de fazer aquilo que queria.

De repente, como se tivesse tomado um jato de água fria, fui levada de volta à realidade. Ouvi minha filha entrar em meu quarto me chamando: "Mãe, preciso que você venha aqui brincar comigo!". Senti como se estivesse em queda livre. Ao abrir meus olhos, tudo que vislumbrei foram luzes brilhantes, incandescentes. O quarto estava repleto de luzes. Tive a impressão de que todos no quarto tinham uma aura de luz ao redor, assim como meus amigos da luz. Seria isso uma reação aos medicamentos que tomara ou do trauma pelo qual meu corpo passara? A única explicação que me deram é que eu sofrera um distúrbio visual temporário causado pela falta de oxigênio no cérebro.

Comecei, então, a notar como a aura das pessoas era diferente. Algumas apresentavam cores mais vibrantes que outras – algumas eram finas, enquanto outras se estendiam por metros. Aprendi também que, apesar de a luz e as cores da aura de cada um serem diferentes, tinham algo em comum: pulsavam de acordo com o que era dito ou sentido. Além disso, as cores, apesar de vibrarem de modo distinto, apresentavam sempre o mesmo matiz.

Certa manhã, enquanto ainda estava deitada, tive um *insight* e percebi que havia escolhido voltar a essa vida para aprender a ter um olhar novo sobre ela. De certa forma, minha visão de mundo mudara, apesar de, curiosamente, conseguir ver a aura ao redor dos outros, mas não à minha volta.

Duas semanas após ter me reequilibrado, tive de pegar um avião na Califórnia rumo ao Colorado em uma viagem de negócios. Não sabia como conseguiria levar a cabo tal tarefa, dado que minha visão ainda não estava normal. Tinha de usar óculos escuros pela maior parte do tempo, em virtude do brilho desconfortável das luzes. Sentei-me na sala de embarque, buscando passar despercebida, quando percebi que a luz ao redor da jovem sentada ao meu lado era diferente da dos outros. A aura da garota tinha buracos, nos quais não havia nenhuma luz e onde havia cores opacas, escuras, em tons de cinza – semelhantes à da chama de uma vela prestes a se apagar. Esperava que ela não estivesse em meu voo.

Quando embarquei, vi uma senhora e a jovem caminhando em direção à fileira onde eu estava sentada; olhei para o outro lado, na esperança de que elas não parassem e se sentassem perto de mim. No entanto, a senhora parou e me perguntou se elas poderiam se sentar ao meu lado, visto que aqueles assentos eram próximos à saída de emergência. "O que eu poderia dizer?" Pouco tempo após termos levantado voo, a senhora começou a conversar comigo e contou-me que estavam indo para o Colorado consultar um médico especialista no problema que acometia sua filha. Contou-me que a garota tinha séria doença sanguínea e que esse especialista era sua última esperança.

Pouco antes de aterrissarmos, a senhora me agradeceu por tê-la ouvido e disse que gostaria de me contar sobre o resultado da consulta. Relutante, dei-lhe meu cartão. Três semanas depois ela me enviou uma carta informando que sua filha havia morrido. Esse foi o primeiro alerta que recebi de que deveria procurar descobrir mais a respeito do significado das luzes e cores da aura e por que variavam de pessoa para pessoa.

Durante os 18 meses seguintes, consultei psicólogos, psiquiatras, optometristas e oftalmologistas buscando respostas à pergunta: por que minha visão não voltara ao normal? Por fim, uma psicóloga que havia me atendido me telefonou perguntando se eu já ouvira falar sobre a aura humana ou as teorias de Edgar Cayce. Respondi que não a ambas as perguntas. Ela, então, incentivou-me a ler tudo que pudesse sobre os temas. No mesmo dia, saí e comprei todos os livros que encontrei sobre os dois assuntos. Hoje, ao lembrar-me do que aconteceu, agradeço ao Universo por ter colocado essa terapeuta, extremamente intuitiva, em meu caminho, pois ela, por fim, ajudou-me a embarcar em minha jornada rumo ao entendimento. Teria sido apenas mais uma coincidência? Acredito que não.

Após um tempo, percebi que minha visão, de fato, estava mudando.

Em vez de ver apenas uma bruma ao redor das pessoas, passei a observar luzes e cores mais definidas em determinadas regiões. Quando as pessoas estavam estressadas ou com raiva, tal sentimento era manifestado em áreas específicas do corpo. Pessoas felizes e otimistas possuíam um brilho intenso ao seu redor – as cores eram diferentes, vibrantes, e a luz se estendia por vários metros. Ao mesmo tempo em que explorava minhas habilidades recém-descobertas, continuava a me dedicar aos estudos de psicologia comportamental. Isso não quer dizer que não apreciava a fórmula que descobrira para ajudar outras pessoas e o prazer que isso me dava. O único problema era que meu lado lógico estava tendo dificuldade em lidar com isso e aceitar o que estava acontecendo. E, com isso, comecei a compreender que havia uma ligação entre a aura, as cores, os chacras e os traços de personalidade de cada indivíduo.

Minha pesquisa e busca pelo entendimento continuavam indicando que todos esses dados eram extremamente importantes para determinar por que as pessoas agem de determinado modo, por que adoecem, por que algo que perturbe uma pessoa serve de estímulo para outra e por que o estresse afeta, de forma significativa, o desempenho das atividades do dia a dia.

Certa manhã, seis anos após ter embarcado nessa jornada, olhei-me no espelho e vi uma luz ao meu redor. Era minha aura, tênue – emanando uma forte luz vermelha em alguns pontos, ao passo que em outros não havia praticamente nenhuma luz.

Não estava morrendo, mas algo importante me estava sendo revelado. Minha própria aura mostrava onde havia desequilíbrios em meu corpo – ou seja, partes de mim que não haviam recebido o cuidado que mereciam, mostrando como o desgaste dos anos anteriores haviam afetado meu corpo. A partir de então, minha consciência atingiu um estado mais elevado – o qual precisava compartilhar. Apesar de ser mais fácil cuidarmos dos outros em vez de nós mesmos, precisamos primeiro atender a nossas necessidades a fim de termos condições de realmente poder nutrir o próximo.

(Extraído de *Your Personality, Your Health,* Hay House, 1998)

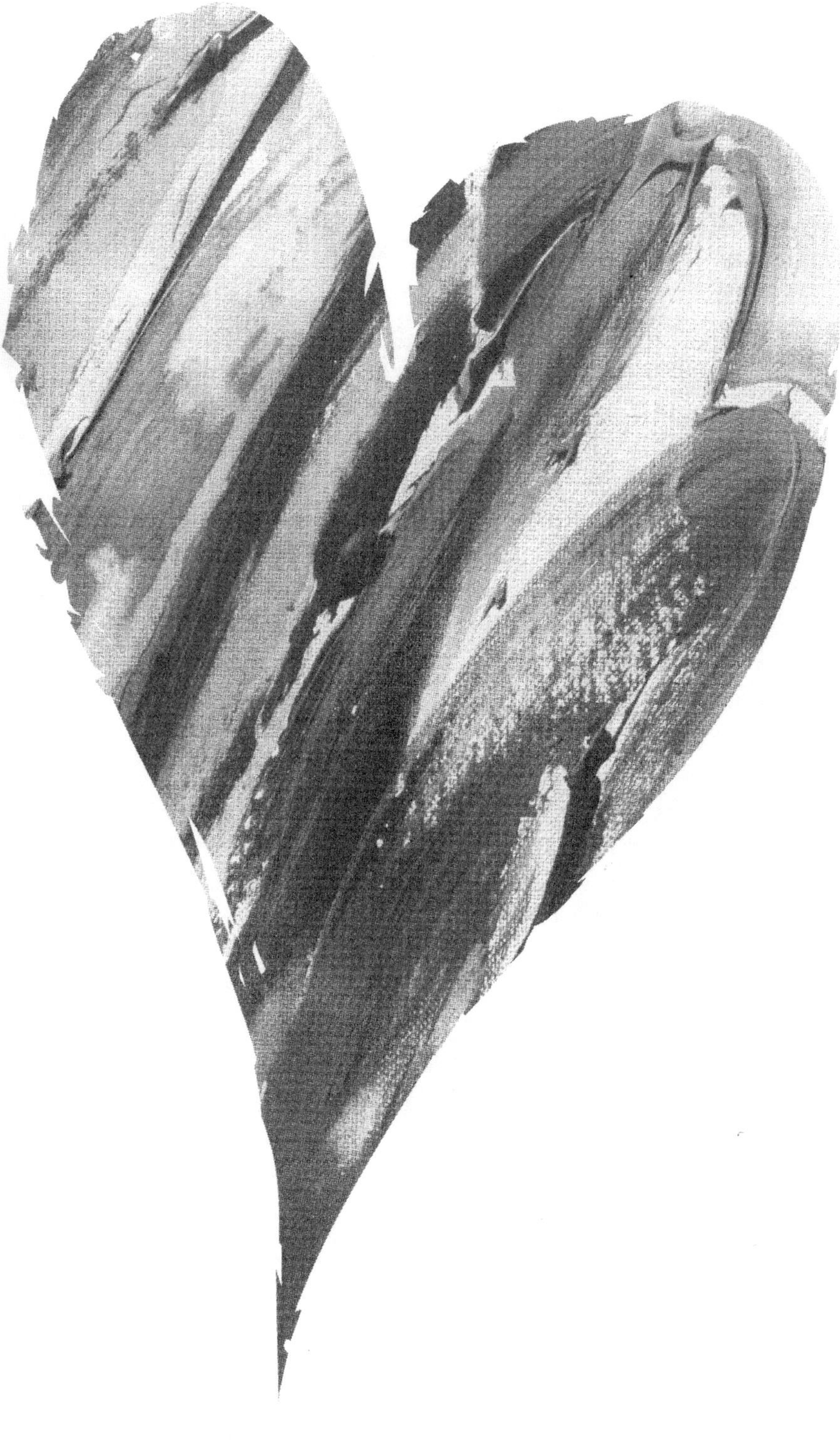

Ron Roth, Ph.D.

Portraits By Antony

    Professor e curador espiritual de prestígio internacional, **Ron Roth**, Ph.D., foi também um místico contemporâneo. Apresentou-se em diversos programas de rádio e TV e escreveu vários livros, entre eles *The Healing Path of Prayer*, *Holy Spirit* e *Prayer and the Five Stages of Healing*, escrito em parceria com Peter Occhiogrosso. Foi sacerdote da Igreja Católica por mais de 20 anos e fundou a organização religiosa Celebrating Life Institutes, na cidade de Peru, no Estado de Illinois, onde morou até sua morte, em junho de 2009. O *website* que criou ainda continua ativo, graças ao trabalho de Paul Funfsinn, que continua a divulgar sua mensagem.

    Website: www.ronroth.com

E Eu Te Perdoo!

Quando meu pai esteve à beira da morte pela primeira vez, fiquei chocado com o que presenciei ao entrar em seu quarto – ele sangrava pelo nariz e pela boca, e o sangue se espalhava pelas paredes. Meu pai era alcoólatra e seu fígado estava prestes a parar de funcionar. Ninguém sabia o que fazer, e meu primeiro pensamento foi: "Vou rezar", e pedi a Deus, "caso tenha chegado sua hora, permita que ele parta em paz; caso contrário, traga-lhe a cura agora".

O único problema foi ele ter parado de beber durante seis meses e depois voltar para o vício. Portanto, quando meu pai teve uma segunda crise, eu sabia que, de fato, era chegada sua hora. Seu fígado havia se desintegrado e, durante o tempo em que ficou internado, podíamos ver pedaços do órgão sendo expelidos pelo tubo do respirador. Ele entrou em um estado que chamei de "agitação comatosa". Mesmo inconsciente, em coma, seu corpo se sacudia sem parar e, apesar de os médicos terem feito todo o possível para que ele se tranquilizasse, não conseguiram nada. À época, os estudos de caso que demonstravam que, mesmo inconsciente, um paciente em uma mesa de cirurgia ouvia a tudo o que médicos ao redor falavam ainda não haviam sido publicados – algo que eu intuitivamente já sabia. Conversei com Deus, dizendo que tinha de haver algo que eu pudesse fazer para que ele parasse de tremer daquela forma, e então ouvi uma voz dentro de mim: "Apenas peça a ele que pare".

Foi o que fiz de modo suave, mas firme. O tremor parou e, ao me sentar, ouvi a voz novamente: "Agora, perdoe seu pai". A princípio pensei que, dessa vez, fosse o "Demônio". Não conseguia deixar de pensar que meu pai não fora uma pessoa boa – bebia muito, gritava conosco, fazia-nos sofrer. Será que conseguiria perdoá-lo pelo mal que nos fizera? Mais uma vez, ouvi a voz: "Perdoe". E, por fim, me rendi. Aproximei-me da cama de meu pai e disse, em um sussurro: "Pai, eu te perdoo".

No mesmo instante, ele abriu os olhos e, fitando-me, declarou: "E eu te perdoo". Em seguida, voltou a entrar em coma. Fiquei estarrecido. Minha primeira reação foi pensar: "Oh, meu Deus, que incrível", e um segundo depois: "O que você quis dizer com me perdoa?".

Perto da meia-noite, minha mãe e eu ainda estávamos no quarto do meu pai, com todas as janelas do hospital já fechadas, quando fomos surpreendidos por um suave aroma de flores preenchendo o quarto. Fui até o corredor averiguar se algum visitante estava trazendo flores, mas não havia ninguém; abri, então, as janelas para verificar se a fragrância não vinha do exterior, pus a cabeça para fora da janela e, no entanto, não senti nada.

Minha mãe afirmou, então, que era hora de irmos embora. Morávamos a apenas dez minutos do hospital, mas tinha certeza de que, ao chegarmos em casa, meu pai já haveria partido. Como eu previa, quando entramos, o telefone estava tocando. Era a enfermeira nos informando que tínhamos de voltar ao hospital, pois meu pai falecera. Apesar de tudo que minha família e eu passamos, não guardo nenhum ressentimento contra meu pai, pois tive a oportunidade de resolver nossas diferenças e só o consegui ao dar ouvidos à voz interior que me pedia, essencialmente, para me render, abandonando a amargura que sentia por meu pai ser alcoólatra. Não sei quais teriam sido as consequências psíquicas ou o que seria de minha vida hoje se não o tivesse perdoado.

Caso você tenha alguma questão mal resolvida com alguém que já partiu, você ainda pode solucioná-la no plano espiritual. Basta retroceder no tempo, lembrando-se da situação pela qual passou. Se ela envolver alguma pessoa que você nunca perdoou pelo mal que lhe fez, use sua mente para voltar no tempo e a perdoe, permitindo que ela a perdoe também. Nunca se esqueça de que nenhum de nós é perfeito; todos nós fizemos algo, em algum momento de nossa vida, que magoou alguém, e essa dor precisa ser curada no plano emocional.

A cura não se dá somente no plano físico... e, no plano emocional, podemos sempre contar com o auxílio do Espírito de Deus.

(From *Holy Spirit for Healing,* Hay House, 2001)

Gordon Smith

Mark Gurthrie

Gordon Smith, autor de *Spirit Messenger* e *The Unbelievable Truth,* é um médium residente em Glasgow, na Escócia, reconhecido por sua capacidade de mencionar com precisão nomes de pessoas, lugares e mesmo de ruas. Durante suas demonstrações por todo o mundo, Gordon usa suas habilidades psíquicas para oferecer conforto e cura a milhares de pessoas. Suas faculdades psíquicas têm atraído não só a atenção de vários estudiosos de fenômenos psíquicos do meio acadêmico, como também a de inúmeros jornalistas e produtores de documentários.
Website: www.psychicbarber.com

ALGUNS PEQUENOS DESLIZES

Por favor, não me leve a mal. Não tenho o hábito de zombar nem de médiuns nem de adeptos do Espiritismo, em especial quando estes são honestos em suas intenções e buscam ajudar aqueles que, de fato, necessitem de apoio para superar momentos difíceis.

Albert Best, médium extraordinário – e um de meus mentores –, tinha a incrível capacidade de rir, não só de si, mas também das situações absurdas com que se deparava. E certo dia me contou a seguinte história:

Ele acabara de sentar-se, após fazer uma demonstração de seu dom singular de clarividência para o público que lotava uma igreja de Londres, quando a amável organizadora do evento levantou-se com a intenção de agradecê-lo e de informar à congregação que Albert estaria disponível para consultas individuais [*private*] no dia seguinte.

No entanto, independentemente de sua intenção, o que ela de fato disse foi: "Senhoras e senhores, tenho certeza de que todos vocês também gostariam de agradecer ao sr. Best pela impressionante demonstração de suas habilidades mediúnicas. Além disso, tenho imenso prazer em informar que amanhã ele fará uma demonstração, de três horas de duração, de suas partes íntimas [*privates*]. Caso alguém tenha interesse em marcar uma consulta, por favor, procure-me ao fim do culto".

Albert contou-me que se imaginou segurando "suas partes íntimas", cobrando dez libras por consulta de meia hora! O que tornou a situação mais engraçada foi que, para deleite do público, em nenhum momento a organizadora percebeu o erro que cometera.

Outro deslize que fez um grupo de espíritas morrer de rir aconteceu durante uma das reuniões de nosso grupo de estudos de quinta-feira. No fim do encontro, o orientador sempre perguntava a cada um dos presentes se alguém gostaria de transmitir alguma mensagem a algum dos participantes do grupo.

Naquela noite, em particular, uma senhora levantou-se e se aproximou do cavalheiro que estava sentado à sua frente, o qual, era óbvio, usava uma peruca. Quando nossa pretendente a médium começou a lhe transmitir a mensagem, todos nós percebemos que ela não conseguia tirar os olhos do espesso "adorno de cabeça" de cor preta.

"Ao olhar para você", disse, "vi índios norte-americanos dançando ao seu redor" e, sem tirar os olhos da peruca, continuou, "e, então, vislumbrei toda a tribo".

"Toda a tribo", o homem repetiu, reticente.

"Sim", ela respondeu. "Eles dançavam ao redor de um 'topete' [*toupee*]".

Todos na sala tentaram conter o riso para que o pobre homem não se sentisse constrangido. No entanto, em um estalar de dedos, ele deu uma resposta tão inteligente que demonstrava ser verdadeira a máxima "quem ri por último, ri melhor": "Minha cara, acho que você se referia a uma 'taba' [*tepee*]. Mesmo assim, muito obrigado por sua mensagem. Os índios que viu são provavelmente os mesmos que me escalpelaram".

Como é de se imaginar, todos os presentes riram aos borbotões. Tenho a impressão de que algumas das situações mais hilárias da vida acontecem em momentos constrangedores. E, nesse caso, não sei quem, de fato, ficou mais envergonhado!

(Extraído de *Spirit Messenger,* Hay House, 2004)

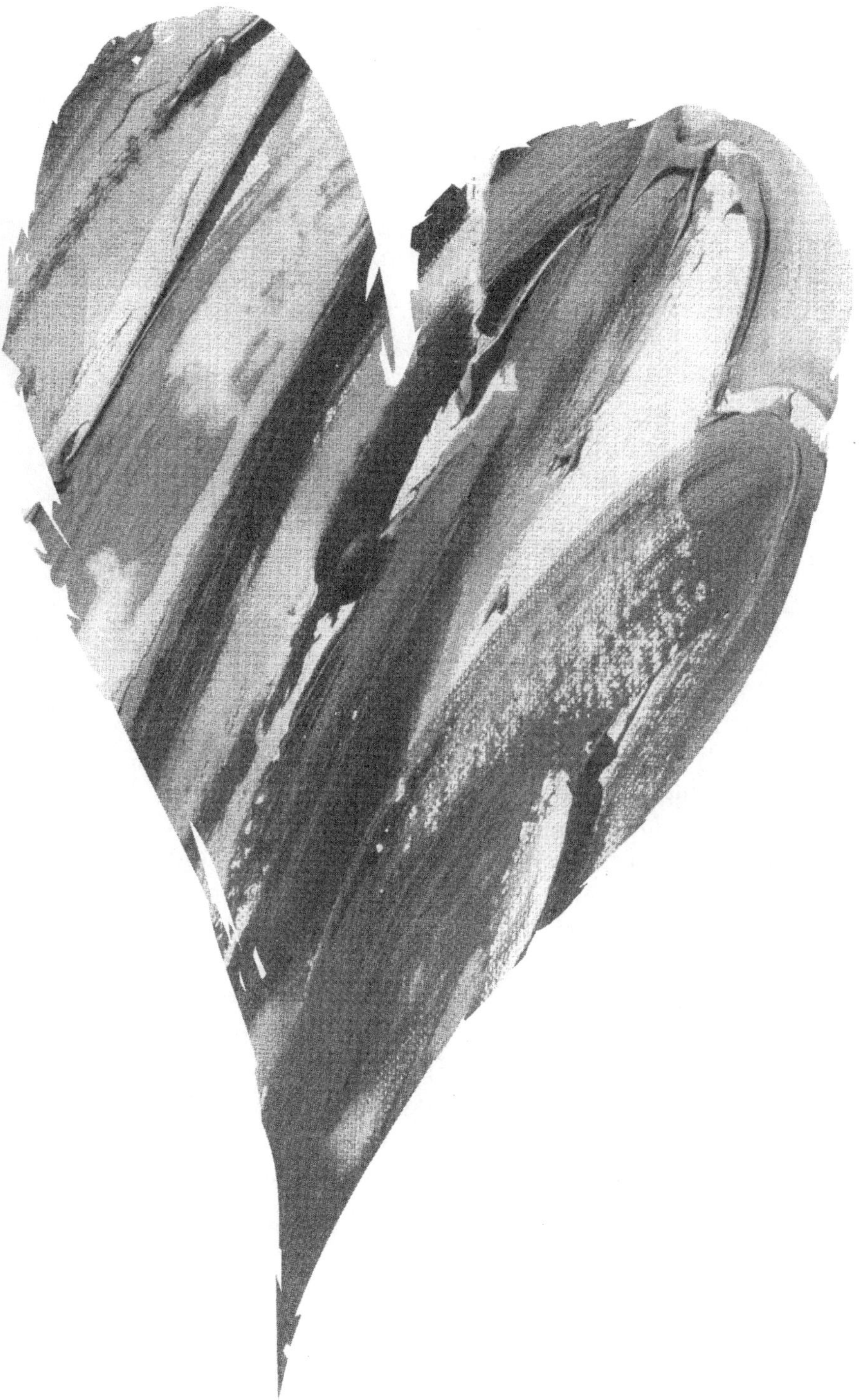

Ben Stein

Ben Stein, autor de *How to Ruin Your Life*, *The Gift of Peace* e inúmeros outros livros sobre finanças, escritos em parceria com Phil DeMuth, é advogado, economista, escritor, ator e professor. Foi o apresentador de *Win Ben Stein's Money*, programa de jogos e entretenimento da TV ganhador de sete prêmios Emmy. Atualmente, mora no sul da Califórnia com sua mulher, Alexandra; seu filho, Thomas; e vários cães e gatos. Participa ativamente de campanhas para arrecadar fundos em prol de instituições de caridade que trabalham em defesa dos direitos das crianças e dos animais em Los Angeles e por todo o território americano.

Website: www.benstein.com

A Casa que Meu Pai Construiu

Tempos atrás, talvez em 1960, quando John f. Kennedy estava na corrida presidencial contra Richard Nixon, perguntaram a ele sobre alguns aspectos que colocavam em dúvida a reputação de seu pai como político, e Kennedy respondeu: "Todos temos um pai". Sua intenção foi dizer que não podemos ser taxados pelas ações de nossos pais; entretanto, alguns de nós temos pais cuja vida é tão digna que tudo que almejamos é *conseguir* ser tão respeitados quanto eles. E é assim que me sentia em relação a meu pai, Herbert Stein, que faleceu em 8 de setembro de 1999.

Meu pai sempre foi um vencedor, desde seu nascimento: concursos de cálculo, de matemática – o que quer que fosse, ele ganhava todos – e, aos 15 anos, ingressou na faculdade Williams College. Para que você tenha ideia da força de caráter e da tenacidade de meu pai, vou relatar três situações vivenciadas por ele na época da faculdade.

Assim que iniciou os estudos, passou a trabalhar como lavador de louça em um dos grêmios de rapazes da faculdade, que não aceitavam judeus (apesar de nosso sobrenome de origem judaica). Mesmo assim, nunca se sentiu diminuído; tampouco se lembra desse período com amargura; ao contrário, sempre agradecia por ter um trabalho que o ajudaria a pagar os estudos. Um de seus princípios de vida era ser grato pelo que tinha, ao invés de reclamar e criar desavenças.

Durante todo o tempo em que estudou na Williams, sempre tentou conseguir um emprego temporário durante as férias de verão. No entanto, a única coisa que lhe ofereciam eram bicos que pagavam por dia. Apesar de nunca ter deixado de pensar nisso com algum pesar, isso explica, de certa forma, sua paixão por políticas públicas. A despeito de sua incrível capacidade analítica, meu pai tinha consciência de que tais políticas teriam pouco valor se não viessem acompanhadas de um sentido de compaixão.

Por fim, o dia mais feliz de sua vida foi quando dormiu enquanto ouvia a transmissão, no rádio, de um jogo do Campeonato do Mundial de Beisebol de 1931.

Esse fato demonstra de modo claro a paz de espírito que um programa de rádio ou TV podia lhe proporcionar. Ainda bem que, naquela época, séries policiais que se tornaram famosas, como *Assassinato por Escrito*, não eram exibidas na televisão, caso contrário, meu pai provavelmente nunca teria terminado a faculdade. (Você não pode imaginar quanto tempo ele passava em frente à TV assistindo, em especial, a eventos esportivos.)

A carreira de meu pai, a partir da Grande Depressão que assolou os Estados Unidos, tomou um rumo ascendente. Gostaria que *o pai de meu pai* tivesse tido a oportunidade de ver o homem que seu filho se tornou. Meu avô costumava acompanhar o pregão da Bolsa durante a Grande Depressão observando o sobe e desce das ações, apesar de não ter nenhuma, por puro divertimento. Como teria se sentido ao ver o filho trabalhando como diretor do Conselho de Assessores Econômicos do Presidente, influenciando o movimento do mercado com suas declarações? Ele não poderia ter ficado mais orgulhoso – nem mais feliz com aquilo a que meu amigo Aram, de modo preciso, referia-se como o maior milagre já visto: a nação americana.

Meu pai era extremamente modesto. Todas as vezes que eu comentava quão surpreso me sentia com o que ele conseguira, ele sempre respondia que seu sucesso estava relacionado ao que os Estados Unidos representavam, e não a ele. Durante todo o tempo em que estivemos juntos, em momento algum insinuou que eu devesse conseguir o que queria do modo mais fácil, ou de certa maneira questionável.

Não havia dinheiro no mundo que o fizesse dizer algo em que não acreditasse. Nunca o ouvi fazer um comentário racista – posso dizer o mesmo de minha mãe e de minha irmã. Nunca o vi fazer qualquer comentário machista, e nunca o vi olhar para uma mulher que não fosse minha mãe.

Sempre que questionado por um colega de trabalho quanto à sua abordagem em relação a determinado assunto, a primeira coisa que meu pai fazia, antes de afirmar que o outro estivesse errado, era questionar se talvez ele próprio não estivesse enganado. Caso discordasse da opinião de seu colega, demonstrava isso de modo sutil e educado. Todas as vezes em que lhe pedi alguma ajuda, ele sempre respondeu de modo entusiasta. Ademais, sempre foi leal a seus amigos.

No entanto, nem todos esses fatos demonstram quem meu pai era, de fato. Você precisaria tê-lo observado em casa. Tê-lo visto lavando a louça após o jantar cantando músicas românticas para minha mãe; tê-lo visto de mãos dadas com ela assistindo *Jeopardy!* noite após noite. Após terem passado quase 60 anos juntos, meus pais tinham se tornado, praticamente, uma única pessoa. Tinham um respeito muito grande um pelo outro – o que é praticamente impossível de se ver em minha geração.

Você tinha de ter presenciado meu pai preparando, pela primeira vez em sua vida, na frigideira de mais de 40 anos que herdara de minha avó, panquecas para minha mãe, meu filho e eu enquanto nos contava como era Washington antes da guerra, quando ainda havia bondes nas ruas. Você tinha de tê-lo visto em seu apartamento, preparando petiscos, enquanto comentava as eleições, contava piadas, cantava canções dos tempos de faculdade e falava sobre seus amigos com lágrimas nos olhos.

Richard Nixon, o presidente favorito da família Stein, iniciou suas memórias dizendo: "Nasci na casa que meu pai construiu". De certa maneira, ainda vivo na casa que meu pai construiu. É uma casa magnífica, repleta de livros, pensamentos e amor, e me sinto um homem afortunado por morar nela. E espero poder deixá-la como herança para meu filho.

(Extraído da antologia *In Real Life,* de Karl Zinsmeister e Karina Rollins, New Beginnings Press/Hay House, 2005)

Caroline Sutherland

Caroline Sutherland, autora de *O Corpo e a Mente: como Harmonizar seu Corpo e Melhorar sua Saúde*, possui vasta experiência como técnica em testes alergênicos na área de medicina ambiental, o que a ajudou a desenvolver seus dons intuitivos. Cresceu em uma família de médicos: sua mãe era nutricionista e seu pai e avô, clínicos gerais. Sua formação familiar contribuiu para formar a base de sua futura carreira como médica intuitiva. Há mais de 25 anos, ministra palestras em vários países, tendo transformado a vida de mais de 100 mil pessoas. Caroline é a fundadora da Sutherland Communications, Inc., instituição que oferece treinamento em medicina intuitiva, programas de emagrecimento e consultoria em assuntos correlatos para crianças e adultos. Caroline é, com frequência, convidada a participar de vários programas de rádio e TV.

Website: www.carolinesutherland.com

QUEBRANDO BARREIRAS E OLHANDO ALÉM DAS APARÊNCIAS

Percebi que era uma médica intuitiva, de repente, no início dos anos 1980, enquanto trabalhava como técnica em testes alergênicos para um importante clínico especializado em medicina ambiental, ramo que lida com a relação entre o corpo humano e o meio ambiente – ou seja, qual o efeito que tudo aquilo que uma pessoa come, respira e com o qual entra em contato exerce sobre seu organismo. Esse era o fascinante campo de estudos no qual estava imersa.

Após um ano usando equipamentos de ponta na realização dos testes, comecei a ouvir uma voz, muito clara, me dizendo para investigar algumas partes específicas do corpo dos pacientes e a examinar determinadas substâncias, diferentes das determinadas pelo protocolo. Contei, então, ao médico com quem trabalhava as informações que "ouvia".

Por sorte, ele era uma pessoa aberta e por meses analisou a validade das informações que eu recebia; éramos uma equipe. Eu conseguia intuir quais eram as necessidades de determinado paciente de modo mais preciso do que nosso equipamento diagnóstico e ele, como médico, analisava minhas informações e prescrevia qual o melhor tratamento para cada caso. Os pacientes, em pouco tempo, se sentiam melhor, e a clínica passou a ter uma lista de espera de um ano.

Nossa parceria perdurou por vários anos, até que, certo dia, senti que deveria abandonar a clínica e abrir meu próprio consultório. Passei, então, a criar fitas de áudio de visualização dirigida para crianças e adultos, as quais me tornaram famosa. Após alguns anos trabalhando por conta própria, fui convidada por um naturopata a trabalhar em sua clínica como técnica na aplicação de testes alergênicos. Ele conhecia minha capacidade intuitiva e aceitava de bom grado as impressões que eu recebia dos pacientes. Em pouco tempo, seu consultóro estava indo de vento em popa.

Minha intuição está ligada, em específico, ao corpo *físico* e, após trabalhar por mais de 20 anos em medicina ambiental, não me é necessário estar, de fato, ao lado de uma pessoa para poder ajudá-la. Na realidade, tudo que preciso é saber seu nome e um pouco sobre ela: por exemplo, ouvindo sua voz ou vendo uma fotografia.

No instante em que entro em contato com a pessoa que está procurando meu auxílio, recebo uma enxurrada de informações, as quais são bem específicas. Consigo intuir a quais alimentos a pessoa é alérgica ou quais podem lhe causar algum mal-estar, saber quais órgãos podem estar comprometidos, observar o trato gastrintestinal ou o sistema imunológico e verificar se há algum desequilíbrio hormonal ou problemas de peso. De posse dessas informações, passo a analisar as causas subjacentes a esses problemas, quando começaram e o que pode tê-los causado. Além disso, sugiro qual seria a dieta apropriada para o caso, os suplementos ou produtos naturais que poderiam ser benéficos e qualquer outro detalhe que seja relevante para o tratamento.

Além de todos esses dados, também recebo outras informações pertinentes como, por exemplo, quanto tempo será necessário para o paciente se recuperar, se ele irá contribuir para o tratamento, ou mesmo se há qualquer chance de recuperação. Nesses cerca de 20 anos, tive o privilégio de ajudar no diagnóstico e tratamento de mais de 60 mil pessoas.

Por várias vezes, pensei que minha tendência para trabalhar na área médica fora herdada de meu pai. Ele faleceu quando eu tinha 26 anos e nunca fomos próximos. Ao longo dos anos, acredito que, "através do véu" ou por meio do plano espiritual, ele tentou entrar em contato comigo em inúmeras ocasiões; no entanto, eu sempre o afastei em virtude de como me sentia em relação a ele. Anos depois, após muito refletir e meditar, passei a aceitar que nossa relação fora cármica e necessária para que eu pudesse desenvolver meu potencial e, então, o perdoei. Assim que o fiz, mergulhei em seu mundo – o mundo da medicina.

Em 1983, aos 38 anos, fui fazer meu *checkup* anual. Estava sendo avaliada por essa médica pela primeira vez, mas não pensava que o resultado dos exames seria diferente dos anteriores. Nos últimos tempos não estava me sentindo muito bem, mas não conseguia identificar por quê. Vinha sentindo alguns sintomas estranhos como dormência e formigamento nos braços e nas mãos, momentos de ausência, perda de memória, períodos de depressão e constante medo e ansiedade.

Ao me deitar na maca do consultório para ser examinada, decidi contar à medica tudo que vinha sentindo. Após ter relatado todos os sintomas que me preocupavam, falei sobre o que mais me afligia: nos últimos tempos, vinha tropeçando e batendo no que estivesse ao meu redor, parecia estar perdendo o senso de equilíbrio e a percepção de espaço.

Após relatar todos esses acontecimentos bizarros, esperava ver o mesmo olhar condescendente dos outros médicos que consultara. Qual não foi minha surpresa quando *essa* médica reagiu com interesse e compaixão e pareceu saber exatamente qual era meu problema. Após um exame completo, disse-me que suspeitava que as culpadas pelo meu estado eram a alergia que eu teria a certos alimentos e a sensibilidade à levedura.

Sugeriu então que um alergista, especialista em medicina ambiental, pudesse me ajudar. Ela então sugeriu que eu procurasse um de seus colegas médicos especializado no tratamento de alergia a alimentos, de candidíase e de doenças ambientais. Sempre que me lembro desse dia, agradeço a essa médica que me atendeu por sua visão abrangente que mudou o rumo de minha vida.

Ao entrar na clínica de medicina ambiental, sentindo-me inchada, indisposta e deprimida, pensei, descrente: "Como o médico que vai me atender terá uma resposta para todos os meus problemas?".

No dia seguinte à consulta, durante as várias horas em que fui submetida a exames, aprendi várias coisas sobre os efeitos que os alimentos e os elementos químicos exercem sobre nosso corpo. Fui submetida a um teste que se chama intradérmico, durante o qual é injetada uma quantidade concentrada de cada alérgeno, ou substância alergênica, sob a pele, a intervalos de dez minutos. O pulso do paciente é monitorado, suas reações são observadas e, caso haja uma pápula ou inchaço na região em que foi aplicada a injeção, este é medido.

No meu caso, leite causou cólicas estomacais, gotejamento pós-nasal (GPN) ou rinorreia posterior e tosse seca – com certeza a "saudável" salada de queijo *cottage* que eu comia todos os dias durante o almoço não estava me fazendo nada bem. Farinha me fez sentir confusa e exausta; a tal ponto que mal consegui manter os olhos abertos durante o teste.

E os testes continuaram. Laranja me levou a sentir as têmporas latejando além de uma dor de cabeça lancinante em consequência de congestão dos seios paranasais semelhante a quando se tem sinusite. Como iria sobreviver sem meu suco de laranja matinal? Meu pulso acelerou, senti fadiga e dor nas mãos quando exposta à carne de frango. Batatas provocaram fadiga, dor no pulso, mãos e joelhos. Um após outro, todos os alimentos básicos eram excluídos de minha dieta. O que iria comer? O café provocou fadiga – apesar de a cafeína me servir de estimulante, o grão do café em si me deixou cansada; milho me fez sentir dor de cabeça, dor de estômago e "aérea".

Os testes de inaladores comuns – substâncias presentes no meio ambiente as quais respiramos –, também foram de surpreender. O cloro me deixou cansada, com as têmporas latejantes – não podia mais usar nem água da torneira! Formaldeído, presente em fibras sintéticas, provocou dores de cabeça e me deixou de novo com a sensação de estar "aérea", além de exausta e com o pulso acelerado. O que fazia todo sentido, pois sempre que visitava butiques em busca de material para minha coluna semanal sobre moda sempre ficava cansada e sentia uma leve dor de cabeça.

A essa altura, meu estilo de vida e minha carreira estavam sendo colocados em xeque. Não estava sendo nada fácil digerir todas essas informações ao mesmo tempo. E, então, fui submetida a mais um teste – o de *Candida albicans*, uma espécie de levedura presente no organismo –, o qual durou 30 minutos.

Após 10 minutos do início do teste, fui acometida por uma tosse seca e senti o tão familiar aperto no peito gerado por uma crise de pânico e ansiedade. Minutos depois, essa sensação transformou-se em depressão. Em seguida, minha nuca e meus ombros enrijeceram e a dormência e o formigamento nos braços e nas mãos tornaram-se mais intensos. Finalmente descobrira o que buscava e quase chorei de alívio. As reações que tivera durante os testes mostravam que minha dieta "natural" e a *candidíase* eram as responsáveis por meus sintomas físicos.

Três semanas após começar a tomar um medicamento específico para combater a candidíase e a seguir uma nova dieta, comecei a me sentir melhor. A dor nos ombros, nuca e o formigamento nos braços diminuíram. Por meses, segui à risca as restrições alimentares que me foram impostas – o que não foi nada fácil, pois tive de adequá-las à minha agitada vida como mãe e colunista.

Apesar do sacrifício, sentia-me de novo com energia – não estava mais cansada, exaurida, e a grande vantagem de meu novo estilo de vida era poder comer o quanto quisesse, contanto que ficasse longe dos *"alimentos daninhos"*, que podiam me fazer mal. Além disso, perdi peso e me sentia como se tivesse 21 anos. Minha pele ficou mais brilhante e meu cérebro e minha memória recobraram sua clareza. Minha disposição e postura perante a vida eram de otimismo. É assim que devemos nos sentir sempre!

Todos os sintomas desapareceram para nunca mais voltar. Sentia-me plena, repleta de vitalidade e, em meu íntimo, pronta para trilhar um novo caminho. O qual não tardou a aparecer.

Após vários meses como sua paciente, o alergista com quem estava me tratando convidou-me para trabalhar em sua clínica. Como ele percebera que eu sabia lidar com o público, tinha me comprometido com o programa por ele proposto, possuía experiência na área médica e muito interesse em tudo que dizia respeito à medicina ambiental – disse que eu poderia passar por um treinamento e me tornar sua assistente e trabalhar como técnica em testes alergênicos. Fiquei radiante.

O processo consistiu em um intenso programa de imersão, o qual durou um ano e demandou muito estudo e a participação em cursos de treinamento e seminários. Eu estava exultante – finalmente encontrara meu propósito de vida.

Certa manhã, cheguei cedo à clínica e, enquanto trabalhava calmamente à minha mesa, notei que uma luz brilhante se formava na parede do fundo da sala de testes. Ela se tornava cada vez mais brilhante, e senti um forte calor percorrer meu corpo. De súbito, no centro dessa luz incandescente que se expandia, percebi o contorno de uma figura indistinta – uma presença, um ser radiante, um mensageiro... um anjo.

Maravilhada, sem conseguir tirar os olhos da luz, senti a presença conversar comigo, não por meio de palavras ditas em voz alta, mas sim em meu *interior*, e ela disse: "Eis aqui um anjo! Você irá realizar meu trabalho?". A presença desse ser tocou fundo minha alma. Senti-me, pasma, maravilhada, sem nada temer. Tinha a sensação de que já havia me encontrado com essa presença tempos antes e que ela me acompanhara ao longo dos tempos. Sem dizer uma palavra, confirmei que iria realizar "o trabalho" – não importava qual fosse – e, no instante seguinte, a presença desapareceu.

Mal conseguia acreditar no que havia acontecido. O tempo parecia ter parado – e o que me pareceu uma eternidade foi, na realidade, um piscar de olhos. A vontade que tinha era a de me dar um beliscão só para ter certeza de que o que presenciara era real. Estava eufórica e flutuei pelo escritório como uma marionete segura por fios. Enquanto caminhava, extasiada, sentia-me plena de amor e de sabedoria. Naquele dia, em especial, tive a oportunidade de vivenciar e de compreender o sentido de nossa existência na Terra.

Naquele dia, enquanto os pacientes chegavam à clínica, passei a ver a aura – o campo eletromagnético – que circundava cada um deles e a saber por que, na realidade, estavam lá, o que queriam me contar e o que deveria dizer-lhes. Apesar de tal experiência ser extremamente marcante, e de eu não estar totalmente preparada para vivenciá-la, ela assinalou meu primeiro contato com os dons espirituais que me estavam reservados.

A partir de então, tudo que eu precisava era ver o nome do paciente em sua ficha para receber uma enxurrada de informações sobre o tratamento que deveria ser prescrito, quais compostos deveriam ser usados – além de outros dados relevantes ao caso. Por sorte, tinha um bom relacionamento com o médico e, assim que me foi possível, passei a contar a ele as informações que recebia. Sempre serei grata por ele ser uma pessoa aberta, ter me permitido compartilhar com ele as impressões que recebia dos pacientes e tê-las incorporado à sua prática.

Somente depois de algum tempo passei a pensar sobre o que acontecera em meu escritório. Qual seria o significado de: "Você irá realizar meu trabalho?". A primeira coisa que passou por minha cabeça foi que eu deveria realizar algum trabalho muito importante; mas e se o trabalho que precisava realizar era em relação a *mim mesma?*

Imediatamente, decidi tornar-me uma pessoa mais amorosa. O que me levou a transformar o modo como interagia com as pessoas, passando a estar sempre atenta e presente em todos os momentos. Sabia que cada um dos pacientes da clínica seria um teste a esse compromisso. Eles podiam se mostrar frustrados, irritadiços, no fim de suas forças, sem esperança, mas eu tinha de ver além das aparências e reconhecer que eram almas valorosas e que trilhávamos o mesmo caminho. Meu papel era estar presente, ser amorosa e visualizá-los sentindo-se bem e com saúde.

Aquela manhã foi um marco, a partir da qual várias coisas mudaram na clínica. Passamos a deixar de lado alguns dos tratamentos lentos e penosos e simplificar nossa abordagem, pois o próprio médico responsável pela clínica estava se tornando mais intuitivo e, durante os fins de semana, começamos a nos encontrar por algumas horas a fim de criarmos, por meio de nossa intuição, novos protocolos e técnicas. Éramos uma equipe e tanto!

Era um trabalho extremamente gratificante durante o qual vivi momentos de glória. No entanto, estava ficando exausta. A clínica abria cedo e atendíamos inúmeros pacientes dia após dia, mês após mês, sem qualquer perspectiva de descanso. Minha intuição me dizia que logo chegaria o momento de abandonar a clínica, o que me entristecia, mas sabia ser necessário tomar tal atitude.

A etapa seguinte de minha vida foi-me revelada em um sonho impressionante que tive pouco depois de ter deixado a clínica. Nos três anos anteriores, paralelamente a todas as minhas ocupações, estudara métodos de relaxamento. E eu mais do que ninguém precisava relaxar! Descobri, então, que tinha um talento especial para criar fitas de áudio de visualização guiada personalizadas, as quais ajudariam adultos e crianças a relaxar, dormir melhor e se mostrar mais otimistas perante a vida.

Então, certa manhã, acordei de um sonho que me mostrou de modo bem claro uma série completa de fitas de áudio criada para ajudar crianças a se sentirem mais otimistas e amadas – o fundamento da saúde! Nesse sonho também me foi revelado que essas fitas de áudio deveriam vir acompanhadas de uma bonequinha no formato de um anjo. Por fim, entendi o significado do pedido do anjo em minha visão: "Você irá realizar meu trabalho?".

Abri um pequeno escritório e várias pessoas me pediram para criar fitas de áudio personalizadas para suas necessidades específicas. Muitos de meus clientes eram crianças que tinham sido vítimas de inúmeros problemas, não só físicos, como emocionais, a exemplo de queimaduras, traumatismo craniano, membros amputados, divórcio dos pais, abuso, insônia e efeitos colaterais de tratamentos contra câncer. Sentia-me feliz ao gravar essas fitas para as crianças e tinha certeza de que minhas palavras eram inspiradas pela espiritualidade. Resolvi, portanto, chamá-las *Sleep Talking* [Conversas à Cabeceira].

Após alguns anos trabalhando em meu próprio escritório, conheci um médico naturopata que conhecia minhas capacidades intuitivas. Ele me convidou para trabalhar com ele em sua clínica como técnica em testes alergênicos e minhas opiniões eram sempre bem-vindas.

Durante o tempo em que trabalhei nessa clínica, tive a oportunidade de testemunhar algumas das mais ecléticas formas de tratamento administradas por naturopatas e de observar os benefícios de vitaminas administradas por via intravenosa. Era comum testemunharmos pacientes com doenças crônicas – como, por exemplo, síndrome da fadiga crônica (SFC), câncer e outras doenças graves – beneficiarem-se sobremaneira dessas injeções.

Por fim, vi-me compelida a seguir meu próprio caminho, concentrando-me em meu dom como médica intuitiva. A princípio, resisti à ideia, acreditando que só devia usar minhas faculdades em um ambiente profissional. No entanto, nunca consegui resistir ao desejo de ajudar ao próximo quando necessário: nos restaurantes, escrevia o tratamento que as pessoas deviam seguir em guardanapos, ou simplesmente sugeria o que devia ser feito. Tudo começou a fluir e pessoas de todas as partes do mundo começaram a me procurar.

A meu ver, a medicina intuitiva é uma capacidade simples, natural e íntegra que qualquer um de nós pode desenvolver. Sempre busco ver o corpo em um estado de bem-estar. Não me atenho à negatividade ou ao desequilíbrio; em vez disso, concentro-me naquilo que pode ser útil para restabelecer a saúde.

De modo geral, considero meu trabalho o início de uma jornada rumo à cura.

(Extraído de *O Corpo e a Mente,* Ciência Moderna, 2002)

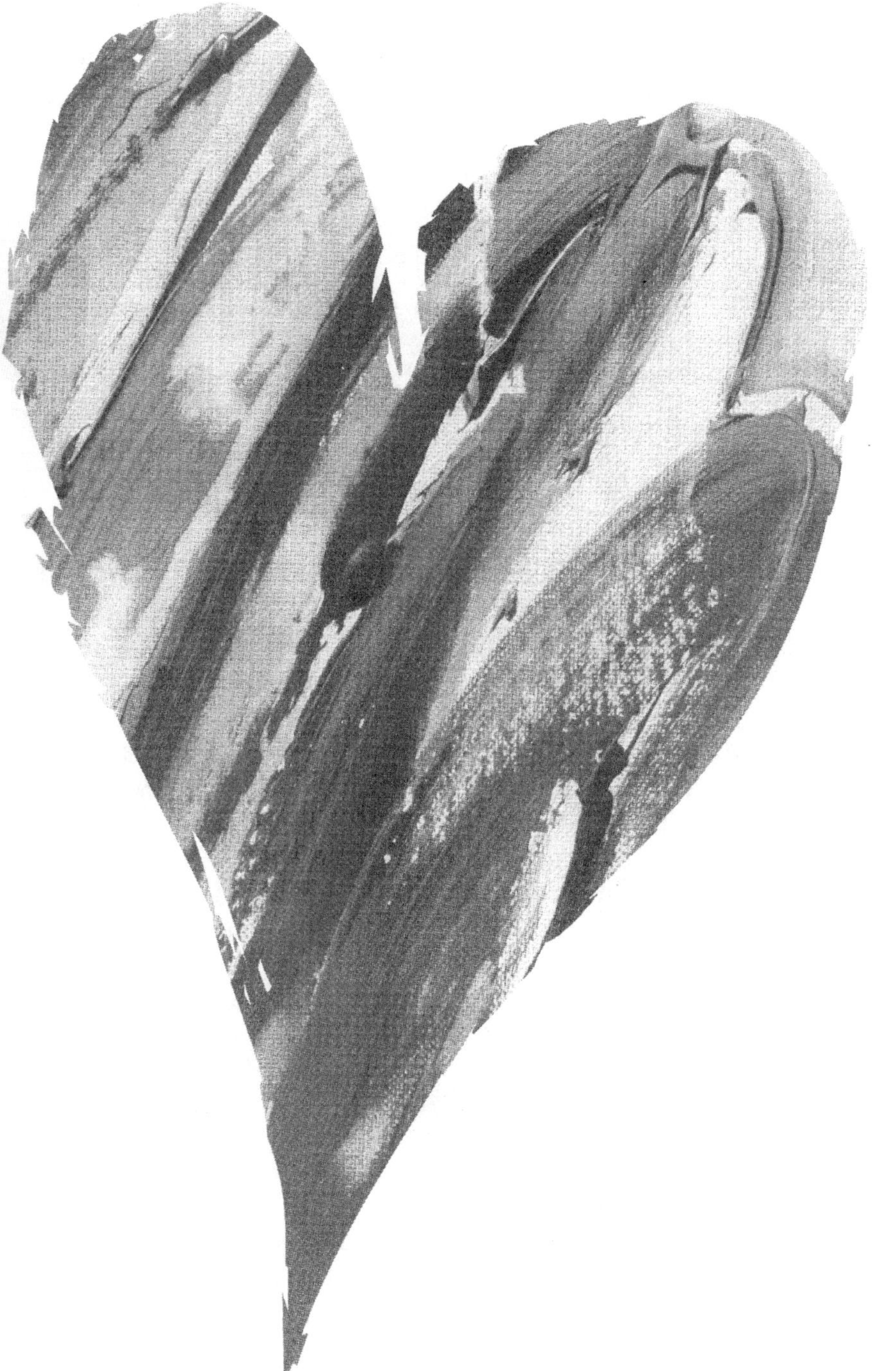

Alberto Villoldo, Ph.D.

©Christine Paul

O autor de *Os Quatro Ventos; Shaman, Healer, Sage* e *Mending the Past and Healing the Future with Soul Retrieval*, **Alberto Villoldo**, Ph.D., é um psicólogo e médico antropologista que descende de uma longa linhagem de guardiões da Terra oriundos da Amazônia e dos Andes. Alberto, há mais de 25 anos, estuda as práticas de cura dos xamãs dessa região.

Além disso, é o diretor do Instituto Four Winds Society, cujo objetivo é disseminar, para o maior número de pessoas, práticas de medicina energética e de resgate da alma. O instituto possui centros de treinamento e formação nos Estados Unidos – na Nova Inglaterra, na Califórnia e em Park City, no Estado de Utah; no Reino Unido; e na Holanda.

Ávido esquiador, andarilho e alpinista, há mais de 30 anos Villoldo lidera expedições anuais à Amazônia e aos Andes, durante as quais os participantes entram em contato com o trabalho dos mestres xamânicos, detentores da sabedoria ancestral da região.

Website: www.thefourwinds.com

O Prazer de Viver

Alma é a melhor palavra que temos para definir aquela parte de nós que aparentemente já existia antes de nossa chegada a este mundo e que perdurará após nossa partida. Para curar a alma é preciso mergulhar nas profundezas da psique e entrar em contato com um mundo desconhecido. O resgate da alma não implica dissecar ou negligenciar partes de nós que ficaram perdidas no tempo – ao contrário, significa reconhecê-las, curá-las e trazê-las de volta, a fim de voltarmos a ser unos.

Vou contar uma história pessoal que lhes dará uma noção das dimensões do resgate da alma.

Nasci em Cuba e, quando tinha 10 anos, houve uma rebelião no país. Uma verdadeira guerra foi deflagrada – não conhecíamos o inimigo, pois todos falávamos o mesmo idioma e nos vestíamos de modo parecido. Certo dia, meu pai me deu seu revólver Colt calibre 45 do exército americano e me mostrou como usá-lo e, colocando-me sentado perto da porta de entrada, explicou: "Quando eu não estiver aqui, você será o homem da casa e terá de proteger sua mãe, sua irmã e sua avó. Se alguém tentar invadir a casa, atire em direção à porta!".

Fiquei, durante semanas, sentado próximo à porta, ouvindo tiros sendo disparados a algumas quadras de distância, até que, por fim, três milicianos chegaram à frente de nossa casa. A princípio, bateram à porta e, como não houve resposta, começaram a chutá-la, enquanto eu me perguntava: *"Será que atiro agora, ou espero que eles entrem?"*. Fiz, então, o que qualquer outro garoto de 10 anos faria: abaixei a arma e fui até a janela. Um dos milicianos me viu olhando através do vidro – um garotinho amedrontado – e disse aos outros: "Vamos embora, não há ninguém. Vamos".

Aquele foi o último dia de minha infância. Amadureci rapidamente, durante as poucas semanas em que fiquei sentado próximo à porta, com a morte à espreita. Esqueci-me do que era ser simplesmente criança e me transformei em um garoto circunspecto. Ademais, passei a temer qualquer estranho – e passei a ter pesadelos recorrentes com pessoas invadindo nossa casa e levando consigo todos os meus entes queridos.

Enquanto fazia uma jornada por um estado singular de consciência que se atinge por meio de meditações dirigidas e exercícios de respiração, consegui voltar no tempo e encontrar-me com o garoto que enfrentou a morte quando tinha apenas 10 anos de idade. Pude resgatar o jovem Alberto, dizer-lhe que tudo ficaria bem, que eu iria cuidar dele e ele nunca mais teria de carregar o fardo de ser responsável pela sobrevivência da família.

Ao resgatar, já com cerca de 30 anos, meu *self* infantil, resgatei também a criança feliz que um dia fora. Consegui abrir mão de meu lado circunspecto e da desconfiança que sentia quanto aos outros – deixei de encarar tudo como uma questão de vida ou morte. Parei de apenas sobreviver e recobrei o prazer de viver.

(Extraído de *Mending the Past and Healing the Future with Soul Retrieval*,
Hay House, 2005)

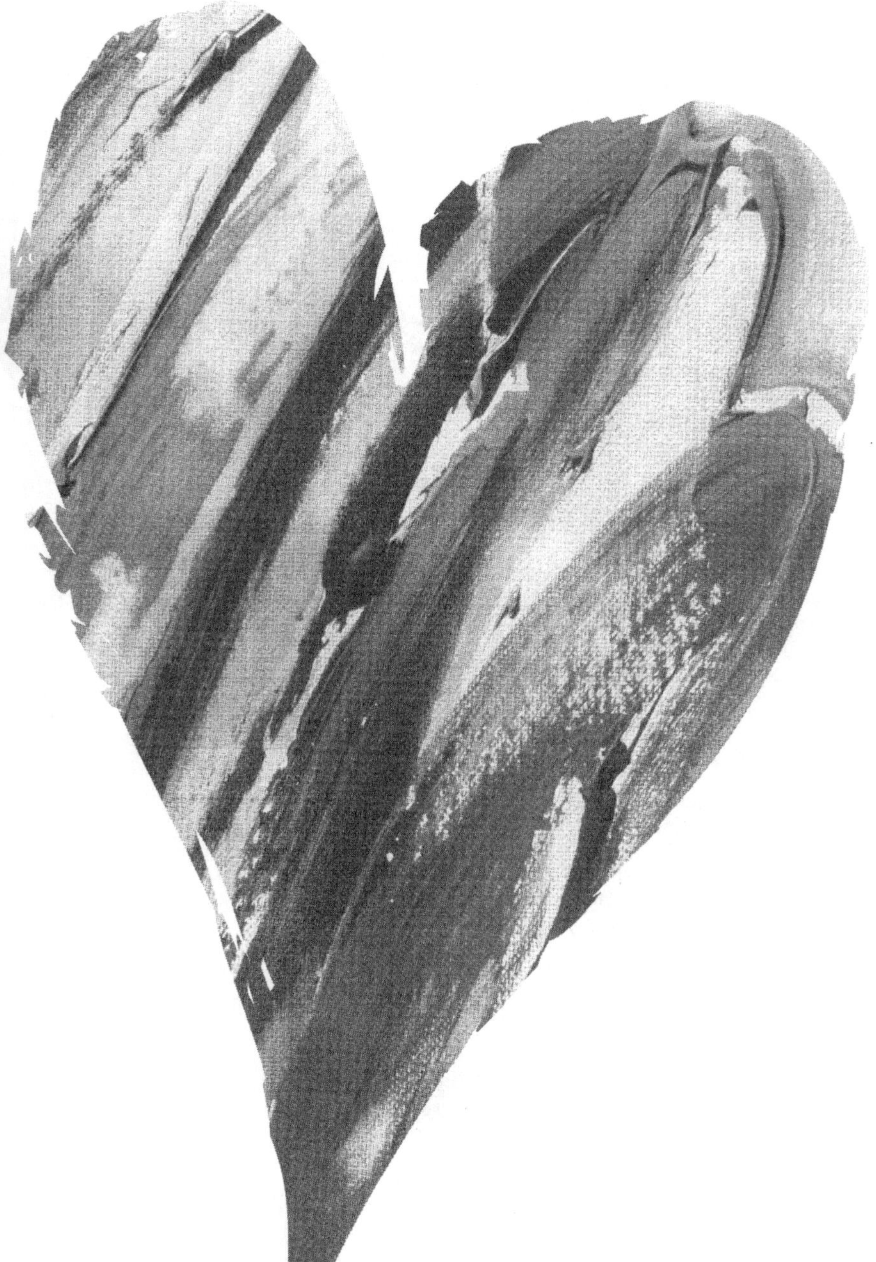

Doreen Virtue, Ph.D.

A clarividente doutora em psicologia clínica, **Doreen Virtue**, Ph.D., é uma metafísica de quarta geração que trabalha com as esferas dos mestres ascencionados e dos seres angélicos e elementais. Doreen, além de ser a autora de inúmeros *best-sellers,* entre eles *The Lightworker's Way, Healing With the Angels* e *Daily Guidance from Your Angels*, criou diversas ferramentas divinatórias. Já participou do *talk show* de Ophrah Winfrey, do famoso programa de TV *Good Morning America*, foi citada no canal de notícias CNN e em diversos jornais e revistas de todo o mundo.

Doreen ministra aulas baseadas nos ensinamentos contidos em seus livros, além de realizar palestras durante as quais se comunica com os anjos e transmite suas mensagens para o público presente.

Website: www.angeltheray.com

Reencontrando Minha Chama Gêmea

Ainda fico surpresa com o fato de só ter passado a ver fadas depois de adulta. Lembro-me claramente de que, quando criança, via pessoas que já haviam morrido e seres que me pareciam anjos da guarda. Tive minhas primeiras experiências "mediúnicas" – apesar de à época não ter consciência disso – quando me mudei com minha família, aos 2 anos de idade, para nossa casa na Craner Avenue, em North Hollywood, no Vale de São Fernando, em Los Angeles.

Via a imagem opaca de pessoas que me pareciam estar vivas – que eram invisíveis aos outros. Certa noite, por exemplo, estava em meu quarto e chamei minha mãe para dizer-lhe que "as pessoas" não paravam de me encarar. Eram imagens de adultos, mas não me dei conta de que eram parentes já mortos. Para mim, eram completos estranhos que eu conseguia enxergar com a mesma nitidez que enxergava minha mãe. No entanto, ela não viu nada e me disse que, como ela e meu pai estavam na sala de estar assistindo à TV, as pessoas que eu estava vendo eram, provavelmente, as imagens da TV refletidas na janela de meu quarto. Mas aquilo não fazia nenhum sentido. Pessoas na tela de TV se mexem e falam, e as que eu via estavam paradas, observando-me.

Tinha grandes amigos em Craner Avenue: David, Jody, Colleen, e brincávamos juntos todos os dias. Também passava bastante tempo com Stephanie, minha melhor amiga, cujos pais administravam o prédio de apartamentos no fim da rua sem saída em que morávamos. Steven, seu vizinho, que vivia no andar de cima, era o garoto mais bonito que eu já havia visto e fiquei completamente apaixonada, sem ser correspondida. Ele era dez anos mais velho do que eu e, portanto, nem notava minha existência. A única coisa que me restava era observar Steven a distância e confidenciar a Stephanie o quanto desejava que ele olhasse para mim.

Steven e eu nunca trocamos mais do que algumas palavras em poucas ocasiões. Certa vez ele fez um pequeno *show* de improviso para os vizinhos, durante o qual mostrou seu talento como ventríloquo, acompanhado de Jerry Mahoney, seu boneco. Sentei-me junto às outras crianças na garagem de um de nossos vizinhos, paralisada, observando Steven conversar com o boneco. Após a apresentação, fiz-lhe inúmeras perguntas sobre como ele projetava a voz e como a boca e os olhos do boneco se moviam. Eu estava fascinada – era minha primeira paixão!

Anos depois, já adulta e solteira de novo, durante uma de minhas "conversas" com as fadas celestes, disse: *"Estou realmente feliz e muito agradecida por tudo que tenho e sei que, quando encontrar minha alma gêmea, vou ter a vida com que sempre sonhei".*

"Nós a ajudaremos a conseguir o que quer, Doreen", as fadas responderam. *"Logo conhecerá sua alma gêmea. É uma promessa".*

Eu respondi: *"Sinto que isso está, realmente, prestes a acontecer. Tenho certeza de que ele logo estará em minha vida".* Mesmo assim, foi-me impossível não reviver toda uma vida de sofrimento calado. Lembrei-me de Steven, o charmoso vizinho da Avenida Craner por quem fora tão apaixonada, mas que nunca percebera minha existência. Guardara na memória uma imagem símbolo do amor não correspondido: Steven em pé sobre um pequeno monte de grama, próximo à piscina do prédio onde ele morava, usando shorts e descalço, com o olhar perdido de quem está imerso em seus pensamentos. Ele, provavelmente, nem imaginava que eu o observava a distância.

Pouco depois de minha "conversa" com as fadas, estava na recepção de um estúdio de ioga em Laguna Beach, onde me encontrei com vários amigos, esperando para fazer minha aula, enquanto conversava com minha amiga Sue, uma psicoterapeuta, quando ouvi uma voz masculina atrás dela dizer: "Olá, Doreen!". Olhei para cima e para o homem que me cumprimentava. "Sou eu, Steven Farmer. Lembra de mim?"

É óbvio que me lembrava dele. Havíamos nos conhecido cerca de um ano antes e deixei claro que estava atraída por ele, mas não fui correspondida. Durante um ano não o tirei da cabeça, mas sempre que perguntava sobre ele a Johnna, uma amiga em comum, sentia-me rejeitada. Tinha a sensação de que Johnna o chamava para sair em meu nome, mas ele desprezava o convite dela (meu). Portanto, apenas sorri e retomei a conversa com Sue. Visto que meses antes eu o havia incluído na categoria dos homens "que tinham um desinteresse crônico por mim", durante a aula não lhe dirigi nem um único olhar.

A aula foi fantástica e saí me sentindo eufórica. Dois dias depois, passei pelo estúdio para entregar alguns baralhos divinatórios da coleção *Healing with the Angels Oracle Cards* [Oráculo da Cura pelos Anjos] que Johnna vendia em sua loja. Nicole, a filha de Steve, estava atrás do balcão e me deu um grande sorriso e abraço. Nicole e eu havíamos nos tornado próximas no último ano.

Compartilhávamos da mesma opinião sobre vários assuntos, entre eles namoro e homens. Quando estava me preparando para ir embora, ela comentou: "Meu pai falou sobre você depois da aula de ioga da semana passada".

De repente, parei e virei-me para ela. Nicole era adorável – tinha a pele alva como porcelana, olhos azul-bebê e cabelos louros. Parecia uma fada encarnada, linda e iluminada. Eu chegava a ver em suas costas asas translúcidas, de libélula, se agitando.

"Meu pai", ela continuou, "disse que nunca percebera como você é atraente".

Olhei para Nicole e me senti tomada por uma onda de euforia. Peguei um pedaço de papel, escrevi o número do telefone de minha casa e o de meu celular e o entreguei para ela. "Bem, então, peça a seu pai para me ligar e quem sabe me convidar para sair", respondi com um sorriso.

"Com certeza."

Não gastei muita energia pensando em Steven Farmer, afinal ele não me procurara nem havíamos nos encontrado no ano que passara. Além disso, estava trabalhando na criação de um novo oráculo: um conjunto de cartas chamado *Healing with the Fairies* [Cura pelas Fadas], e as fadas não paravam de me enviar instruções sobre como escrever no livreto que acompanhava as cartas.

Portanto, fiquei realmente surpresa ao ouvir a mensagem deixada por Steven em minha secretária eletrônica alguns dias depois – por que não dizer, encantada. Ele estava me convidando para um café da manhã, *brunch* ou um cafezinho no meio da manhã seguido de um passeio pela praia no domingo. À minha escolha. Por saber que ia estar nervosa demais para conseguir comer, além de não tomar café, liguei de volta e combinamos de nos encontrar para tomar uma garrafa de água mineral e caminharmos pela praia.

Quando acordei no domingo de manhã, estava tão ansiosa quanto uma adolescente se preparando para sair pela primeira vez com seu namorado e, por conta do nervosismo, cheguei com dez minutos de atraso ao nosso encontro na cafeteria Diedrich's Coffee, localizada à margem da estrada Pacific Coast Highway.

Quando entrei na cafeteria, estava uma pilha de nervos. Respirei fundo, tentando me centrar enquanto olhava ao redor procurando por Steven. Ele não estava lá dentro, então fui até o terraço, preocupada: "E se eu não me lembrar dele?". Afinal, fazia quase um ano que não o via de perto.

Meu receio era, no entanto, infundado. Assim que entrei no terraço, ouvi alguém me chamar: "Doreen!", e lá estava ele – aquele homem maravilhoso, com cabelos grisalhos, usando uma camiseta escrita *"Laguna Yoga"* – sentado acenando para mim. "Minha nossa, seria mesmo Steven?" Ele, então, levantou-se e me cumprimentou com um abraço. Senti-me ao mesmo tempo acarinhada e inebriada.

Steven perguntou se eu gostaria de beber ou comer alguma coisa antes de darmos nosso passeio pela praia. Respondi que não, visto que minha garganta estava tão apertada, tamanha minha ansiedade, que não sabia se conseguiria beber ou comer qualquer coisa. Ouvira dizer que cada signo astrológico tem um "calcanhar de Aquiles" em seu corpo, e, como boa taurina, o meu era a garganta. Ela sempre deixava claro quando havia alguma emoção reprimida, pois, apesar de eu quase nunca ficar doente, vez por outra ficava rouca. Mesmo assim, naquele instante, parada em pé ao lado daquele homem incrível, eu me sentia tranquila e feliz.

Atravessamos a rua em direção à praia de Main Beach e começamos a caminhar à beira-mar. Steven começou, então, a me contar sobre ele e disse que tinha um mestrado em psicologia clínica.

"Eu também!", respondi. "Onde você estudou?"

"Na Universidade Chapman."

"Eu também!", repeti.

Steven também me contou que havia escrito vários livros sobre abuso de crianças, entre eles o best-seller *Adult Children of Abusive Parents*. Falei, então, que minha especialidade clínica era distúrbios alimentares, em especial envolvendo indivíduos que tinham um histórico de abuso na infância. Minha dissertação de doutorado tinha tido como tema a relação entre abuso na infância e distúrbios alimentares, que se transformou em livro, o primeiro que publiquei pela Hay House, *Losing Your Pounds of Pain*. Também descobrimos que ambos trabalhávamos para as editoras CompCare e Lowell House.

Steven me perguntou quais livros eu estava escrevendo no momento e lhe contei que estava envolvida com dois trabalhos – um sobre a Nova Era, e outro mais convencional, *The Care and Feeding of Indigo Children*.

Será que Steven ficaria assustado se lhe contasse que estava envolvida em um trabalho chamado *Healing with the Fairies*? Decidi falar a verdade, afinal, estava à procura de um homem que aceitasse meu lado espiritual.

"Você acredita em fadas?", perguntou ele.

"Opa", pensei, *"ele está me julgando".*

Ele continuou: "Acabei de participar de um *workshop* sobre os devas celtas e fadas na sexta-feira. É bárbaro você estar escrevendo sobre elas".

"Nossa!"

Steven, em seguida, falou sobre seus estudos sobre xamanismo. Sua crença na vida após a morte refletia e completava minhas próprias crenças de tal modo que me senti como se estivesse flutuando. "Qual seu signo?", ele me perguntou.

"Touro".

"Minha querida!", exclamou, colocando o forte braço sobre meu ombro. "Sempre me disseram que deveria ter uma taurina como companheira."

"E qual seu signo?".

"Capricórnio." Agora, *eu* estava em estado de choque. Todos os astrólogos e livros de astrologia me aconselhavam a escolher um capricorniano para estar ao meu lado. O que sempre me frustrara, pois nunca me sentira atraída por um capricorniano. Mas com Steven foi diferente, conforme ele falava, eu ficava mais e mais inebriada.

"Achei que Johnna tivesse me dito que você era canceriano", comentei, enquanto nos sentávamos em um rochedo próximo ao Hotel Surf and Sand.

"Não, sou capricórnio com ascendente em touro", afirmou.

"Não acredito!", repliquei. "Sou touro com ascendente em capricórnio." Caminhamos por alguns instantes, em silêncio, tranquilos e, então, começamos a falar sobre nossa vida pessoal. Steven me contou sobre suas duas filhas, Nicole, de 20 anos, e Catherine, de 18, que tinham morado com ele por vários anos. O relacionamento que ele tinha com elas lembrava-me do que eu partilhava com meus filhos, Chuck, de 22 anos, e Grant, de 20. No último ano a filha de Steven, Nicole, e eu havíamos nos tornado amigas. Meus filhos a conheceram e também gostavam muito dela. Steven e eu tínhamos tanto em comum!

Mas havia uma pergunta que não saía de minha cabeça: *"Por que Steven demorara um ano para me convidar para sair?"*. O que ficou claro quando ele me contou sobre o turbilhão que tomara conta de sua vida nos últimos 12 meses. Seus dois irmãos haviam falecido um mês depois do outro, logo depois de termos nos conhecido em uma aula de ioga. Meses depois, fechou uma loja de varejo que administrava há anos. "Até pouco tempo atrás, não me sentia preparado emocionalmente para ter alguém em minha vida", explicou-se.

Fizemos o caminho de volta pela praia até chegarmos à frente do Parque Heisler, onde encontramos um lugar acolhedor para relaxar – os raios do sol estavam quentes, luminosos e as ondas, sedutoras. "Que tal darmos um mergulho?", perguntei.

"Claro", respondeu ele.

Caímos no mar e brincamos lado a lado nas ondas que quebravam, como duas crianças. Eu não me sentia à vontade para tocá-lo e ele, por sua vez, também não se aproximou. No entanto, por dentro, eu estava totalmente aberta como nunca antes.

Quando saímos do mar, Steven e eu voltamos para nosso canto na praia para nos secar sob o calor do sol da tarde. Ele, então, tirou algumas folhas de sua pochete e disse: "Gostaria de ler algumas coisas para você". Em seguida, começou a ler lindos poemas! Sua voz era forte, expressiva e, por vezes, ele fazia uma pausa de efeito, olhava fundo nos meus olhos e, então, continuava.

Mais tarde, despedimo-nos com um abraço carinhoso. No dia seguinte, fui a Los Angeles para uma reunião com produtores de TV que estavam interessados em criar um programa do qual eu seria a apresentadora. Meus filhos me acompanharam e nos divertimos discutindo nossas ideias com os produtores. Voltamos para Orange County com a sensação de que tudo tinha corrido bem.

A primeira coisa que fiz após entrar em meu apartamento foi verificar se havia algum recado na secretária eletrônica: "Não sei se você já teve a oportunidade de ler seus *e-mails*", dizia uma voz grave, "mas estava pensando se você não gostaria de ir ao cinema comigo hoje à noite". Era Steven convidando-me para sair! Não havia modo melhor para fechar esse dia magnífico com chave de ouro.

A noite estava quente, agradável, e seguimos rumo a um cinema em Aliso Viejo com a capota do conversível de Steven baixada. Íamos assistir a *Quase Famosos*, um filme sobre *rock n'roll* que eu estava ansiosa por ver.

Percebi então que, apesar de ter conhecimento do trabalho que Steve realizava no momento como psicoterapeuta espiritual e escritor, sabia pouco sobre sua criação.

"Bem, onde você nasceu e cresceu?", perguntei.

"Nasci em Cedar Rapids, no Estado de Iowa, em 1948."

Steven era dez anos mais velho do que eu. *"Perfeito"*, pensei. Costumava me sentir atraída por homens nessa faixa etária. E, então, ele continuou.

"Bem, em 1960, minha família mudou-se para North Hollywood, na Califórnia."

"Você está brincando!", falei exultante. "Em 1960, *minha* família mudou-se para North Hollywood."

"Não acredito!", respondeu ele. "Onde vocês moravam?"

"Perto das ruas Victory e Vineland."

"Hum, a mesma região onde eu morava."

Eu continuei: "Eu morava em uma rua sem saída chamada Craner Avenue".

Steven olhou para mim e exclamou surpreso: "Espere um pouco! *Nós dois* morávamos na Craner Avenue!".

Minha mente entrou em parafuso e meu coração começou a bater forte ao perceber quem ele era de fato. "Você é o garoto! Você é o garoto!", eu estava quase aos berros.

"O que você está querendo dizer?"

"Você é o garoto que morava em um apartamento no fim da quadra de Craner Avenue! Você é Steven, minha primeira paixão! Eu estava sempre de olho em você, mas você nem notava minha presença – acho que por que eu era tão mais nova." Como não havia me encontrado com Steven por mais de 30 anos, não tinha percebido, até aquele momento, que ele era meu vizinho de infância.

Por sorte, acabáramos de estacionar no pátio do cinema, pois duvido que eu, ou Steven, teríamos conseguido dirigir o carro por mais alguns metros. Estávamos ambos em estado de choque.

"Você tem certeza?", ele perguntou.

Comecei a descrever detalhes típicos de Craner Avenue que a tornavam única. Conversamos sobre nossos vizinhos, entre eles o agente de talentos Jay North, também conhecido com Dennis the Menace, e um homem que colecionava carros turbinados. Sem dúvida estávamos falando sobre a mesma rua, sobre a mesma época.

Tinha reencontrado minha primeira paixão! O que poderia ser mais romântico do que se apaixonar à primeira vista duas vezes pela mesma pessoa! O filme, simplesmente, passou em branco. Nem chegamos a comer pipocas; em vez disso, ficamos abraçados durante as duas horas seguintes.

Quando o filme terminou, voltamos para Laguna Beach, ainda nos perguntando qual o significado daquilo tudo. Era óbvio que Steven e eu tínhamos muito em comum e estávamos profundamente atraídos um pelo outro em vários níveis. E, agora, essa ligação mística, ao descobrirmos que ele era o vizinho que havia sido minha primeira paixão. Senti que os anjos, as fadas e nossos entes queridos que haviam partido estavam de alguma forma contribuindo para nossa união.

Dias depois, estava me preparando para meu terceiro encontro com Steven. Ele chegara na hora marcada – o que considerei um bom sinal.

Após nos abraçarmos com carinho, ele disse: "Acredito que ambos sabemos o rumo que isso está tomando, portanto quero que tudo esteja às claras. Trouxe uma lista de todos os meus defeitos para que você saiba exatamente com quem está se envolvendo". Ri ao perceber quão aberto Steven estava. Nada podia ser mais reconfortante!

A lista de seus "defeitos" não me pareceu nem um pouco estarrecedora, na realidade, eles eram bem parecidos com os meus. "Todos temos um lado escuro", Steven disse. "É importante termos consciência dele e não permitir que governe nossa vida." Com o que eu concordava plenamente em gênero, número e grau.

Após ele ter terminado de ler a lista, perguntei: "Isso é tudo? E o lado ruim?". Ele riu e me deu um forte abraço.

Então, foi minha vez de falar sobre meu lado sombrio. Após eu ter concluído minha lista, Steven não fugiu, ao contrário, sentou-se mais perto de mim e me fitou com um brilho especial nos olhos. *"Meu Deus, estamos apaixonados!"*, pensei. Não busquei resistir ao que sentia (e pensava), estava segura ao lado de Steven como se nos conhecêssemos há milhares de anos.

Passamos uma noite maravilhosa juntos. No dia seguinte, fui até a praia e sentei-me sobre uma pedra de quartzo para meditar e conversar com as fadas: *"Sei que vocês estão por trás do meu reencontro com Steven, e queria agradecê-las por isso"*.

Intuitivamente, as fadas me contaram que tinham, *de fato*, articulado muito da sincronicidade que circundou nosso reencontro. No entanto, também tivemos a ajuda de muitos seres que se encontravam no céu, entre eles a mãe e o irmão de Steven, minha avó, Pearl, o arcanjo Miguel e nossos anjos da guarda. "Obrigada a todos!", exclamei, com o coração repleto de gratidão e prazer. As fadas também confirmaram que Steven e eu havíamos estado juntos em muitas outras vidas.

No espaço de duas semanas, Steven e eu nos tornamos inseparáveis e descobrimos tantas outras coisas que tínhamos em comum. Estava claro que éramos mais do que almas gêmeas, *éramos* "chamas gêmeas", um termo usado para descrever pessoas que são uma só alma dividida em duas personalidades distintas, uma masculina e outra feminina. Por vezes, chamas gêmeas não encarnam ao mesmo tempo. É comum encontrar uma delas habitando um corpo físico, enquanto a outra atua como guia espiritual.

Aprendemos por meio dos ensinamentos dos mestres ascencionados que, quando duas chamas gêmeas encarnam juntas, estão, de modo geral, vivendo por sua última encarnação na Terra. É uma oportunidade de celebrarem juntos sua última passagem por esta esfera.

Steven e eu tínhamos dedicado a vida a causas que tivessem propósito e significado. Ambos éramos apaixonados trabalhadores da luz, comprometidos com o despertar de uma nova era de paz. Nosso papel era de doação e auxílio ao próximo, tanto no plano pessoal quanto no profissional. Nossos relacionamentos anteriores não haviam sido equilibrados – éramos "doadores" unidos a "vampiros energéticos". Tal espécie de relacionamento pode ser desgastante para o doador e levar o vampiro a se sentir culpado. "O ideal em um relacionamento é termos dois doadores", Steven declarou, "e é isso que temos".

Steven e eu percebemos que houve várias situações durante as quais teria sido possível nos aproximarmos. A princípio durante a infância, quando podíamos ter nos conhecido e dado início a uma amizade que perduraria por toda a vida. Depois, em 1988, quando ambos trabalhávamos para a editora CompCare Publisher. Ou em 1993, quando morávamos em Newport Beach, na península da Califórnia, estávamos solteiros e nada nos impedia de dar início a um relacionamento. E, quem sabe, quando estudávamos na Chapman University. A lista das situações em que nossas vidas se cruzaram parecia não ter fim.

Parece-me que almas gêmeas se aproximam uma da outra em diversas ocasiões até virem a se unir. A princípio Steve e eu nos ressentíamos do tempo em que passamos separados. "Podíamos ter evitado toda a dor gerada por outros relacionamentos caso tivéssemos nos encontrado antes!", costumávamos dizer. No entanto, por fim, chegamos à conclusão de que tínhamos nos encontrado no momento certo, pois nossos relacionamentos anteriores nos fizeram crescer.

A cada dia que passava, Steve e eu nos tornávamos mais próximos e apaixonados. Estava extasiada por ter um relacionamento com uma pessoa com quem eu podia falar abertamente sobre minhas conversas com os anjos e as fadas. Costumávamos nos comunicar com o arcanjo Miguel e juntos participar de cerimônias espirituais e meditações.

Não cansávamos de dizer um ao outro: "Não sabia que o amor fosse algo tão maravilhoso!". Steven passou a me acompanhar aos *workshops* que eu ministrava e a participar de meus seminários. Não estava mais sozinha durante minhas viagens, o que renovou meu ânimo para continuar a apresentar meus *workshops* ao redor do mundo.

Consagramos nossa união em uma cerimônia espiritual presidida por um professor de xamanismo chamado Jade Wah'oo. Foi um belo ritual, durante o qual Steven e eu afirmamos nosso comprometimento em passar a vida juntos e declaramos quão profundo era nosso amor um pelo outro.

Certo dia, pouco depois da cerimônia, comentei com Steve: "Sabe o que seria divertido, já que hoje é sábado e o trânsito está tranquilo? Pegar o carro e darmos um passeio pelo bairro em que morávamos em North Hollywood quando crianças. O que você acha?".

Steven deu um sorriso e concordou de imediato. "Claro, fica a apenas 30 minutos do aeroporto."

Eu nunca mais tinha passado por ali desde meus 10 anos de idade e Steven, desde os 16 anos. Ao virarmos à direita na Craner Avenue, senti como se tivesse voltado no tempo, nada havia mudado!

Ao estacionarmos em frente à casa onde eu morara na infância, senti como se estivesse em um sonho ao perceber que o cenário era o mesmo de 30 anos atrás. Steven e eu saímos da caminhonete e andamos de braços dados.

A situação tornou-se ainda mais surreal quando notei que ambos estávamos igualmente surpresos pelo que presenciávamos. Já havia acompanhado pessoas que tinham passado por experiências semelhantes, mas sempre conseguira me manter à parte do que acontecia e oferecer apoio, visto que não estava envolvida diretamente com a situação. No entanto, dessa vez, tanto Steven quanto eu vibrávamos no mesmo comprimento de onda – tomados por uma verdadeira sensação de *déjà-vu*.

Olhei para a casa onde passara minha infância, onde me lembro de ter tido minhas primeiras experiências conscientes de clarividência. Observei a cerca viva do jardim de nosso vizinho onde havia visto um homem rastejando; mas, ao contar a meus amigos sobre o homem, eles não o conseguiam ver. A cerca viva lembrava-me da dor que sentira, pois o dom da clarividência me fazia sentir-me diferente dos outros.

Enquanto trazia à tona minhas lembranças da infância, Steven me ouvia com empatia. Por um lado, eu fora criada em uma família amorosa e que me apoiava em todos os sentidos – você pode imaginar a maravilha que é ter pais que incentivam o uso de afirmações, de visualização e de orações para cura! No entanto, apesar de todos esses pontos positivos, sofria, pois minha sensibilidade era motivo de escárnio por parte das outras crianças. "Você é esquisita", diziam, e meus pais não conseguiam compreender minha vidência.

Steven me deu um forte abraço e disse: "Está tudo bem. Estou ao seu lado e te amo *tanto*", olhando fundo nos meus olhos, para se certificar de que eu realmente prestava atenção ao que ele dizia. E percebi, então, o quanto ele me amava.

Caminhamos até o prédio onde ele morara, e observei que Steven passou a respirar fundo e seu olhar se perdeu no horizonte. Ele estava revivendo tempos passados. Como eu havia passado minha infância brincando com minha amiga Stephanie no prédio onde ele morara, comecei a partilhar da experiência.

Ainda havia o caminho de pequenas pedras coloridas que se assemelhava a um mosaico, onde eu me lembrava de ter brincado quando criança. E lá ainda estava o pequeno monte de grama onde vira Steven em pé tantos anos antes e cuja imagem guardara na memória.

"Meu amor", perguntei, "você pode ficar de pé exatamente aqui?" Como Steven sabia sobre o que eu estava falando, concordou de imediato e ficou parado na mesma posição da imagem que ficara gravada em minha mente: olhando para a piscina, na direção oposta a que eu estava. Ao observá-lo, minha respiração ficou mais rápida – a cena me era tão familiar, à exceção de que agora estávamos mais altos e mais velhos. Então, aproximei-me dele pelas costas antes de encará-lo de frente. Steven me puxou para perto de si e me deu um beijo carinhoso.

Minha respiração, até então curta, mudou radicalmente, expandindo-se até meu ventre. A ternura de Steven abrira meu coração, assim como o beijo do Príncipe Encantado acordara a Bela Adormecida. Senti o gelo que cobria meu coração, presente desde quando me sentira rejeitada por Steven, minha primeira paixão, anos atrás, derreter. A experiência de não ter sido correspondida na infância levou-me a criar um padrão que se repetiria em todos os meus relacionamentos afetivos, o qual, tinha certeza, não mais existia.

Steven foi meu primeiro... e será para sempre meu eterno amor.

(Extraído de *Healing with The Fairies,* Hay House, 2001)

Wyatt Webb

Marisu from zoom-works.com

Wyatt Webb, autor de *It's Not About the Horse*, em parceria com Cindy Pearlman, e *What to Do When You Don't Know What to Do*, trabalhou por mais de 15 anos no meio musical como artista de variedades, passando 30 semanas do ano em turnês pelo país afora. Ao perceber de que estava praticamente se matando em virtude do abuso de álcool e drogas, Wyatt procurou ajuda. Como consequência, abandonou a indústria do entretenimento e começou a trabalhar como terapeuta – uma carreira que já perdura há mais de 25 anos.

Wyatt tornou-se um dos terapeutas mais criativos, originais e procurados dos Estados Unidos. Ele é o fundador e diretor do *Equine Experience at Miraval Life in Balance*, um dos mais famosos *resorts* do mundo, localizado na cidade de Tucson, no Estado do Arizona.

UMA EXPERIÊNCIA MARCANTE

Um dos momentos mais marcantes dos últimos dez anos de minha vida aconteceu em abril de 2002, quando passei três dias em Nova York ministrando um *workshop* para os funcionários de uma revista de âmbito nacional. Assim que cheguei ao hotel em Times Square, meu amigo Barry Boyle, diretor de documentários, estava à minha espera e partimos em direção ao Marco Zero, o local que abrigara as torres gêmeas do World Trade Center.

A viagem de Times Square até o local onde as torres haviam sido construídas, e destruídas, foi por si só um acontecimento. Era a primeira vez que eu andava de metrô, e por anos ouvira histórias horripilantes sobre o que lá se passava; no entanto, nada de terrível aconteceu comigo. Ao contrário, nos subterrâneos de Nova York entrei em contato com várias pessoas interessantes.

Eu estava usando um grande chapéu e uma senhora deu uma batidinha no meu ombro e disse: "É melhor você se segurar. Não quero ver seu belo chapéu rolando pelo vagão". Perguntei, então, como sabia que eu não estava acostumado a andar de metrô, o que levou alguns dos que estavam ao meu redor a trocarem risinhos. Ao longo do trajeto até o Marco Zero, fiquei a conversar com pessoas que nunca tinha visto, e a receber sorrisos de outras. Nas últimas duas vezes em que estivera em Nova York, o povo também se mostrara bem receptivo. Talvez colhamos aquilo que queremos. Eu, com certeza, estava aberto aos nova-iorquinos e eles reagiam da melhor forma possível. E, após meu passeio de metrô, vivenciei uma das experiências mais marcantes de minha vida – da qual nunca vou me esquecer.

Saímos da estação de metrô e pegamos um táxi até o cordão de isolamento que circundava o Marco Zero. A primeira coisa que me chamou a atenção foi a limpeza do lugar. Não havia nenhum vestígio dos detritos da destruição que eu vira na televisão. A não ser pelo espaço deixado pelas torres gêmeas e algumas construções ao redor, não havia nenhum indício da tragédia que lá ocorrera e pensei, comigo: *"Incrível a capacidade do homem de conseguir restaurar uma imagem de ordem a um lugar que foi completamente devastado".*

A igreja localizada à direita do Marco Zero permaneceu intocada e ao seu redor havia, literalmente, centenas de milhares de mensagens de compaixão, amor e respeito por todos que perderam a vida na tragédia. Lembro-me de ter pensado que cerca de 3 mil pessoas morreram naquele dia, e que isso, por sua vez, levara centenas de milhares de pessoas a se unirem em prol do mesmo ideal.

Enquanto caminhávamos em direção à rampa que levava ao Marco Zero, percebi que, mesmo se passasse uma semana naquele local, seria impossível contar o número de cartões, ramalhetes de flores, faixas e cartazes colocados em homenagem às vítimas. Por Deus! Quantas mensagens de pesar haviam sido escritas. Lembro-me de ser tomado de incrível tristeza ao tocar as assinaturas inscritas nas paredes de compensado que cercavam a rampa de acesso.

Caminhei até a beira da rampa e da cerca e observei o espaço vazio onde antes havia dois edifícios grandiosos que abrigavam almas admiráveis que estavam apenas cumprindo com sua rotina. Lembro-me de Barry ter olhado para mim e dizer: "Nunca vi um olhar tão triste quanto o seu ao chegar ao topo da rampa e observar o local onde antes as torres estavam".

Senti que, de certa forma, estava conectado à dor ao redor. Lá encontrei inúmeras manifestações de pessoas de todo o mundo que foram àquele lugar para dizer da melhor forma possível: "Sinto muito pelo que aconteceu". No entanto, não devemos esperar que uma tragédia ocorra para usá-la como desculpa para expressar nossos sentimentos em relação a nossos entes queridos. É importante que o façamos em nosso dia a dia.

Todas essas almas que partiram propiciaram aos que ficaram a oportunidade de expressar algo vindo do coração. Isso compensa a dor da perda? Claro que não. Mas, a meu ver, a tragédia trouxe à tona um senso de justiça espiritual, o qual continuará a se manifestar dia após dia por todo o mundo. Tive a impressão de que, por meio das mensagens de compaixão e apoio, todos os países do planeta estavam ali representados.

Enquanto Barry e eu observávamos em silêncio o vazio que restara, um jovem e sua esposa se aproximaram. Ele tinha aproximadamente 1,90 metro de altura e ela estava em uma cadeira de rodas e não conseguia enxergar além da barreira de cerca de 1,2 metro que impedia que as pessoas invadissem o local.

O que presenciei a seguir encheu meus olhos de lágrimas. Esse amável homenzarrão virou-se de costas, agachou-se e se equilibrou em uma perna em frente à cadeira de rodas. Colocou, então, as pernas de sua mulher ao redor da cintura, enquanto ela se agarrava a seu pescoço. Em seguida, levou-a até a beira da rampa para que ela pudesse ver o Marco Zero com seus próprios olhos.

Sempre que falo sobre as possibilidades que temos de nos conectar aos outros e o prazer que isso nos traz, lembro-me desse dia em abril de 2002, do qual jamais esquecerei.

(Extraído de *What to Do When You Don't Know What to Do,* Hay House, 2006)

Hank Wesselman, Ph.D.

O antropólogo **Hank Wesselman**, Ph.D., doutorado pela Universidade da Califórnia, em Berkeley, faz parte de um grupo internacional de cientistas que há mais de 35 anos dedica-se à exploração do Grande Vale do Rift, localizado na África Oriental, em busca de respostas para o mistério da origem do homem. Atualmente, mora no norte da Califórnia, onde, além de lecionar na Faculdade American River e na Faculdade Sierra, ministra *workshops* vivenciais e apresentações sobre neoxamanismo em todo o mundo. É autor de *Andarilho Espiritual*, *A Sabedoria do Xamã*, *Visionseeker*, *The Journey to the Sacred Garden* e *Spirit Medicine*, escrito em parceria com sua mulher, a fisioterapeuta Jill Kuykendall.

A Caseira de Meu Jardim

Meu despertar espiritual teve início na ilha do Havaí, resultado de uma série de visões xamânicas durante as quais me encontrei com Nainoa, místico e iniciado kahuna que vive em uma esfera 5 mil anos à frente da nossa... Deixe-me contar como tudo começou.

～

Há vários anos não participava de nenhum curso de xamanismo e, nesse meio-tempo, fiquei sabendo que o antropólogo Michael Harner havia criado um programa avançado de práticas xamânicas, cujos participantes, há três anos, se encontravam regularmente por uma semana a cada seis meses.

Encontrei-me com Harner por acaso, em uma das reuniões de antropólogos realizadas no mês de março, quando ele me informou que estava formando um novo grupo e me incentivou a telefonar para sua Fundação de Estudos Xamânicos e fazer minha matrícula. Segui seu conselho e fui aceito no novo grupo.

Consegui, em nosso primeiro encontro, explorar com profundidade meu espaço de poder, meu jardim secreto no mundo dos sonhos, e fiquei surpreso com o que descobri durante minha jornada xamânica – que os mundos dos espíritos estão divididos em três grandes categorias, e que alguns deles estão acima e, outros, abaixo do mundo em que vivemos. Tais realidades são subjetivas por natureza, assemelham-se a sonhos e são ao mesmo tempo níveis de consciência e de experiência.

Ao mudar meu nível de consciência, mudo, ao mesmo tempo, meu nível de experiência, transferindo-me para outra realidade. O que demonstra que as realidades podem, também, ser compreendidas como níveis de consciências, que incluem nossa realidade mundana.

Nos tradicionais Mundos Superiores estão as esferas de luz, habitadas por deuses e deusas, por heróis e heroínas espirituais do passado, e por poderes superiores que se encontram além de nosso sistema solar e planetário. Ou seja, habitam o Paraíso. Abaixo do plano físico de nossa existência cotidiana encontram-se os Mundos Inferiores – as espetaculares esferas cósmicas visitadas por xamãs há dezenas de milhares de anos que buscam, entre outras coisas, entrar em contato com os espíritos da Natureza e conectar-se com o poder místico.

Entre os Mundos Superiores e os Inferiores, encontram-se os Mundos Intermediários em que nossos sonhos habitam. É para lá que nos encaminhamos ao sonhar quando dormimos. Além disso, muitas culturas creem ser esses os níveis para onde nos dirigimos ao morrermos; e é ali que meu jardim secreto se encontra.

Nainoa revelou que o aspecto terreno dessa esfera encontrava-se no Havaí, em uma parte da Baía de Kealakekua, onde eu costumava ir diariamente com minha família, quando morávamos lá. Dias depois, tive a oportunidade de visitar essa esfera onírica. Mais uma vez, encontrava-me deitado sobre meu tapete navajo, enquanto Michael e Christina, uma das professoras do curso, começaram a tocar os tambores a fim de me ajudar a passar para outro estado de consciência.

Deixei-me levar pelo som e pedi a meu *ku* (união entre corpo e mente) que abrisse minha porta interior. Assim que a força das vibrações penetrou meu ser, senti minha consciência sair da esfera cotidiana e transportar-se para o reino dos sonhos com a mesma rapidez com que mudamos os canais de TV.

Tive uma visão ao chegar à plataforma de pedras compactadas do *heiau* – um templo havaiano pré-histórico, no qual podia ver uma grande concentração de *mana* (poder) no solo abaixo. Olhei ao redor e busquei absorver a energia desse lugar fantástico. Meus sentidos estavam alertas, tornando minha experiência cada vez mais intensa. Sentia a maresia vinda do oceano, o cheiro de aipo que emanava das árvores da floresta atrás do *heiau*; ouvia a suave brisa do mar agitando as palmeiras, assim como o incessante barulho das ondas quebrando na praia, e desfrutava o prazer do calor do sol tocando minha pele e a aspereza das pedras de lava sob meus pés.

Tive, então, uma ideia. Seria agradável ter uma casa em meu jardim. Eu sempre quisera ter um recanto na praia e a ocasião não podia ser mais propícia. Então, aproximei-me da laje lisa de basalto negro que usei como altar, deitando-me sobre ela. Fechei os olhos, limpei a mente e visualizei a casa exatamente como desejava que fosse.

Primeiro, imaginei uma plataforma de pedras semelhante ao *heiau*, mas menor. Depois, a equipe que, sob a orientação de um empreiteiro especializado em trabalhos em pedra, construía a casa à beira do lago, perto de um grande pé de tamarindo que lá crescia. Em seguida, imaginei como seria a casa sobre a plataforma e a forma-pensamento transformou-se em realidade graças ao trabalho da mesma equipe. Por fim, usei o *mana* do *heiau* para investir a imagem de poder.

Fiquei por um longo tempo sonhando com a construção da minha casa, sendo finalizada com um alto telhado de sapê em estilo havaiano. Logo depois, outro pensamento me ocorreu: precisaria de um caseiro que tomasse conta de minha casa enquanto eu não estivesse lá e, no mesmo instante, lembrei-me de Hakai, o mestre dos jardineiros, contando-me que havia um poderoso espírito que habitava seu jardim. Limpei a mente e pedi ao espírito de meu jardim que providenciasse um caseiro para minha casa. Em seguida, abri os olhos, saí do altar e caminhei até a beira do *heiau*.

E então vi, além do lago, parcialmente escondida entre as árvores, outra pequena plataforma sobre a qual estava minha casa. Conseguia enxergar, com clareza, parte do telhado alto de sapê e um grande terraço. Fiquei extasiado. A magia parecia ter dado certo e agora eu tinha um refúgio no Mundo Intermediário dos sonhos, aonde poderia ir sempre que precisasse restaurar minhas forças. Lembrei-me de Hakai dizendo que o jardim também era um bom lugar para realizar trabalhos de cura.

Desci a escada de pedras do *heiau* e andei ao redor do lago e percebi que havia algumas flores alaranjadas caídas de árvores *kou*, uma espécie de *flamboyant* típica do Havaí, sobre a superfície. Parei e arranquei um hibisco vermelho de um arbusto e coloquei-o no lago como oferenda ao espírito da água. Caminhei, então, a passos largos, à sombra das árvores, e aproximei-me de minha casa pela primeira vez.

Subi os degraus de pedra, destravei o portão e, satisfeito, inspecionei a casa. Era exatamente como a havia imaginado. Passei pelo terraço e abri a porta. Observei, encantado, cada detalhe da sala principal, desde o piso de madeira encerado até as vigas de madeira rústica que sustentavam o telhado.

Em um dos lados do salão havia uma área elevada que fazia as vezes de quarto de dormir. O piso era recoberto por esteiras tecidas com folhas de pândano, uma árvore semelhante à palmeira, e no centro, incrustado no chão, havia uma espécie de braseiro retangular, que podia ser usado tanto para cozinhar como para aquecer o ambiente nas noites de frio. Em seguida, caminhei até uma das janelas para olhar o que se passava do lado de fora. E, então, vi sobre uma pequena plataforma de pedra próxima à casa o aspecto onírico do espírito da pedra, com suas extremidades pontiagudas cobertas por várias *leis* [coroas] de conchas brancas. Além disso, observei que havia uma flor de hibisco, vermelha, colocada sobre o pequeno altar diante da plataforma. Fiquei surpreso, pois eu não a havia colocado lá. Então quem o teria feito...?

Instantes depois, senti uma presença e, ao me virar, vi uma mulher em pé, à soleira da porta de entrada, com uma aura criada por uma luz que resplandecia atrás de si. Ela trazia consigo uma grande travessa, ou bandeja, rasa, de madeira, repleta de lichias frescas. Nunca havia me encontrado com nenhuma outra pessoa em meu jardim espiritual e a primeira ideia que me ocorreu foi a de que talvez ela tivesse entrado em meu jardim durante seu sonho.

Mostrei que era bem-vinda, e ela adentrou a sala com elegância; e só então pude vê-la com clareza. À minha frente, encontrava-se uma mulher com uma *lei* [coroa], feita com folhas de samambaias e flores *kou* alaranjadas, ao redor da cabeça. Seu longo cabelo negro caía sobre os ombros e seios.

Usava um longo pareô colorido, amarrado ao redor da cintura ao estilo taitiano, e me olhava com reverência. Não era jovem ou velha, e tinha a beleza clássica da Polinésia. Tive a impressão de que já a conhecia, como se já tivéssemos nos encontrado, apesar de eu não me lembrar de quando ou onde.

"Seja bem-vinda", disse em tom um tanto formal. "Meu nome é Hank Wesselman e considero ser este local meu jardim secreto, meu lugar de poder no mundo dos sonhos, ao qual venho de tempos em tempos para realizar várias tarefas. Gostaria de perguntar-lhe quem é e como conseguiu entrar aqui." Logo após ter lhe perguntado isso, meu *ku* trouxe à tona uma lembrança de minha infância – a recordação de um passeio ao Metropolitan Museum de Nova York, que era, e continua sendo, um de meus locais favoritos. Quando garoto, adorava ver as antiguidades, em especial as exposições de arte egípcia.

Eu devia ter entre 8 e 9 anos quando minha mãe e eu visitamos a sala do museu reservada aos quadros dos pintores franceses impressionistas e pós-impressionistas. Minha mãe era pintora e, naquela tarde, apresentou-me a Renoir e Monet, a Pissarro e Van Gogh. No entanto, um quadro, em meio a todas aquelas obras de arte, me atraiu sobremaneira – o retrato de duas taitianas de Paul Gauguin. Uma delas estava em pé, com os seios à mostra, segurando uma grande travessa rasa com frutas e flores.

Todas essas imagens passaram em minha mente em segundos e, então, dei-me conta de que a mulher à minha frente era muito parecida com a que Gauguin retratara. No momento seguinte, ela inclinou-se e colocou a travessa que carregava sobre uma mesinha baixa, deixando seus seios à mostra – e, tal como a garota do retrato, a cor do bico dos seios era semelhante à das frutas. Em seguida, levantou-se e me encarou, circunspecta.

"Bonjour, monsieur. Je m'appele Tehura", respondeu em francês, tornando ainda mais forte minha convicção de que ela poderia ser a mulher taitiana do quadro de Gauguin: "Eu me chamo Tehura e aqui estou para atender a seu pedido. Em que posso servi-lo?". Fiquei estupefato. Por um instante, esquecera-me do pedido que fizera ao espírito do meu jardim. *A caseira para ficar em minha casa acabara de chegar.* Usando meus parcos conhecimentos de francês, perguntei se ela falava inglês. Pela primeira vez, ela sorriu e seu rosto se iluminou.

"Claro que sim. Há muito tempo, quando era garotinha", começou a falar em um inglês não muito fluente, "tive uma paixão. Um marinheiro americano que chegou à ilha onde eu morava. Ele me ensinou a falar o inglês". Ela interrompeu o que dizia e olhou ao redor da sala. Pareceu gostar do que via: *"Quelle belle maison* – que bela casa".

Abaixei-me para apanhar uma das lichias que estavam na travessa que ela colocara sobre a mesinha. Parti a fina rugosa que revelava a polpa resplandecente e branca no interior. Coloquei-a na boca, saboreando a fruta refrescante, semelhante a uma laranja, antes de cuspir as sementes pretas brilhantes e jogá-las pela janela. Abaixei-me mais uma vez para pegar um punhado. Adoro lichias recém-colhidas.

"Tehura, onde conseguiu essas deliciosas lichias?", perguntei.

"Vou te mostrar", respondeu, segurando minha mão. Saímos da casa, atravessamos a varanda e descemos a escada. Ao passarmos pelo espírito da pedra, Tehura parou e inclinou-se em sinal de reverência, com as palmas das mãos estendidas em direção à pedra. E, então, continuou a caminhar alegremente, apanhando uma flor de hibisco de um arbusto e colocando-a em seu cabelo.

Tehura levou-me em direção ao interior da ilha por uma trilha que cruzava a antiga floresta que se erguia na encosta leste da montanha repleta de árvores nativas do Havaí, como as *keawe, opiuma, monkey pods* e coqueiros. Os troncos de várias árvores estavam cobertos por grandes folhas de costela-de-adão e o *taro*, uma espécie muito parecida com o inhame, crescia no sopé da montanha. Havia árvores de *ti*, uma flor muito semelhante à dracena vermelha, espalhadas por todo lado, e, quando me detive para sentir o aroma de gengibres brancos em flor, deparei-me com o tronco de um enorme algodoeiro cujas raízes estavam expostas, e os troncos, repletos de brotos que se erguiam em direção ao céu.

Maravilhado, olhei ao redor. Lá estava eu no mundo dos sonhos, caminhando por uma floresta encantada, acompanhado de uma mulher igualmente encantadora, uma exótica taitiana que parecia ter saído de uma pintura que eu vira quando garoto. No entanto, de repente, dei-me conta de que ouvia o som dos tambores de Michael e Christina. Olhei para a mulher que caminhava ao meu lado e fiquei a imaginar se ela também o ouvia.

O que nunca vim a saber, pois, logo em seguida, Tehura, feliz, apontou para uma árvore à nossa frente, carregada de cachos de lichias rosa-escuro. Ela colheu algumas e as entregou para mim. Sentei-me em uma grande rocha sob a árvore com a mente repleta de mais e mais perguntas.

"Tehura, de onde você vem e como chegou aqui?"

Ela me fitou por muito tempo e então, com calma e serenidade, disse: "Nasci em uma ilha bem ao sul. Fui chamada para cá e trazida em uma canoa. A tripulação deixou-me na praia abaixo do *marae*, o templo sagrado, e partiu". Ela calou-se como se não tivesse mais nada a dizer. Percebi que ela usara o termo taitiano *marae*, em vez do havaiano *heiau*, deixando clara sua origem.

"Tehura", insisti, "quem a chamou? Já nos encontramos antes?" Mais uma vez ela me encarou, circunspecta. E, então, começou a falar – suas palavras eram um misto de francês e inglês.

"Nasci muito tempo atrás e passei toda a minha vida no Tahiti, uma ilha bem ao sul. Minha vida foi muito boa, tive vários amigos, uma família, alegrias e tristezas. Mas, no final, entrei em um sonho e nunca mais acordei." Tehura espremeu os olhos com força como se buscasse as palavras em inglês para expressar algo do qual tinha clareza. "Desde então, estou presa no sonho", continuou. "No sonho de minha ilha, pois as ilhas também sonham, sabia? Assim como nós, humanos."

Logo depois, Tehura olhou para mim de modo singular e disse algo totalmente inusitado. "Algumas vezes em meu sonho vejo um salão. Tenho a impressão de que o vejo através de uma janela e de que há vários quadros em suas paredes. A única coisa que há nesse salão são quadros. Às vezes o salão está vazio, mas, normalmente, vejo várias pessoas andando por ele. Eles se aproximam, olham para mim através da janela, como se pudessem me ver, mas, quando tento conversar com eles, nunca respondem. A princípio fiquei assustada, mas já me acostumei com isso. Mas não deixa de ser um sonho bem estranho."

Durante um bom tempo, fiquei sem palavras, atônito, em virtude do que ela acabara de revelar, mas por fim perguntei: "Tehura, você chegou a conhecer um pintor parisiense que passou por sua ilha?".

"Ah! Com certeza... O *monsieur* Paul. Ele costumava pintar quadros comigo e com minhas amigas. Foi meu amante até ir embora e nunca mais voltar." Os olhos de Tehura foram tomados pela tristeza. "Ele era um homem muito infeliz. Trazia muito desgosto dentro de si. Tentei fazer com que ele ficasse feliz." Suas palavras se perderam no espaço e seus olhos se encheram de lágrimas.

Seus olhos vagavam pelo espaço e as lágrimas cobriram a tez morena durante um longo tempo. Havia muitas perguntas a fazer, mas o momento não me parecia apropriado. Em vez disso, levantei-me da pedra onde estava, segurei sua mão e a levei de volta pela trilha que havíamos tomado a qual levava à praia. Caminhamos em silêncio até vermos o lago por entre as árvores. Podíamos ver ao nosso lado o muro de pedras do *heiau*. Tehura secou suas lágrimas, virou-se para mim e disse:

"Em meu sonho, fui chamada para vir a este lugar. Não sabia quem estava me chamando ou por que, mas era um pedido tão insistente que vim e, agora que estou aqui, sei quem me chamou, mas ainda não sei por quê".

"Quem a chamou, Tehura?"

Seus olhos se voltaram para a grandiosa montanha Mauna Loa, que se erguia como uma parede sombria a leste. "Há um poderoso espírito que vive nesta montanha. Ela, como eu, veio do sul, há muito tempo. Ela me chamou."

Pele! É claro, ela é o espírito deste lugar. Lembrei-me de meu encontro com ela, dias antes, e tudo fez sentido. Mas como podia saber da atração que, quando garoto, eu tivera pela garota do retrato? E, nesse instante, ouvi os tambores mudarem de ritmo, chamando-me de volta.

"Tehura, você gostaria de ser a caseira de meu jardim? Você gostaria de viver aqui, na minha casa, e cuidar dela enquanto eu não estiver aqui?" Seus olhos brilharam e ela deu um sorriso largo como resposta.

Considerei que isso era um sim. Os tambores batiam cada vez mais forte e eu não tinha tempo a perder.

"Você é bem-vinda. Por favor, fique aqui. Logo estarei de volta", prometi, "mas por enquanto tenho de ir". Virei-me para subir as escadas do *heiau*, mas, antes de partir, parei e colhi um hibisco vermelho e, dirigindo-me rapidamente ao topo da plataforma do templo, coloquei a flor sobre o altar, como uma oferenda ao espírito da montanha. Então fechei os olhos quando os tambores pararam de soar e voltei à sala do *workshop*.

～

Quando a semana chegou ao fim, refleti sobre minha jornada. Suponho que um psiquiatra de formação tradicional provavelmente classificaria o que eu vivenciara como fantasia ou delírio e chegaria à conclusão de que tudo não passara de fruto de minha imaginação. É óbvio que, ao criar a forma-pensamento de minha casa, estava fazendo uso de minha imaginação aliada à intenção, mas e quanto a Tehura? E quanto a todas as coisas que ela dissera que *não* foram criadas por mim?

É provável, também, que um terapeuta cognitivo afirmaria que nesse caso o subconsciente estava atuando, acrescentando detalhes à minha fantasia de modo a torná-la mais interessante. Com o que discordo.

Ao longo dos 15 anos em que pesquisei os mundos interiores, cheguei à conclusão de que a imaginação criativa é uma função da mente consciente, ou seja, do ego. O *ku* subconsciente não é criativo, funciona como o disco rígido de um computador, sendo que uma de suas principais tarefas é preservar os arquivos contidos na memória. Portanto, ele não é capaz de inventar nada – podendo apenas dar informações ao nosso mestre interior egoico daquilo que ele já sabe, mas, por outro lado, também é capaz de observar o que ocorre e enviar suas impressões ao ego consciente.

Normalmente inicio minhas viagens xamânicas instruindo meu *ku* a me mostrar a lembrança de um local pelo qual eu já tenha passado, seja na esfera em que vivemos ou em outra. Dessa forma, transformo-me em ponte entre o aqui e agora e minha memória. Apenas peço a meu *ku* que abra a porta interna para que, ao atravessá-la, eu chegue aonde desejo. Meu *ku* é a parte de mim pela qual a viagem é vivenciada e percebida; no entanto, enquanto estou nesse ambiente subjetivo de sonho, meu mestre interior continua tendo o poder de tomar decisões. O que significa que, até certo ponto, sou capaz de determinar o curso de minha jornada. No entanto, chega um momento em que certas situações começam a acontecer sem que eu as esteja criando intencionalmente; nesse momento, entendo claramente que passei a outro nível de realidade e experiência e que ele existe por si só, sem que eu tenha qualquer interferência. Isso é o que significa *ter uma visão*.

Assim como Hakai, que vive na esfera de Nainoa, descobri, por conta de várias visitas que fiz a meu jardim secreto, que todos os elementos que o formam, tanto animados quanto inanimados, estão, de certa forma, conscientes e vivos e é possível comunicar-se com todos eles quando estamos em busca de conhecimento. Aprendi por experiência própria que, ao transformar meu jardim, minha vida se transforma.

Meu jardim é um lugar de poder e beleza extraordinários, onde passei a realizar grande parte de meu trabalho espiritual. Portanto, é onde costumo me reunir com meus ajudantes espirituais e com meu mestre espiritual para, juntos, executarmos várias tarefas. Por exemplo, quando realizo algum trabalho de cura para alguém, por vezes convido a essência espiritual da pessoa em questão para vir ao meu jardim, enquanto meus ajudantes espirituais e eu fazemos o que é necessário.

Tehura ainda hoje é a adorada caseira de meu jardim, ou seja, a *kahu*. Gostaria de acrescentar que ela não simboliza a mulher de meus sonhos ou a manifestação de uma fantasia de infância. Acredito que ela seja o espírito-alma de uma sábia mulher da Polinésia, que viveu há mais de cem anos, e que se tornou uma grande amiga, em quem posso confiar. Quando estou muito tenso ou meu corpo está dolorido por alguma questão mal resolvida, vou ao meu jardim e Tehura alivia minha dor, libertando minha tensão ao massagear-me com suas mãos vigorosas. Desconfio que todos nós temos um lugar de poder no mundo dos sonhos e gostaria que esta história, que estou compartilhando com você, caro leitor, o incentivasse a encontrar o seu.

(Extraído de *Visionseeker,* Hay House, 2001)

Stuart Wilde

O escritor e palestrante **Stuart Wilde** é um místico e visionário contemporâneo. Já publicou mais de 17 livros sobre consciência e percepção, entre eles a famosa coleção *Taos Quintet*, considerada um clássico no gênero, composta de cinco livros: *Miracles, Affirmations, The Force, The Quickening* e *The Trick to Money is Having Some!*

Com seu estilo perspicaz e singular e a capacidade de explicar de modo simples coisas que até então eram consideradas mistério, Stuart angariou uma legião de leitores fiéis ao longo dos anos. Seus livros já foram traduzidos para mais de 15 idiomas.

Websites: www.stuartwilde.com e www.redeemersclub.com

Um Centavo Aqui, Outro Ali

Acredito ser importante aceitar de bom grado qualquer centavo que cruze nosso caminho, o que significa que não se pode ver uma moedinha caída na calçada e deixá-la para trás. Temos de ser coerentes em nossas afirmações e apanhar qualquer moedinha que encontremos – mesmo aquelas horrorosas, grudadas no chão com chiclete.

Há um motivo para isso. O inconsciente coletivo, ou a Lei Universal – termo que prefiro, não tem noção de valor, ou seja, se você faz a seguinte afirmação: "Tenho abundância; o dinheiro flui em minha vida", e então vê um centavo na rua e não se dá ao trabalho de apanhá-lo, transmite uma mensagem que não está em sincronia com aquilo que afirmou e, dessa forma, a ideia de criar abundância perde força.

Bem, é verdade que pegar uma moeda do chão pode ser constrangedor, em especial quando você está acompanhado, pois, em geral, as pessoas não agem assim – consideram-se muito importantes para aceitar algo que não lhes seja compensador. No entanto, passar por esse constrangimento é um excelente exercício, pois você tem de deixar de lado a opinião dos outros e fazer o que acredita ser melhor para si.

Alguns anos atrás, estava em Londres como cicerone de um grupo de importantes empresários americanos e resolvi levá-los para assistir a uma apresentação de balé no Royal Opera House, em Covent Garden. Acreditava ser uma maneira elegante e agradável de mostrar-lhes o que tínhamos de melhor. À época, minha carteira de motorista havia sido cassada por dirigir embriagado e eu contornara o problema comprando um Rolls Royce e contratando um motorista.

Pedira a meu motorista, Slick Vic, como costumava chamá-lo, que nos esperasse bem em frente ao Opera House ao final do espetáculo, pois assim poderia levar meus convidados rapidamente para um jantar na Trattoria Cost-a-Lotto, onde reservara uma mesa para cinco pessoas.

Bem, estava saindo do teatro, com uma multidão andando a esmo ao meu redor e meus convidados em fila indiana atrás de mim, quando, ao cruzar a calçada em direção ao carro, vi uma moeda de um centavo à minha esquerda. Chovera, portanto a moeda brilhava, refletindo as luzes da rua cujas sombras tremulavam entre a multidão. Por um instante, tive a impressão de que a moeda, de fato, piscava para mim e ria, querendo saber se eu a deixaria para trás. Por um instante, hesitei, pensando sobre o que pensariam a meu respeito ao me virem agachado tateando o chão. No entanto, concluí por fim: "Uma afirmação é uma afirmação", e fui em busca da moeda.

O problema é que me sentia um tanto acabrunhado para me inclinar e pegar a tal moeda e preferi fazer algo mais elegante, abaixar-me para pegar a moeda à moda das coelhinhas da *Playboy* – mantendo as costas eretas, apenas dobrando os joelhos e esticando os braços. Tal manobra era ensinada às garçonetes do *Playboy Club* para que colocassem os drinques sobre a mesa dos clientes sem que eles ficassem encarando seus seios. Não me recordo quem me ensinou isso – é apenas uma vaga e querida lembrança que guardo –, mas acho que algum detalhe se perdeu com o tempo, pois naquela noite nada deu certo.

O que supostamente deveria ter sido um movimento elegante e sutil transformou-se em um fiasco. Em vez de pegar a moeda, eu a nocauteei com as articulações dos dedos de tal modo que ela começou a girar pela calçada, serpenteando graciosa pelos caros pares de sapato que encontrava pelo caminho. Àquela altura, deveria ter aberto mão de meu intento. Mas, por ser extremamente determinado, recusei-me a desistir. Parti em busca da saltitante moeda perdida e, por fim, me vi de quatro.

Naquela noite, não sei por que, escolhera vestir um terno de cetim branco. No entanto, quando finalmente consegui segurar a moeda, minha roupa estava coberta pela água lamacenta da calçada. Nesse ínterim, Slick Vic acomodara meus convidados dentro do carro, de onde observaram, com certo espanto, meu espetáculo.

Estava tão envergonhado que, ao entrar no carro, achei que devia aos meus convidados uma explicação. Disse-lhes que o ritual do *penny* (moeda de um centavo) era um antigo costume inglês que trazia boa sorte. Eles ficaram tão fascinados por conhecer detalhes da cultura britânica que um deles chegou a fazer anotações a respeito.

Tudo corria bem até um de meus convidados me questionar sobre como o ritual do *"penny na sarjeta"* passara a fazer parte do folclore britânico. Criei então uma história absurda, dizendo que era um costume que tivera origem na era elisabetana, e, para torná-la verossímil, inventei um enredo fantástico que envolvia a rainha Elizabeth e lorde Dudley.

Cheguei, inclusive, a citar *sir* Walter Raleigh, acreditando que talvez meus convidados não estivessem familiarizados com as proezas de Dudley. Não demorou muito para que eu colocasse a rainha Elizabeth, lorde Dudley e Walter Raleigh rastejando pelo palácio de Hampton Court a procura do *"Penny Real"*.

Todos ficaram impressionados com o conhecimento que eu tinha de detalhes nunca revelados sobre a história da Inglaterra, assim como eu, pela capacidade de criá-los. De certa forma, eu dera origem a um momento histórico em que colocara o ritual do *"penny na sarjeta"* onde ele deveria estar – um evento glorioso dos povos de língua inglesa.

1558: Elizabeth assume o trono da Inglaterra.

1559: O ritual do *"penny na sarjeta"* entra para a história da Inglaterra.

Após todos terem feitos suas anotações, colocando os acontecimentos em ordem cronológica, nós nos calamos. Enquanto o Rolls Royce deslizava silencioso pela noite, levando-nos para degustar um jantar "regado" a *fettucine*, *linguine* e vinho Chianti, refleti sobre o que acontecera naquela noite. Devo confessar que fiquei muito, muito orgulhoso comigo mesmo. Vez por outra, abria minha mão para admirar o grandioso e lamacento regalo que recebera, ao mesmo tempo em que refletia que a dádiva da abundância não tem limites, quando nos comprometemos, de fato, a atingi-la.

(Extraído de *The Trick to Money Is Having Some!*, Hay House, 1989, 1998)

Carnie Wilson

Martin Mann

Filha da cantora Marilyn Wilson e do famoso vocalista da banda Beach Boys, Brian Wilson, **Carnie Wilson**, autora de *Gut Feelings* e de sua continuação *I'm Still Hungry,* além do livro de culinária *To Serve with Love,* venceu uma longa batalha contra a obesidade até conseguir se sentir satisfeita consigo mesma e atingir sucesso profissional e uma nova perspectiva da saúde física e emocional.

Cresceu em meio a um turbilhão, o que a levou a buscar conforto na comida. Já adulta, conseguiu sucesso fazendo parte do premiado grupo de vocalistas Wilson Phillips. Mesmo assim, sua compulsão levou-a a ser vítima de obesidade mórbida, pondo em risco sua vida. No verão de 1999, tomou a comovente decisão de ser submetida a uma cirurgia de ponta no combate à obesidade, a qual seria transmitida ao vivo pela internet. Sua vida, então, se transformou. Nos dois anos seguintes perdeu cerca de 70 quilos, casou-se com o homem de seus sonhos e preparou-se para uma carreira repleta de oportunidades promissoras.

Atualmente Carnie e seu marido Rob vivem em Los Angeles com a filha, Lola, e três cães.

Era Puro Amor...

Em meu aniversário de 31 anos – 29 de abril de 1999 –, o destino me ofereceu um presente terrível.

Estava em Medford, Oregon, fazendo um concerto com Al Jardine. Estávamos quase no fim da apresentação, quando faríamos um *potpourri* das animadas músicas dos Beach Boys – "Surfin' Safari", "Fun, Fun, Fun", "Surfin' USA" – músicas que nos faziam sentir tão bem que nos dava vontade de sair dançando.

Nos últimos 18 meses, eu me apresentava com Al esporadicamente, portanto não estava acostumada a participar de shows. Mas, como de costume, comecei a dançar pelo palco, pois é impossível ficar parado quando você está cantando esse tipo de música.

Queria que o show fosse o melhor possível, pois Tiffany Miller, uma de minhas melhores amigas, de longo tempo, fora ver minha apresentação. A banda e a plateia haviam cantado "Parabéns para você" para mim, trouxeram um bolo para o palco e eu estava me sentindo tão feliz que tudo que queria era dançar.

Quando dançava, era sempre crítica quanto à minha aparência – preocupada com a barriga que balançava, o papo que chacoalhava e a gordura que fazia pregas pelo corpo. Ficava constrangida só de pensar que alguém pudesse me ver.

Mas, quando entrava no palco, algo diferente acontecia. Era tomada pela música e sentia seu pulsar dentro do corpo. Começava a dançar e não me preocupava com o que acontecia ao redor.

No final dos shows, eu normalmente ficava encharcada de suor, sentia falta de ar e perguntava à minha irmã, Wendy, "Você está com falta de ar? Está cansada?". Porque eu queria saber se essas reações eram comuns ou consequência de meu excesso de peso.

Wendy dizia: "Estou exausta". E, ao olhá-la e vê-la pingando de suor, pensava: *"É, graças a Deus, não sou a única"*.

Bem, naquela noite, eu estava pensando: *"Hoje é meu aniversário, e meus amigos estão me assistindo. Vou arrasar"*. Mesmo pesando 135 quilos – meu recorde até então –, iria pular pelo palco nem que isso custasse minha vida.

Enquanto dançava, enlouquecida, o palco começou a balançar. *"Vou acabar quebrando o palco"*, pensei: *"É melhor pegar um pouco mais leve. Ah, dane-se..."*. Mas, que droga, eu queria me arrebentar de tanto dançar. E foi o que fiz.

Mas dessa vez foi diferente. Depois do show percebi que eu não estava bem. Estava conversando com meus amigos, todos muito animados, mas eu estava extremamente cansada – mais do que o normal –, com muito calor, suando em bicas e não conseguia respirar direito.

Tiffany perguntou: "Você está bem?".

Meu coração estava acelerado e meu pulso martelando em minha cabeça. Meu braço direito doía e o sangue que circulava em meu corpo parecia estar ficando cada vez mais espesso e quente, principalmente ao redor das orelhas, do pescoço e do peito.

"Preciso me sentar, já! Agora", eu disse, e ela me olhou assustada.

"Vou ficar bem", respondi. "Só preciso descansar um minuto."

Falei a mim mesma para ficar quieta a fim de baixar a pressão sanguínea ficando calma, respirando fundo e bebendo um copo de água. Eu estava com medo de que a qualquer momento pudesse ter um ataque cardíaco.

Aos poucos, meu corpo foi voltando ao normal: minha respiração normalizou e o martelar e a dor foram embora. Mas eu sabia que isso era um alerta que eu não podia ignorar.

Fazer os shows com Al mudou minha vida de várias formas. Deu-me coragem de entrar em um palco sem me importar com quão gorda fosse. E me fez ver o quanto eu tinha deixado minha saúde de lado.

Lembro-me das pessoas dizendo: "É tão divertido te ver no palco. Você tem tanto carisma". Mas eu tinha consciência do quanto pesava, e era difícil e assustador fazer aqueles shows porque estava tão gorda que, por vezes, sentia que meu coração ia explodir.

Mas, quando eu não estava me apresentando, esforçava-me para ficar bem comigo mesma, o que, em minha opinião, é muito importante. E comecei a pensar no que esperava de um relacionamento – e no que não queria para mim.

Em meus relacionamentos, sempre seguira um padrão comportamental semelhante, que incluía: ciúmes e insegurança. Talvez a causa tenha sido a pouca atenção que recebera de meu pai quando criança. Não ter desfrutado de ligação e afeto verdadeiros tornou mais difícil acreditar que qualquer garoto ou homem que entrasse em minha vida realmente me amasse. Não sentia que fosse uma pessoa de valor ou merecedora de qualquer tipo de amor – não sabia como identificar tal sentimento. Não o conhecia, e não tinha ideia do que fazer com ele.

Era-me difícil permitir que alguém me amasse. Tinha passado cinco anos e meio com Steven, meu ex-namorado, uma pessoa adorável, de bom coração. Durante algum tempo, cheguei a pensar que estava apaixonada, mas acho que estávamos enganados. Ele tinha algumas feridas que eram só dele, mas pelas quais eu me sentia responsável, fazendo todo o possível para curá-las, mas não conseguia. Sentia que estava me esvaindo porque estava sempre preocupada com ele, conosco e com nosso relacionamento que não ia bem.

Fiquei aliviada quando concordamos que seria melhor nos separarmos e não nos casar. Finalmente nos demos conta de que seríamos mais felizes separados porque estávamos muito infelizes juntos. Brigávamos o tempo todo, e eu devaneava para não encarar a realidade que se abatia sobre mim e nossa relação. Não posso falar por Steven, mas eu não queria mais continuar assim, não havia mais prazer. Já sabia, havia um bom tempo, que precisávamos dar um basta na relação, mas morria de medo de ficar sozinha.

Quando terminamos, havia perdido todo o meu dinheiro, estava sem emprego, pesava 125 quilos e cheguei a engordar mais sete, nos meses seguintes. Sentia-me péssima.

Eu dizia para mim: "Talvez o relacionamento com Steven não tenha dado certo porque eu não estava feliz comigo mesma". Mas, hoje, quando olho para o passado, sinto-me grata por tudo que passamos juntos, pois isso me fez mergulhar fundo em meu interior, em minhas próprias questões relacionadas à intimidade e confiança, preparando-me para algo autêntico.

Sou grata também a Al, pois, se não fosse por ele, eu não teria conhecido Rob.

Estávamos fazendo um show em uma base naval em Willow Grove, Pennsylvania. Era um show para veteranos militares chamado VetRock. Steppenwolf, War, Rascals, Animals – todas essas bandas dos anos 1960 iriam se apresentar. Wendy e eu éramos as únicas garotas no evento.

Durante o show, usei um *muumuu*, tipo de vestido havaiano, e me sentia enorme.

Na minha cabeça passava algo como: esta é Wendy, a garota sensual com seu belo vestido e lindo rosto, e esta sou eu – boa cantora, com carisma, mas uma balofa. Sentia-me horrível.

Mas o engraçado é que, no dia em que conheci Rob, me lembro de estar me sentindo muito bonita. Estava usando pequenas presilhas no cabelo do tipo borboleta e feliz com minha maquiagem, e tinha dito a mim mesma: "Você é gorda, mas vai se arrumar, vai fazer o melhor que puder, vai entrar no palco e se sentir orgulhosa".

Eu estava nos bastidores, nervosa como sempre. A plateia era grande e America – uma das minhas bandas favoritas – tinha acabado fazer uma apresentação muito legal. Faltava pouco para entrarmos no palco, e eu estava com fome. Então, disse para todo mundo: "Vamos sair para comer alguma coisa".

Fomos até uma enorme barraca de comida e, quando eu estava indo para a fila do bufê, vi dois rapazes andando do outro lado da barraca. Notei, em especial, o que tinha cabelo escuro e pensei: *"Uau! Que cara bonito!"*. Então voltei a olhar para a comida.

Enquanto eu ainda estava na fila, um rapaz de cabelo comprido e ondulado se aproximou de mim.

"Oi, Carnie. Meu nome é Ken Sharp", ele disse. "Queria te agradecer porque escrevi uma mensagem pela internet e você me respondeu, adorei! Queria te agradecer, de verdade." Ele me disse que era um escritor *freelance* e que entrevistaria Al depois do show.

"Acho que vamos jantar juntos depois", ele disse.

Respondi: "Que ótimo".

Então ele continuou: "Eu gostaria que você conhecesse meu amigo, Rob Bonfiglio".

O rapaz bonito do outro lado da barraca. Ele tinha um grande sorriso, e pensei: *"Meu Deus, ele tem os dentes mais lindos que já vi na vida. Que sorriso!"*.

Ele apertou minha mão e disse: "Oi, Carnie, que bom te conhecer. Vi seu *talk show* e queria que soubesse que realmente gostei de sua entrevista". Senti um frio na barriga e pensei: *"Nossa, quanta gentileza. Que graça"*.

"Obrigada", respondi, timidamente, sem saber mais o que dizer. Esta sou eu: audaciosa e imprudente quando quero, mas, no fundo, sou tímida – uma tímida garota *desvirtuada*, se é que isso faz sentido.

Rob perguntou: "Você se importaria de tirar uma foto comigo?".

E eu pensei: *"Nossa, quanta delicadeza!"*.
"Claro que não", respondi. "Claro."
Então Ken tirou a foto, e Rob colocou o braço ao meu redor – o qual estava tremendo. *"Meu Deus"*, pensei, *"ele está tão nervoso. Não é demais?!"*.
E foi isso.
Eles disseram: "Ótimo show. Vamos estar bem na frente e nos vemos depois". E, então, se afastaram.
Pensei: *"Que fantástico"*, e depois almocei com meus amigos.
Quando entrei no palco, vi todas aquelas pessoas na fileira da frente e lá estava Rob. Eu não conseguia tirar os olhos dele e ele não parava de me encarar.
"Espere aí! Ele está me encarando?", pensei, pois estava tão acostumada a ver todos os rapazes olhando para Wendy. Aquilo valeu o dia: Rob, na plateia, com um sorriso de orelha a orelha. Ele cantava baixinho, mas foi tomado pela empolgação quando me ouviu entoar "Darlin'".
"Ele é tão maravilhoso", pensei.
Então, emocionada, dediquei o restante do show a Rob. Não sabia nada sobre ele. Pensei que fosse assistente de Ken e não fazia a menor ideia de que ele era músico.
Então terminamos o show e, quando voltamos para os bastidores, Rob estava lá. Eu estava sem fôlego e suava em bicas.
"Foi um show e tanto", Rob e Ken disseram. "Superdivertido. Você fez um excelente trabalho." E se prepararam para me dar um abraço.
"Meu Deus", pensei, *"estou suando tanto. Espero que não esteja cheirando mal"*.
Logo depois, Rob me disse que uma das primeiras coisas que notou em mim foi o cheiro de meu perfume, o qual adorava – "Happy", da Clinique. Ainda hoje o uso todos os dias porque sei que ele gosta – e eu também. Isso faz com que me lembre do dia em que nos conhecemos.
Depois do show, esquecera que Ken entrevistaria Al e que iríamos todos jantar juntos. Voltamos para o hotel e Rob nos aguardava no saguão. Quando o vi, meu coração bateu forte, e fiquei muito nervosa. Percebi que havia química entre nós. A atração física que sentia por ele era muito forte. Rob era o tipo de cara tímido por quem eu me interessava.
Troquei de roupa, fiz um rabo de cavalo e, enquanto caminhávamos para o restaurante, apesar de sentir-me bem comigo mesma, a

timidez me impedia de andar ao lado dele. Quando chegamos ao restaurante, não tive coragem de sentar ao lado de Rob. Al, Ken, Rob e Wendy ficaram em uma mesa, e eu, em outra, com Ritchie Canata e Adam Jardine, olhando para as costas de Rob. Durante o jantar, não parei de falar que "tinha uma queda por aquele cara ali".

A luz do entardecer entrava pela janela. Rob estava de óculos e usava um suéter magenta. Ele estava tão maravilhoso com os raios do sol iluminando seus olhos e seu rosto. Eu estava ficando excitada e pensei: *"Esse cara é tão sedutor. Será que está interessado em mim?"*. Era uma sensação incrível.

No entanto, não sabia o que fazer; não sabia como me aproximar. Então, após o jantar, caminhamos de volta para o hotel e lembro-me de ter dito apenas: "Foi um prazer conhecer vocês, rapazes. Até qualquer dia". E fim.

Fui para casa e não pensei mais nisso. Não tinha autoconfiança suficiente para acreditar que ele me procuraria; ademais, nunca tinha saído com alguém por quem estivesse interessada. Meus encontros sempre tinham sido arranjados ou com alguém que já conhecia. Portanto, caso ele me procurasse, eu não teria a mínima ideia de como agir ou de qual seria o resultado. Mas sabia que gostava dele.

Uma semana depois, estava na internet, verificando as mensagens das irmãs Wilson Phillips, e vi uma mensagem de Rob Bonfiglio para Carnie. *"Rob Bonfiglio?"* Pensei: *"Quem? Quem será esse? Não conheço nenhum Rob Bonfiglio"*.

Então li a mensagem, que dizia: "Sou o amigo do Ken. Encontrei você nos bastidores e você foi tão adorável e gentil. Gostei muito de conhecê-la e de vê-la no palco. O show foi ótimo, divertido e, além disso, você é bem bonita".

Fiquei derretida. Mas então pensei: "Basta que um rapaz bonito me elogie para eu pensar: *'Sou toda sua'*, e pronto". Mas, então, disse para mim mesma: *"Quer saber? Vou criar coragem e ser um pouco cara de pau. Vou responder a ele e perguntar se ele é solteiro. Por que não?"*.

Ele havia perguntado no *e-mail* sobre meus interesses, então escrevi a ele uma longa e gentil mensagem, acrescentando: "P.S. Você é solteiro?".

Ele respondeu e me contou tudo sobre si. Ele era músico e letrista de um grupo chamado Wanderlust, o qual havia acabado de gravar um disco. Ele adorava jazz e tinha se formado na Faculdade Berklee de Música, em Boston.

Eu estava ficando realmente animada. *"Uau, esse cara já gravou alguns discos, fez turnês e até abriu um show para o The Who. Ele é demais. Parece um guitarrista de rock!"* Pensei se começaríamos a namorar ou apenas nos encontrar vez por outra, pois ele morava na Filadélfia.

No fim da mensagem, ele escreveu: "Sim, sou solteiro".

Escrevi de volta: "Este é o número do meu telefone, caso queira me ligar".

E ele me ligou no mesmo dia.

Começamos a conversar por telefone para nos conhecer. Adorei sua voz, sua gentileza e delicadeza. Era o estágio inicial de um relacionamento no qual ainda nos sentíamos ansiosos quando conversávamos, mas que não deixa de ser uma fase bem divertida.

Era fantástico, pois ele sabia como eu era e mesmo assim estava interessado. Ele parecia empolgado com nossas conversas pelo telefone, e então nos pegamos conversando todos os dias por mais ou menos duas horas. Eu percebi que estava entusiasmada com o rumo que as coisas estavam tomando, tanto que cheguei a pensar: *"Acho que logo vamos começar a namorar"*.

Depois de cerca de um mês conversando ao telefone, decidimos que era hora de nos rever, mesmo que morássemos em lados opostos do país. Em julho, ele pegou um voo rumo a Portland, no Maine, onde iríamos nos apresentar. Reservei um quarto de hotel para ele porque percebi que, apesar de termos nos tornado muito próximos durante nossas conversas ao telefone, ainda não era chegada a hora de dormirmos juntos. Eu ainda preservava *alguns* valores!

Ele não parava de falar como estava ansioso por me dar um beijo – e eu estava tão ansiosa quanto ele para ser beijada e beijá-lo. Então, achei extremamente sensual o beijo rápido que ele me deu ao sair do avião.

Enquanto passeávamos, senti-me extasiada por estar a seu lado. Fizemos nossa primeira refeição juntos em um pequeno restaurante que servia *wraps* armênios. Lembro-me de caminhar pela rua pensando: *"Meus pés vão me matar até chegarmos ao restaurante"* – o qual ficava só a uma quadra de distância. Nessa época, tinha apenas um par de sapatos que eram confortáveis, pois caminhava com as laterais dos pés – estava tão pesada que não conseguia movimentar meus tornozelos.

Rob estava caminhando em um ritmo normal – talvez um pouco rápido – e eu estava lutando para acompanhá-lo. Estava extremamente envergonhada e constrangida, mas não queria que Rob percebesse.

Essa era a segunda vez que nos encontrávamos e não queria que ele me visse dessa forma. *"Ele vai ficar brochado"*, pensei.

Chegamos ao pequeno restaurante e fizemos nossos pedidos. Lembro-me de ter sido cuidadosa e ter comido pequenos bocados. Queria que ele pensasse que eu não estava com tanta fome quanto estava, que eu sempre comia devagar e com educação e que era delicada, feminina e atraente.

Quando eu estava realmente gorda, pensava que, se alguém me visse comendo, acharia que era uma glutona que não deveria consumir toda aquela comida. "Por que *você* deveria comer? Por que *você* deveria colocar comida na boca? Olhe para seu corpo!"

Era assim que eu me sentia comendo na frente dele, totalmente constrangida, mas era nossa primeira refeição juntos, e percebi que comer era algo muito importante para Rob. Ele adora comer, e eu também. Ainda adoro. Então aquele era um momento muito especial e não queria fazer nada que pudesse estragá-lo.

Rob me perguntou recentemente se eu me lembrava de nossa primeira refeição e como foi especial.

Eu disse a ele que sim, mas, no fundo, também pensava sobre a forte emoção que sentira, a qual me levou a ter compaixão por homens e mulheres acima do peso que se sentem constrangidas de comer em público. Entendo por que tantas pessoas comem escondidas – elas se sentem envergonhadas.

Fiz o show, durante o qual ficamos juntos sempre que podíamos. Depois da apresentação, a companhia aérea que estava patrocinando a turnê nos ofereceu um fantástico jantar regado a lagosta. Enquanto estávamos comendo, falei para ele: "Quero que você me beije agora".

"Mas todo mundo está olhando", respondeu ele.

"Pouco me importa", respondi. "Beije-me agora."

Então ele me deu um beijo suave, com a boca aberta – não de língua –, mas leve e muito sensual. Senti-me diferente da balofa que quase não conseguia caminhar naquela tarde.

Era a primeira vez que provava frutos do mar e, é óbvio, comecei a fazer piadas. "Ouvi dizer que são afrodisíacos", disse, "então por que parar?". Estávamos excitados, pois sabíamos que depois do jantar voltaríamos juntos para o hotel. Não sabia se ele dormiria no quarto dele e eu no meu, mas sabíamos que ficaríamos juntos pela primeira vez.

Fomos para o hotel embalados pelo que se sente após degustar uma refeição maravilhosa.

Fui para meu quarto, tomei um bom banho, acendi velas, coloquei meu perfume favorito, e Rob entrou usando óculos com armação tartaruga – os quais não podiam ser mais sofisticados. Ele estava lindo, simplesmente maravilhoso. Estávamos tão nervosos – nunca antes havia vivenciado um momento tão romântico. Ele passou uma hora e meia tocando e beijando meu rosto. Algo totalmente inusitado. Mostrou-se tão sensível, delicado e adorável. O restante dos detalhes são privados, mas não chegamos até o fim. Foi tudo muito especial para que eu me deixasse perder.

Continuamos a nos ver e a conversar tanto quanto possível, mas com Rob morando na Filadélfia e eu, em Los Angeles, passávamos a maior parte de nosso tempo junto ao telefone. Cerca de dois meses depois que nos conhecermos, falei para Rob que estava pensando em fazer uma cirurgia de redução do estômago.

Ele me disse que eu era bonita do jeito que eu era, mas, se meu peso era um problema para mim, também era um problema para ele.

"É um procedimento drástico", falei, "e é algo permanente, pois vai mudar a disposição dos meus órgãos internos. O que você acha?".

"É seguro?", foi a primeira coisa que ele quis saber.

"Sim", respondi.

"Então acho que é uma boa ideia", respondeu ele. "Se isso for te ajudar e fazer com que se sinta melhor, tem meu total apoio".

"Que bom", eu disse, "porque realmente vou precisar do seu apoio para fazer isso. Estou muito assustada, é uma cirurgia complicada".

Ele me disse para ir em frente e, quando ouvi isso, tive a confirmação do que sentia: de que ficaríamos juntos por muito tempo – e queria ter certeza de que eu estaria por perto para amá-lo e ser amada por ele.

No meio do verão, passei dez dias com Rob na Filadélfia. Ele estava bem empolgado para me mostrar sua cidade natal, e foi fantástico conhecer sua família. Tudo foi maravilhoso, mas continuava envergonhada e triste por estar tão gorda. Tinha apenas um par de sapatos que não machucava meus pés, mas o problema não eram os sapatos, e sim meus pés, que estavam me matando.

Rob me levou a um lugar singular chamado Pedder's Village, onde havia ruas de paralelepípedos, pequenos montes e um grande shopping a céu aberto. Eu estava irritada e bufando, tentando acompanhar seu ritmo ou fazer com que caminhasse mais devagar, virando minha cabeça para soltar o ar para que ele não me visse arfar. Sentia-me angustiada.

Ali estava eu com meu novo namorado, querendo desesperadamente ser divertida e me divertir ao lado dele, tentando fazer algo tão normal quanto caminhar, lutando comigo mesma a cada minuto. No fundo, estava com vergonha, frustrada e com medo de que ele se sentisse desapontado ou até mesmo com repulsa de mim.

"Estou com muita vergonha", eu disse. "Estou suando em bicas."

"E daí?", respondeu ele. "Eu também estou." Ele era tão gentil e prestativo. Sabia que eu estava passando por um período difícil, mas não queria que me preocupasse.

"Como está?", perguntou. "Você está bem?"

Eu respondi: "Sim". Mas nós dois sabíamos o quanto tudo aquilo estava sendo difícil para mim. Só conseguia pensar em uma única coisa: *"Preciso fazer essa cirurgia. Vou fazer! Vou começar a cuidar de mim. Preciso fazer alguma coisa por mim".*

Eu estava apaixonada e tinha de proteger esse amor. Não podia permitir que nada me detivesse.

Nunca imaginei que me apaixonaria dessa forma. Tive amores antes, e nunca quis machucar ninguém dizendo que ele não era o tal. Mas nunca tinha sentido essa magnífica conexão com ninguém em toda a minha vida. Rob era meu verdadeiro amor, o homem pelo qual meu coração sempre esperou, e não podia correr o risco de perder a ele, ou à vida que poderíamos vir a compartilhar juntos.

Eu sabia que nosso relacionamento estava além de minha saúde ou de minha carreira.

Era puro amor...

(Extraído de *Gut Feelings*, Hay House, 2001)

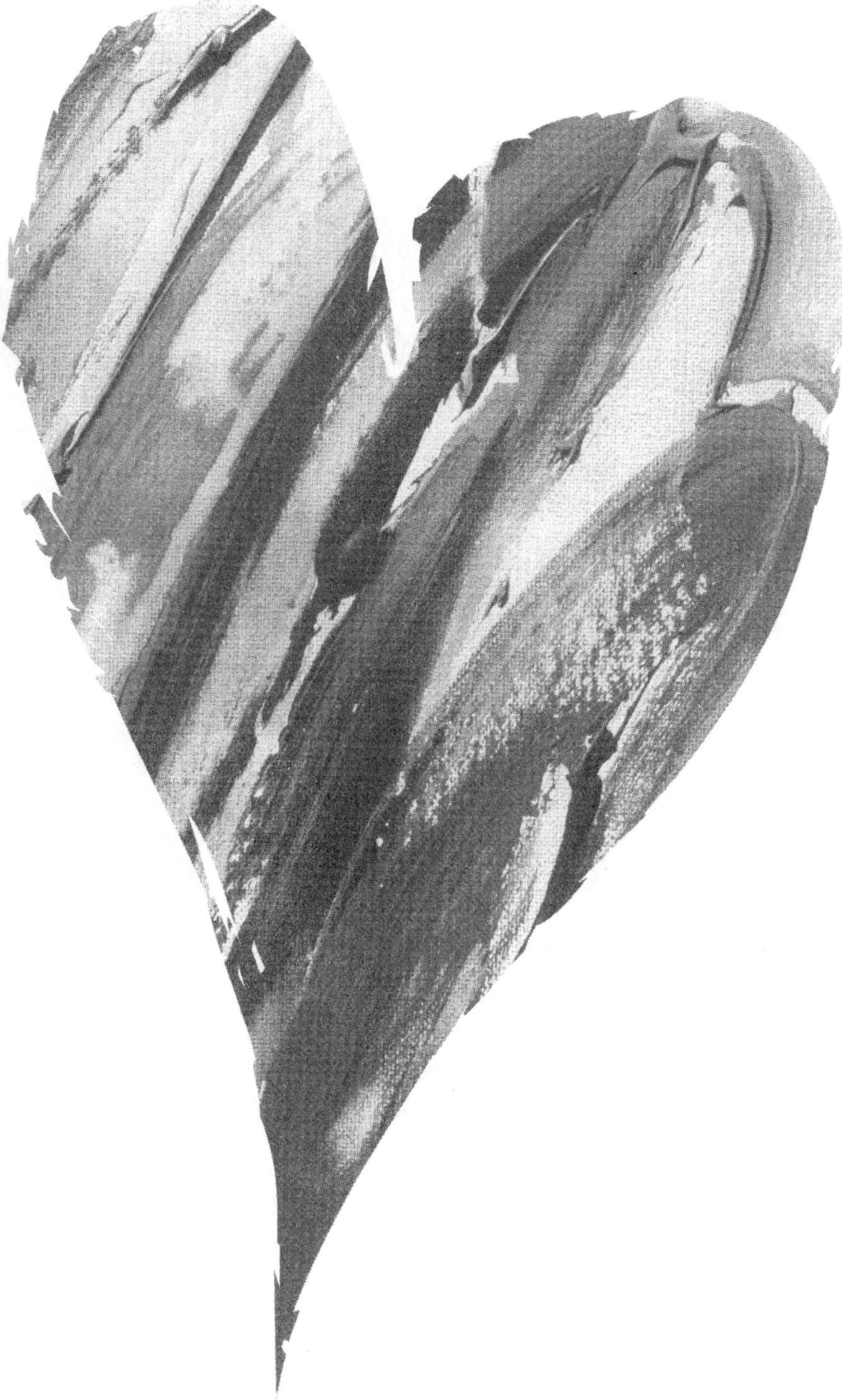

Eve A. Wood, M.D.

Professora associada do programa de medicina integrativa da Universidade do Arizona, **Eve A. Wood**, M. D., é a premiada autora de *There's Always Help; There's Always Hope* e *10 Steps to Take Charge of Your Emotional Life*. Pioneira no campo da psiquiatria integrativa, Eve escreveu inúmeros artigos publicados em periódicos médicos e revistas especializadas, e é convidada, com frequência, a participar como palestrante de *workshops* e conferências de âmbito nacional.

Eve desenvolveu um programa chamado *In One*, cujo objetivo é fortalecer o corpo, a mente e o espírito, de forma a ajudar aqueles que a procuram a assumir o controle de suas emoções. Atualmente vive em Tucson com seu marido e quatro filhos.

Website: www.drevewood.com

O Renascimento de um Sonho

Gostaria de compartilhar com você uma história pessoal que mostra como estar aberto ao poder criativo pode transformar uma experiência dolorosa em um momento de prazer. Este conto teve início tempos atrás em minha casa na Filadélfia; em um reino, muito, muito, distante.

Desde pequena sonhava com casamento e filhos e, conforme me tornava mais velha, visualiza meu *self* adulto vivendo com um marido adorável e quatro filhos a quem eu dera à luz. Imaginava-me mãe de duas garotas e dois garotos. Não me pergunte por que, pois não sei. Não tenho a menor ideia. Por que sonhamos o que sonhamos é uma pergunta espiritual que não pode ser respondida com precisão, é o mesmo que tentarmos restringir o infinito ao reino da cognição. É uma das perguntas que nos fazemos para a qual talvez nunca tenhamos resposta durante nossa vida terrena.

O que posso contar-lhe, no entanto, é que minha vida não se desenrolou do modo como eu sonhara quando pequena. Apesar de ter me casado cedo com um homem afetuoso que poderia contribuir para que meu sonho se tornasse realidade, isso foi impossível, por conta do quanto a faculdade de medicina e minha residência em psiquiatria exigiam de mim.

Decidi engravidar seis anos depois de casada e, como consequência, quando estava com cerca de 35 anos, tinha tido apenas dois filhos, mas nenhuma filha, e, por motivos irrelevantes para o desenvolvimento desta história, não poderia mais engravidar. Minha dor parecia não ter fim.

Anos se passaram e, todas as vezes em que pensava nas filhas que queria ter tido, meu espírito ficava em prantos. O tempo não curara minha ferida. Então, certo dia, estava em uma consulta com Rachel, uma paciente que desejava ter filhos, mas não podia conceber, e me vi reagindo à dor que o destino lhe reservara, dizendo: "Rachel, há outras formas de ser mãe. Você já pensou em adotar uma criança? Você não precisa carregar essa dor pelo resto da vida".

Rachel olhou para mim maravilhada. E, abrindo um sorriso tão radiante quanto o sol, exclamou. "Você é maravilhosa. Como sabia que era exatamente isso que eu precisava ouvir?".

Surpresa com sua reação, respondi: "Não tenho a menor ideia, Rachel. Foi apenas uma ideia que passou pela minha cabeça e estou realmente emocionada de ver o quanto minhas palavras te tocaram. Acredite em sua intuição e siga a orientação de sua sabedoria interior. Nada acontece por acaso".

Logo em seguida, Rachel adotou uma encantadora criança vinda da Rússia. Aquele momento que compartilhamos em meu consultório transformou sua vida.

No entanto, o mais extraordinário foi o impacto que as palavras que dissera a Rachel exerceram em minha vida. Elas continuaram a ecoar em minha mente enquanto dirigia de volta à casa e, de repente, como se guiada pelo próprio Messias, percebi-me dizendo em voz alta: "Eu posso adotar uma criança. Na realidade, mais de uma criança. Posso ter quatro filhos! Posso ter duas filhas. Posso proporcionar uma vida esplêndida a duas crianças que de outra forma não teriam essa oportunidade. Meu sonho, por fim, pode se tornar realidade!".

Ao entrar em casa, meu espírito estava exultante. Meu marido, sentado à mesa da sala de estar, me olhou e disse: "Você está com aquele olhar. Eu conheço esse olhar! O que está acontecendo?".

Encarei-o, sem conseguir expressar o que tinha em mente e ele, então, começou a indagar.

"Vamos sair de férias?"

Fiz que não.

"Vamos nos mudar?" Mais uma vez, fiz que não.

"É muito mais do que isso", disse. "Quero adotar uma criança." Sua expressão não conseguiu esconder o receio e temor que sentiu. "Na realidade", continuei, "quero adotar duas crianças. Duas garotinhas que precisem de uma família. Quero ter as duas filhas com as quais sempre sonhei. Meu espírito está feliz e preciso comemorar".

Após conversarmos por horas, meu marido respirou fundo, olhou para mim e disse: "Sei como se sente quando quer algo. Não há nada que a detenha. Você vislumbra o futuro e corre em sua direção... bem, o que preciso fazer?".

Toda a dor que eu represara por tanto tempo, de repente, veio à tona na forma de um prazer inebriante. Por fim, teria minhas duas filhas. Minhas pequeninas! Minhas pequeninas! Apesar de minha jornada ter sido repleta de empecilhos e becos sem saída, hoje tenho quatro filhos. Tenho dois filhos e duas filhas. Benjamin e Gabriel são meus filhos biológicos e minhas filhas Shira e Glory vieram trazidas por anjos. Shira Leoa, cujo nome significa "canção da luz", nasceu na China e passou a fazer parte da família quando tinha 10 meses de idade. Glory Beth, minha outra filha, nasceu no Camboja e se tornou minha filha quando tinha 3 anos e meio.

Quando Shira ficou sabendo que iria ganhar uma irmã, começou a dançar pela sala. "Que demais! Que demais! Não consigo acreditar! Vou ter uma irmã! Vou ter uma irmã! Uma irmã de verdade!"

Quando meu marido e eu levamos Shira e seu avô para o Camboja, ela ganhou uma irmã que se parecia muito com ela... e eu concretizei um sonho que pensara ter morrido.

(Extraído de *There's Always Help; There's Always Hope,* Hay House, 2006)

Epílogo

"Após você ter lido as estimulantes histórias contidas nestas páginas, gostaria de contar-lhe um pouco mais sobre a fonte de inspiração de meus próprios livros. O texto a seguir é parte do prefácio que escrevi há pouco tempo para o livro O Jogo da Vida e Como Jogá-lo, *de Florence Scovel Shinn, reeditado pela editora Hay House (em versão adaptada) sob o título* The Game of Life, *em 2005."*

Louise

O Jogo da Vida

Comecei meu trabalho no campo da autoajuda usando como base os princípios do Novo Pensamento (movimento espiritual que eclodiu nos Estados Unidos no fim do século XIX que enfatiza crenças metafísicas), influenciada por vários professores. Mas foi Florence Scovel Shinn quem exerceu maior impacto em minha carreira. Nascida em 1871 na cidade de Camden, no Estado de Nova Jersey, Florence era uma artista por natureza e casou-se com o pintor Evert Shinn. Em 1921, após 14 anos de vida em comum, Evert pediu o divórcio. Ao recuperar-se do choque tempos depois, cansada do meio artístico, Florence aderiu ao Movimento Novo Pensamento.

Em 1925, um ano antes de meu nascimento, Florence publicou por sua conta e risco um livro chamado *O Jogo da Vida e Como Jogá-lo*. E, por conta de seu empreendimento, tornou-se famosa palestrante e professora de metafísica em Nova York, ministrando, em média, três palestras por semana. Florence usava exemplos práticos, simples e rotineiros, como base de suas lições. Apesar de ter morrido em 1940, ela continua a ser fonte de inspiração e motivação para todos aqueles que ainda hoje se beneficiam de tudo que ensinou.

Entrei em contato com as obras de Florence no início dos anos 1970, quando comecei a estudar as ideias do Movimento Novo Pensamento, e encontrei ressonância em suas palavras: "Devemos atingir a alegria e a saúde por meio do controle completo e absoluto de nossa natureza emocional... O ressentimento afeta o funcionamento de todos os órgãos. Quando seu ser se ressente de algo, todo os órgãos também o fazem. As consequências são reumatismo, artrite, neurite, etc., pois a acidez do pensamento torna o sangue ácido. Tumores, protuberâncias, etc. são causados pela inveja, pelo ódio e pela incapacidade de perdoar".

Tudo aquilo era completamente novo para mim; e eu estava exultante – tanto que gostaria que ela tivesse continuado a falar sobre o assunto por páginas e páginas de modo que pudesse aprender mais a respeito; no entanto, em seguida, ela apenas relatou alguns casos específicos. Mesmo assim, suas ideias fizeram surgir uma centelha em meu interior e o desejo de saber mais. Não conseguia parar de pensar sobre o que ela escrevera e cheguei à conclusão de que: "*Se esses padrões geram essa espécie de desequilíbrio em nosso corpo, quais padrões dariam origem às outras doenças?*".

Palavras e pensamentos. Palavras e pensamentos. Passei a escutar atentamente o que as pessoas diziam e como o diziam, concentrando-me em perceber o padrão existente entre o modo como as pessoas se expressavam e as queixas que apresentavam. Aprendi a acreditar em minha intuição e fiz uma lista de enfermidades e de afirmações que acreditava pudessem curá-las.

Um amigo de meu grupo de estudos, ao observar minha lista, sugeriu que eu criasse um livreto e o imprimisse. E, assim, nasceu de modo despretensioso *Heal Your Body*. À época, eu não tinha a mínima ideia de aonde essa aventura me levaria – de que ela seria a pequena semente a partir da qual eu criaria minha própria editora, a Hay House.

Fico impressionada ao ver o rumo que minha vida tomou. Sempre senti forte identificação com Florence. Ela tinha uma forma de ver o mundo resoluta, simples, dinâmica e direta a partir da qual criou poderosas afirmações. Não importa qual fosse o problema, ela sempre tinha uma afirmação a oferecer e, até hoje, busco seu auxílio quando preciso de palavras realmente eficazes.

Florence me ensinou como participar, com maestria, do "Jogo da Vida".

Nota do Editor

A Madras Editora não participa, endossa ou tem qualquer autoridade ou responsabilidade no que diz respeito a transações particulares de negócio entre o autor e o público.

Quaisquer referências de internet contidas neste trabalho são as atuais, no momento de sua publicação, mas o editor não pode garantir que a localização específica será mantida.

SOBRE A EDITORA

Jill Kramer, nascida nos arredores da Filadélfia, no estado da Pensilvânia, mora no sul da Califórnia desde meados dos anos 1980 e, por mais do que felizes quatorze anos, trabalhou como diretora do departamento editorial da Hay House. Formada como bacharel em TV, Cinema e Língua Inglesa pela Universidade de Boston, antes de integrar o quadro da Hay House, trabalhou como editora de fotos, redatora de textos publicitários, analista de roteiros para TV, cinema e colunista de jornais. Além de ser autora de vários livros sobre gatos, redige críticas de cunho social para várias publicações.

E-mail: jkramer@hayhouse.com

Leitura Recomendada

Não Seja Bonzinho, Seja Real
Como equilibrar a paixão por si com a compaixão

Kelly Bryson

Essa obra traz alguns dos segredos e técnicas mais poderosos já articulados para sustentar o amor e a harmonia nos relacionamentos. Kelly Bryson usou esses métodos para criar mudanças radicais em situações extremas. E, melhor de tudo, eles podem fazer mudanças enormes em sua vida no primeiro dia em que aplicá-los.

Segredos de Mulher
A Descoberta do Sagrado Feminino

Maria Silvia P. Orlovas

Por meio da história de três amigas, Marisa, Victória e Ana Lú, você acompanhará a transformação interior pela qual cada uma delas passou, a partir do contato que tiveram com os ensinamentos transmitidos por meio de suas taróloga e terapeuta, que se baseavam nas mensagens das cartas do Tarô, permitindo que o sagrado feminino fosse despertado em cada uma delas.

www.madras.com.br

Leitura Recomendada

Mulheres Poderosas
Um Guia de uma Vida de Sucesso para Todas as Mulheres

Louise L. Hay

Muitas pessoas estão falando sobre todas as mudanças que ocorrerão na Terra. No entanto, nesse livro inspirador, a autora de *best-sellers* Louise L. Hay revela que as primeiras mudanças que veremos são as interiores. Ela aponta que quando nós, como mulheres, estivermos dispostas a modificar a nossa base interior, o nosso mundo, iremos operar em um nível muito mais expandido na vida.

Ame seu Corpo
Um Guia de Afirmações Positivas para Amar e Apreciar o seu Corpo

Louise L. Hay

Nesse livro, a autora de *best-sellers* Louise Hay mostra como AMAR O SEU CORPO! Ela oferece 54 tratamentos de afirmação pensados para ajudá-lo a criar um corpo belo, saudável e feliz. Caso você esteja sendo desafiado por alguma parte em especial do seu corpo, sofra alguma rejeição ou não esteja feliz com o corpo que tem, utilize as afirmações correspondentes diariamente, até conseguir resultados positivos. Utilizando esta ferramenta, você poderá desde aprender a amar o seu corpo como ele é ou até mesmo proporcionar mudanças físicas nele, com a força interna do seu próprio ser e do amor por si mesmo.

www.madras.com.br

MADRAS® Editora

CADASTRO/MALA DIRETA

Envie este cadastro preenchido e passará a receber informações dos nossos lançamentos, nas áreas que determinar.

Nome _____
RG _____ CPF _____
Endereço Residencial _____
Bairro _____ Cidade _____ Estado _____
CEP _____ Fone _____
E-mail _____
Sexo ❏ Fem. ❏ Masc.   Nascimento _____
Profissão _____ Escolaridade (Nível/Curso) _____

Você compra livros:
❏ livrarias   ❏ feiras   ❏ telefone   ❏ Sedex livro (reembolso postal mais rápido)
❏ outros: _____

Quais os tipos de literatura que você lê:
❏ Jurídicos   ❏ Pedagogia   ❏ Business   ❏ Romances/espíritas
❏ Esoterismo   ❏ Psicologia   ❏ Saúde   ❏ Espíritas/doutrinas
❏ Bruxaria   ❏ Autoajuda   ❏ Maçonaria   ❏ Outros:

Qual a sua opinião a respeito desta obra? _____
_____

Indique amigos que gostariam de receber MALA DIRETA:
Nome _____
Endereço Residencial _____
Bairro _____ Cidade _____ CEP _____

Nome do livro adquirido: ***Histórias de Vida***

Para receber catálogos, lista de preços e outras informações, escreva para:

MADRAS EDITORA LTDA.
Rua Paulo Gonçalves, 88 – Santana – 02403-020 – São Paulo/SP
Caixa Postal 12183 – CEP 02013-970 – SP
Tel.: (11) 2281-5555 – Fax.:(11) 2959-3090
www.madras.com.br

Este livro foi composto em Times New Roman, corpo 11,5/13.
Papel Offset 75g
Impressão e Acabamento
Neo Graf Ind Gráfica e Editora
Rua João Ranieri, 742 – Bonsucesso – Guarulhos
CEP 07177-120 – Tel/Fax: 3333 2474